GESTÃO FINANCEIRA

para Micro
e Pequenas
Empresas

O GEN | Grupo Editorial Nacional – maior plataforma editorial brasileira no segmento científico, técnico e profissional – publica conteúdos nas áreas de ciências sociais aplicadas, exatas, humanas, jurídicas e da saúde, além de prover serviços direcionados à educação continuada e à preparação para concursos.

As editoras que integram o GEN, das mais respeitadas no mercado editorial, construíram catálogos inigualáveis, com obras decisivas para a formação acadêmica e o aperfeiçoamento de várias gerações de profissionais e estudantes, tendo se tornado sinônimo de qualidade e seriedade.

A missão do GEN e dos núcleos de conteúdo que o compõem é prover a melhor informação científica e distribuí-la de maneira flexível e conveniente, a preços justos, gerando benefícios e servindo a autores, docentes, livreiros, funcionários, colaboradores e acionistas.

Nosso comportamento ético incondicional e nossa responsabilidade social e ambiental são reforçados pela natureza educacional de nossa atividade e dão sustentabilidade ao crescimento contínuo e à rentabilidade do grupo.

Leandro Rivelli

GESTÃO FINANCEIRA
para Micro e Pequenas Empresas

INCLUI
- Atividades práticas com planilhas
- Videoaulas com correções

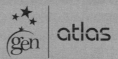

- O autor deste livro e a editora empenharam seus melhores esforços para assegurar que as informações e os procedimentos apresentados no texto estejam em acordo com os padrões aceitos à época da publicação, *e todos os dados foram atualizados pelo autor até a data de fechamento do livro*. Entretanto, tendo em conta a evolução das ciências, as atualizações legislativas, as mudanças regulamentares governamentais e o constante fluxo de novas informações sobre os temas que constam do livro, recomendamos enfaticamente que os leitores consultem sempre outras fontes fidedignas, de modo a se certificarem de que as informações contidas no texto estão corretas e de que não houve alterações nas recomendações ou na legislação regulamentadora.
- Data do fechamento do livro: 27/03/2025
- O autor e a editora se empenharam para citar adequadamente e dar o devido crédito a todos os detentores de direitos autorais de qualquer material utilizado neste livro, dispondo-se a possíveis acertos posteriores caso, inadvertida e involuntariamente, a identificação de algum deles tenha sido omitida.
- **Atendimento ao cliente: (11) 5080-0751 | faleconosco@grupogen.com.br**
- Direitos exclusivos para a língua portuguesa
  Copyright © 2025 by
  Editora Atlas Ltda.
  Uma editora integrante do GEN | Grupo Editorial Nacional
  Travessa do Ouvidor, 11
  Rio de Janeiro – RJ – 20040-040
  www.grupogen.com.br
- Reservados todos os direitos. É proibida a duplicação ou reprodução deste volume, no todo ou em parte, em quaisquer formas ou por quaisquer meios (eletrônico, mecânico, gravação, fotocópia, distribuição pela Internet ou outros), sem permissão, por escrito, da Editora Atlas Ltda.
- Capa: OFÁ Design
- Imagem de capa: ©iStockphoto | Lemon_tm
- Editoração eletrônica: OFÁ Design
- Ficha catalográfica

CIP-BRASIL. CATALOGAÇÃO NA PUBLICAÇÃO
SINDICATO NACIONAL DOS EDITORES DE LIVROS, RJ

N712g

    Nogueira, Leandro Rivelli Teixeira
      Gestão financeira para micro e pequenas empresas / Leandro Rivelli Teixeira Nogueira. - 1. ed. - Barueri [SP] : Atlas, 2025.
      il.

    Inclui bibliografia e índice
    ISBN 978-65-5977-701-3

    1. Administração financeira - Pequenas e médias empresas. 2. Finanças - Pequenas e médias empresas. I. Título.

25-96748.0   CDD: 658.15
                        CDU: 658.15

Gabriela Faray Ferreira Lopes - Bibliotecária - CRB-7/6643

*Se você não pode medir,
você não pode gerenciar.*

Peter Drucker

Dedico à minha amada esposa Dani,
por tudo que representa em minha vida.

Agradecimentos

Agradeço a Deus, meu alicerce, a Jesus Cristo, meu guia, e ao Espírito Santo, que me fortalece e inspira em cada passo da caminhada.

Agradeço à minha família, Dani, Lucas, Miguel e Pedro, por sempre acreditarem em mim, estarem ao meu lado em todos os momentos e por tornarem meus dias mais felizes e completos. Amo vocês!

Agradeço aos meus ex-alunos da graduação e da pós-graduação, que me ajudaram a compreender e esboçar, por diferentes óticas, os conteúdos de Gestão Financeira.

Agradeço também aos ex-alunos do curso "Gestão Financeira aplicada ao dia a dia das MPEs", que me forneceram *feedbacks* valiosos sobre o conteúdo. Este livro é o resultado de toda a minha experiência como docente, consolidada nos *e-books*, nas videoaulas e nas planilhas que desenvolvi para o curso, e que agora culminam nesta obra.

Por fim, agradeço à Universidade Federal de Viçosa (UFV) e à Universidade Federal de Alfenas (UNIFAL-MG) pelos mais de 15 anos de experiência que tenho como docente universitário.

Apresentação

Este livro foi elaborado com o propósito de contribuir com o aprimoramento da Gestão Financeira das micro e pequenas empresas, e, assim, influenciar positivamente a qualidade de vida daqueles envolvidos nesse dinâmico universo empreendedor.

Por meio de uma relação direta entre a teoria e a prática, a obra traz uma abordagem direta e relevante aos desafios enfrentados diariamente no mundo empresarial. Utilizando uma linguagem clara e exemplos práticos, o livro cobre os principais tópicos de finanças empresariais, promovendo um entendimento amplo, coeso e prático.

Além de focar na teoria, também oferece uma gama de recursos complementares. Estes incluem atividades práticas, que são corrigidas por meio de videoaulas e planilhas eletrônicas dos diversos temas para elucidação dos conteúdos e da aplicação. Esses recursos foram cuidadosamente elaborados para facilitar a compreensão e a aplicação dos conceitos discutidos, assegurando um aprendizado eficaz e duradouro.

Os assuntos abordados abrangem a importância da organização dos recursos financeiros, gestão do Fluxo de Caixa, fontes de financiamento, controle do Capital de Giro, estratégias de precificação, incluindo a tributação pelo Simples Nacional. Também são exploradas análises dos principais demonstrativos contábeis, planejamento estratégico e orçamentário, análise de investimentos e metodologias ágeis para planejamento e execução.

Portanto, se seu objetivo é aprimorar seus conhecimentos em Gestão Financeira ou potencializar o desempenho de sua empresa, este livro é uma leitura importante. Prepare-se para mergulhar em um universo de aprendizado prático e transformacional, guiado pela experiência acumulada e pelo compromisso com seu sucesso empresarial.

Material Suplementar

Ao longo desta obra, você vai deparar com muitos exercícios para praticar o seu conhecimento.

As planilhas utilizadas nesses exercícios estão disponíveis para *download* por meio de QR Codes. Além disso, você poderá acompanhar as correções das atividades "mão na massa" por meio de videoaulas, também acessando QR Codes.

Este livro conta com os seguintes materiais suplementares:

- Atividades práticas com planilhas eletrônicas (Excel)
- Videoaulas com correções

Para acessá-los, é necessário ter um leitor de QR Code instalado no *smartphone* ou *tablet* e posicionar a câmera sobre o código.

Sumário

MÓDULO 1
Aspectos Relevantes da Gestão Financeira das Micro e Pequenas Empresas, 3

Capítulo 1
A importância da Organização dos Recursos Financeiros, 4
1.1 Organização dos recursos financeiros por meio de registros, 4
1.2 Receitas e gastos: como registrar, 6
1.3 Separação dos recursos da empresa e dos recursos dos sócios, 8

Capítulo 2
Gestão do Fluxo de Caixa, 10
2.1 Principais conceitos de Fluxo de Caixa, 10
2.2 Elaboração e análise do Fluxo de Caixa, 19
2.3 Benefícios da utilização do Fluxo de Caixa, 26

Capítulo 3
Gestão Financeira e Custo de Capital, 33
3.1 Contextualização, 33
3.2 Decisões de financiamento, 37
3.3 Custo de capital, 38

MÓDULO 2
Gestão do Capital de Giro, 43

Capítulo 4
Aplicação da Gestão do Capital de Giro, 44
4.1 Visão geral sobre Gestão do Capital de Giro, 44
4.2 Gestão do Capital de Giro: prazos médios e ciclos, 47
4.3 Comportamento e financiamento do Capital de Giro, 53
4.4 Dimensionamento do Capital de Giro, 56

Capítulo 5
Gestão de Estoques, 73

5.1 Prazo médio de estocagem e do giro do estoque, 74
5.2 Estoque de segurança, 76
5.3 Curva ABC, 77
5.4 Lote econômico de compra, 88

Capítulo 6
Gestão de Contas a Receber, 91

Capítulo 7
Gestão de Contas a Pagar, 95

MÓDULO 3
A Importância da Precificação para os Resultados da Empresa, 97

Capítulo 8
Precificação para o Resultado das Empresas, 98

Capítulo 9
Identificação e Mensuração dos Custos Fixos, 103

Capítulo 10
Identificação e Mensuração dos Custos Variáveis, 106

Capítulo 11
Pontos de Equilíbrio Contábil e Econômico, 108

Capítulo 12
Cálculo dos Tributos no Regime do Simples Nacional, 115

MÓDULO 4
Decisões Empresariais e os Demonstrativos Contábeis, 123

Capítulo 13
A Importância do Embasamento nas Decisões Empresariais, 124

13.1 Métricas e as decisões empresariais, 127

Capítulo 14
Apresentação do Balanço Patrimonial, 130

Capítulo 15
Apresentação do Demonstrativo de Resultado, 133

Capítulo 16
Apresentação do Demonstrativo do Fluxo de Caixa, 136

MÓDULO 5
Análise da Empresa para o Processo de Tomada de Decisão, 143

Capítulo 17
Análise de Tendência do Balanço Patrimonial e do Demonstrativo de Resultado, 145

Capítulo 18
Análise de Composição do Balanço Patrimonial, 150

Capítulo 19
Análise da Lucratividade ou Margens, 153

Capítulo 20
Análise da Liquidez, 156

Capítulo 21
Análise do Endividamento, 160

Capítulo 22
Análise da Rentabilidade, 166

Capítulo 23
Valor Econômico Agregado, 172

Capítulo 24
Análise do Demonstrativo de Fluxo de Caixa (Indireto), 175

MÓDULO 6
Técnicas de Planejamento e Mensuração dos Resultados Futuros, 181

Capítulo 25
Planejamento Estratégico, 182
- 25.1 Análise SWOT, 183
- 25.2 Definição da missão, da visão e dos valores da organização, 185
- 25.3 Estabelecimento de objetivos, metas, formulação de estratégias e plano de ação, 186
- 25.4 Implementação do controle/monitoramento constante, 187

Capítulo 26
Planejamento Orçamentário ou Orçamento Empresarial, 189
- 26.1 Tipos de orçamento, 189
- 26.2 Diferentes orçamentos que compõem o orçamento empresarial, 191
- 26.3 Exemplo prático com elaboração do orçamento empresarial da empresa Casas Modernas, 197

XIV | SUMÁRIO

Capítulo 27
Ferramentas para Análise de Viabilidade Econômico-Financeira de Projetos de Investimentos, 228
27.1 Payback, 234
27.2 Valor Presente Líquido, 239
27.3 Taxa Interna de Retorno, 245
27.4 Cálculos do Valor Presente Líquido e da Taxa Interna de Retorno com a utilização do Microsoft Excel, 247
27.5 Análise de sensibilidade, 259
27.6 Análise de cenários, 278

Capítulo 28
Metodologias Ágeis de Planejamento e Execução, 288
28.1 Modelo Canvas, 289
28.2 Metodologia *startup* enxuta, 292

Bibliografia, 294

Índice alfabético, 295

Introdução

Por meio deste livro, compartilho com você o fruto de mais de 15 anos de experiência como professor universitário, consultor e mentor de negócios. O livro nasceu das minhas anotações de aula, lapidadas ao longo de uma trajetória dedicada ao ensino de diversos conteúdos das áreas de Controladoria e Finanças em instituições renomadas, como a Universidade Federal de Alfenas (UNIFAL-MG) e a Universidade Federal de Viçosa (UFV). Além disso, minha jornada como consultor e mentor empresarial agregou valiosos *insights* que contribuíram para esta obra.

Ao escrever este livro, meu objetivo primordial foi apresentar os conceitos de modo acessível e tangível, aplicando-os diretamente ao contexto empresarial. A abordagem adotada reflete fielmente o estilo de ensino que venho desenvolvendo em minhas aulas ao longo dos anos.

Uma das características marcantes desta obra é a sua interatividade. Além da explanação teórica, disponibilizei, por meio de QR Codes, planilhas eletrônicas relacionadas aos temas abordados, fornecendo uma ferramenta prática para o entendimento e a implementação das técnicas de Gestão Financeira nos negócios.

Destaco também as seções de "Atividade mão na massa", nas quais propus exercícios práticos para consolidar o aprendizado. Para complementar essa experiência, ofereci vídeos nos quais explico e corrijo cada um dos exercícios, proporcionando um aprendizado completo e dinâmico.

Espero sinceramente que este livro seja uma fonte de conhecimento e inspiração para você. Minha intenção é guiá-lo por meio dos complexos conceitos da Gestão Financeira empresarial, utilizando exemplos reais e experiências vivenciadas em sala de aula e no mundo dos negócios. Que estas páginas sejam um instrumento valioso na busca pelo sucesso e pela excelência na Gestão Financeira de sua empresa.

MÓDULO 1

Aspectos Relevantes da Gestão Financeira das Micro e Pequenas Empresas

Neste módulo, adentraremos o universo da Gestão Financeira no contexto de micro e pequenas empresas (MPEs), desvendando os fundamentos essenciais para uma administração financeira sólida e eficiente. Compreenderemos como cada aspecto abordado neste livro se insere no dia a dia operacional desses empreendimentos, destacando sua importância e aplicabilidade prática.

Inicialmente, exploraremos a base fundamental da Gestão Financeira: o processo de registro das movimentações financeiras cotidianas de uma empresa. Veremos como esse registro detalhado não só é crucial para manter a transparência e a precisão das operações financeiras, como também serve de base para análises posteriores, importantes para a tomada de decisões estratégicas.

Em seguida, mergulharemos no universo do Fluxo de Caixa empresarial, uma ferramenta relevante para monitorar e controlar as entradas e as saídas de recursos financeiros. Aprenderemos não apenas a elaborar um Fluxo de Caixa eficaz, mas também a interpretá-lo de modo a embasar decisões financeiras cruciais no cotidiano da empresa.

Por fim, abordaremos as principais decisões enfrentadas pelos gestores financeiros de MPEs, concentrando-nos, inicialmente, nas fontes de financiamento disponíveis para esses empreendimentos. Analisaremos em detalhes as diferentes opções de financiamento, suas vantagens e desvantagens, e como cada uma delas pode impactar diretamente nos resultados financeiros da empresa.

Ao final deste módulo, você estará munido com o conhecimento e as habilidades necessárias para iniciar uma jornada de Gestão Financeira eficaz em suas MPEs, transformando desafios em oportunidades e conduzindo seus negócios rumo ao resultado financeiro sustentável.

CAPÍTULO 1
A Importância da Organização dos Recursos Financeiros

A organização dos recursos financeiros desempenha um papel fundamental no sucesso de uma empresa. Ela permite uma gestão eficiente dos recursos, embasamento para tomada de decisões, planejamento financeiro sólido e transparência para todos.

Para que haja essa organização, como primeiro passo é necessário que haja o registro de todos os eventos que movimentem recursos da empresa, conforme apresentado a seguir.

1.1 Organização dos recursos financeiros por meio de registros

Para que a Gestão Financeira de uma empresa, independentemente do seu tamanho, possa gerar informações para o processo de tomada de decisão, a primeira questão a ser levantada refere-se à necessidade de haver um **registro de todos os eventos**, ou seja, um registro de todas as transações que ocorrerem no dia a dia da empresa.

Neste capítulo, estou partindo do princípio de que sua empresa não tem registros e não tem nenhum *software* para auxiliá-lo. Sendo assim, apresento um modelo de formulários e planilhas que pode ser utilizado para iniciar os respectivos controles. Além disso, os gestores de cada empresa, tendo informações específicas sobre seu negócio, poderão selecionar as prioridades para a implementação dos controles.

Imagine o exemplo em que uma empresa esteja comprando alguma mercadoria. Para exemplificar, o conteúdo apresentado na sequência simulará a situação de uma padaria (Padaria Pão Gostoso) comprando farinha de trigo para a fabricação dos pães. Ao comprar a farinha, o gestor da padaria deve registrar no estoque a chegada da mercadoria. Neste registro, é necessário que seja lançada a quantidade de farinha que chegou, e por se tratar de um produto perecível, é indicado registrar também a data de fabricação, a data de validade e o lote de fabricação, além do preço unitário, do preço total e o número da nota fiscal. No Quadro 1.1 é possível verificar o exemplo de um formulário que poderá ser utilizado para esse controle.

Acesse a planilha complementar com os formulários apresentados no Capítulo 1.

uqr.to/1wdd3

Quadro 1.1 Formulário para controle de estoques: lançamento de entrada de mercadoria.

Produto: _____

Data	Valor unitário	Validade	Entradas		Saídas		Saldo diário	
			Quant.	Valor total	Quant.	Valor total	Quant.	Valor total

Além desse registro no controle dos estoques, também é necessário que o gestor lance o pagamento daquela compra de farinha de trigo no Fluxo de Caixa da empresa. Esse lançamento será considerado como saída do caixa da padaria, caso a compra tenha sido paga à vista. Nesse caso, o lançamento registrará saída de recurso do caixa da empresa.

No entanto, caso a compra tenha sido realizada com a negociação de um prazo para pagamento, o lançamento no Fluxo de Caixa deverá ser efetuado como programação futura para pagamento. Essa programação significa que a empresa deverá pagar em uma data futura o valor referente àquela farinha de trigo recebida. No Quadro 1.2 está exemplificado como fazer o registro na planilha do Fluxo de Caixa.

Quadro 1.2 Formulário para controle de Fluxo de Caixa.

Data	Descrição do evento	Entrada de Caixa	Saída de Caixa	Saldo de Caixa

Caso a compra da farinha que está sendo entregue na padaria tenha sido realizada em um momento anterior, é indicado que haja a conferência do preço de compra, da quantidade comprada e do prazo para pagamento que foi negociado pelo comprador, com a mercadoria que está sendo entregue, sua nota fiscal e o boleto bancário. Essas informações precisam ser iguais. Essa conferência do preço, da quantidade e do prazo para pagamento entre o que foi negociado e o que está sendo entregue é muito importante, pois pode haver erro ou até mesmo uso de má-fé por parte dos fornecedores.

O registro dos produtos que foram comprados pelo comprador pode ser feito de diferentes maneiras. Para exemplificar, por meio do Quadro 1.3 apresento um modelo de formulário para controle das compras que pode ser utilizado ou adaptado à sua realidade.

Quadro 1.3   **Formulário para controle de compras.**

Data	Produto	Quantidade	Preço unitário	Valor total

Por outro lado, quando a empresa está vendendo uma mercadoria, é necessário dar baixa no estoque daquela mercadoria que fora vendida, registrando a entrada de dinheiro no caixa, caso a venda tenha sido à vista, ou lançando uma programação de recebimento no Fluxo de Caixa, considerando, para isso, o prazo disponibilizado ao cliente. Por meio do Quadro 1.1, exemplifico como deve ser o lançamento de baixa do estoque dos produtos; e, por meio do Quadro 1.2, o lançamento da venda no Fluxo de Caixa.

Com a implementação do controle de Fluxo de Caixa, a empresa terá um melhor controle do seu caixa, pois saberá quais foram as entradas e as saídas de dinheiro do caixa, além de ter uma previsibilidade futura devido aos lançamentos de valores a serem pagos e de valores a serem recebidos. A partir do momento em que a empresa se adaptar ao uso do controle do Fluxo de Caixa, as informações ficarão mais claras e confiáveis.

Utilizando o controle dos estoques, a empresa também terá mais transparência quanto à movimentação física dos produtos, tanto daqueles que foram comprados quanto dos que foram vendidos. A partir dessas informações os gestores poderão controlar melhor os estoques, evitando desperdícios, mas também a falta de mercadorias.

A seguir, apresento a importância do adequado registro das receitas e dos gastos de uma empresa.

1.2   Receitas e gastos: como registrar

Infelizmente, é muito comum encontrarmos empresas que não têm informações confiáveis sobre suas receitas, e muito menos sobre seus gastos diários. É praticamente impossível gerenciar uma empresa que não sabe qual o real valor de seu faturamento nos últimos meses, quais foram os produtos mais vendidos, entre outras informações. Sendo assim, é primordial que haja a implementação de procedimentos que levem ao adequado **registro de todas as vendas** realizadas pela empresa.

Nesse registro, é importante que sejam colocados o nome do cliente, o volume de produtos que foram vendidos, o preço praticado na venda, assim como o modo de recebimento.

Para esse registro, é indicado que a empresa utilize um *software* de apoio à gestão, mas, caso ainda não tenha um, apresento um modelo de formulário (Quadro 1.4) e uma planilha eletrônica (conteúdo complementar) que poderão ser utilizados nessa primeira fase de implementação dos registros.

Quadro 1.4   Formulário para registro das vendas.

Data	Cliente	Produto	Quantidade	Preço unitário	Valor total	Recebimento

Com a utilização desse formulário para registro das vendas, que pode ser utilizado a partir da planilha eletrônica disponibilizada, o gestor conseguirá analisar quais produtos estão sendo vendidos, quais preços e formas de pagamento estão sendo praticados, quem são os principais clientes da empresa, entre outras informações complementares. Cabe destacar que a implementação desse controle deve estar alinhada com o lançamento das informações no Fluxo de Caixa da empresa.

Já com relação aos **gastos incorridos pela empresa**, a ausência desse controle é ainda maior nas MPEs. Só a critério de conhecimento, as empresas maiores, quando tributadas pelo regime de Lucro Real, precisam registrar todos os gastos incorridos para que o lucro antes da tributação seja o mais correto possível, o que interferirá diretamente nos valores a serem pagos de tributos.

Já as empresas menores, que geralmente são tributadas pelo regime do Simples Nacional, não têm a prerrogativa de interferirem nos valores a serem pagos de tributos em função da existência de gastos, pois os tributos são calculados diretamente sobre o faturamento. Sendo assim, esses gestores acabam se preocupando menos com os seus lançamentos.

No entanto, quando não tem na empresa essa preocupação com registro dos gastos, a sua gestão fica comprometida, pois os gestores não podem confiar nos relatórios gerenciais que discriminam os gastos, e, por conseguinte, não podem confiar nos relatórios que mostram o resultado (lucro) que a empresa está proporcionando.

Sendo assim, registrar todos os gastos incorridos pela empresa é relevante, não apenas para que os gestores conheçam quais são os gastos que a empresa está incorrendo, sendo essa informação primordial para que haja uma gestão adequada, mas também para que os resultados proporcionados pela empresa sejam adequados à sua realidade, sejam confiáveis.

Ao registrar os gastos da empresa, é indicado que sejam classificados de acordo com o plano de contas.[1] Por meio dessa classificação, será possível aos gestores conhecerem os gastos com limpeza, com o administrativo, com a fabricação dos produtos, entre diversas outras segmentações possíveis. De posse dessas informações, os gestores poderão intervir e adequar os gastos de acordo com as necessidades dos setores, produtos etc.

Além disso, somente com esse adequado registro dos gastos os gestores terão informações precisas sobre a rentabilidade da empresa, dos seus produtos e/ou serviços; enfim, somente assim os gestores poderão utilizar de seus conhecimentos e habilidades para intervir na empresa de modo a melhorá-la.

No capítulo seguinte, sobre o Fluxo de Caixa, haverá maior detalhamento de como essa classificação dos gastos pode ser realizada. Inclusive, será exemplificado como realizar os lançamentos das receitas e dos gastos no Fluxo de Caixa da empresa.

Na sequência, apresento a importância da separação do dinheiro da empresa e do dinheiro dos sócios.

1.3 Separação dos recursos da empresa e dos recursos dos sócios

Outro ponto importante para que a Gestão Financeira da empresa possa proporcionar informações relevantes é a necessidade de haver **diferenciação entre os recursos da empresa e os recursos dos sócios**. Em contabilidade, chamamos essa separação de "Princípio da Entidade".

É sabido que essa separação entre os recursos da empresa e os recursos dos proprietários, principalmente quando se trata de empresas familiares, é difícil. É muito comum os gestores/proprietários utilizarem recursos da empresa em benefício da família, inclusive retirada de dinheiro do caixa da empresa para pagamento de despesas pessoais, sem o devido controle.

Em situações como essas, é comum ouvirmos dos gestores/proprietários que sua empresa não está gerando resultados (lucros), conforme era esperado. No entanto, esses gestores não percebem que os resultados que a empresa está proporcionando estão sendo utilizados em benefício próprio ou da sua família. Nesses casos, quando os gestores/proprietários começam a fazer um controle dos recursos da empresa que estão utilizando em benefício próprio, chegam a tomar um susto, pois tomam conhecimento de quantos recursos estão retirando da empresa, diariamente.

Para que situações como essas possam ser minimizadas, listo alguns pontos relevantes de serem trabalhados nas empresas:

- Implementar o pagamento de um salário/pró-labore (valor fixo mensal) para cada pessoa que trabalha na empresa, mesmo familiares e os gestores/proprietários.

---

[1] Os planos de conta são estruturas organizadas que registram e categorizam as transações financeiras de uma empresa de acordo com diferentes tipos de contas.

- Criar mecanismos de controle financeiro na empresa, ou nas empresas, quando for o caso, como Fluxo de Caixa (incluindo registro de retiradas), controle dos estoques, das contas a receber, das contas a pagar, entre outros controles que serão abordados no decorrer deste livro.

- Implementar mecanismos de separação de recursos de empresas diferentes, porém do mesmo grupo. É comum os gestores confundirem também os recursos de empresas diferentes, que usualmente denominam "unidades de negócios". Quando há essa "confusão", fica difícil identificar o quanto de resultado cada unidade de negócio está proporcionando ao grupo como um todo. Em casos como esses, é possível identificar que uma unidade de negócio esteja inclusive gerando prejuízo e comprometendo o resultado do grupo como um todo. Somente com o controle separado é possível acompanhar e analisar cada uma das unidades de negócio.

- Criar mecanismos de precificação de serviços e/ou produtos de uma empresa para outra, quando houver mais de uma empresa no grupo e aquisição de serviços/produtos entre elas. Chamamos essa precificação de "preço de transferência". Uma adequada precificação, sempre tendo como referência os preços de mercado, também é condição para que os gestores possam identificar o resultado de cada uma das unidades de negócio.

A partir da implementação de registros e controles na empresa, torna-se possível aos gestores analisar a situação histórica da empresa ou das unidades de negócio (identificando a evolução), entender a situação atual em que se encontram, além de possibilitar a implementação de mecanismos de planejamento com o objetivo de projetar a empresa para o futuro.

Cabe destacar que o objetivo deste texto é mostrar a influência de cada um dos mecanismos de gestão na Gestão Financeira das empresas. No entanto, para além da Gestão Financeira, é necessário que a empresa tenha implementada a gestão a partir de outras abordagens, por exemplo, a gestão de marketing (foco na experiência dos clientes), a gestão de pessoas (foco na experiência dos colaboradores), a gestão das operações (foco na dinâmica dos processos internos), entre outras, que irão variar de uma empresa para outra.

A seguir, apresento o tema Gestão do Fluxo de Caixa e sua importância para a saúde financeira das empresas.

10 | **CAPÍTULO 2** Gestão do Fluxo de Caixa

CAPÍTULO 2
Gestão do Fluxo de Caixa

2.1 Principais conceitos de Fluxo de Caixa

Ao iniciar a discussão sobre **Fluxo de Caixa**, a primeira coisa a fazer é definir o que vem a ser caixa e, posteriormente, o que representa o Fluxo de Caixa. De uma maneira bem simples, posso dizer que o **caixa representa o "bolso" da empresa**. Sendo assim, em diversos momentos a empresa precisa "colocar a mão no bolso" para retirar dinheiro e pagar "suas contas". Em outros momentos, a empresa "coloca a mão no bolso" para guardar o dinheiro que ela recebeu dos seus clientes. Perceba que essa lógica de colocar e retirar dinheiro do bolso também acontece conosco, pessoas físicas. Portanto, no decorrer deste livro, irei me referir ao caixa da empresa, mas o mesmo raciocínio poderia ser utilizado para o caixa das pessoas físicas.

Quando eu disser que houve **entrada de caixa**, significa que a empresa recebeu dinheiro, e quando eu me referir à **saída de caixa**, significa que a empresa terá pagado alguma conta. Fique tranquilo, pois daqui a pouco iremos explorar com detalhes cada um desses conceitos.

Retomando, a partir dessa lógica de entrada e saída de dinheiro do caixa da empresa, surge o seguinte questionamento: Como os gestores poderão gerenciar o caixa para evitar que falte dinheiro em momentos em que haja necessidade de recursos para pagamento de contas, ou como poderão evitar que fique muito dinheiro "parado" no caixa, sem necessidade?

Esse questionamento nos levanta duas situações que podem ocorrer com o caixa da empresa e que não são desejáveis. A primeira delas representa a **falta de recursos** em momento de necessidade, enquanto a segunda é representada pelo **excesso de recursos** em momento em que não há necessidade. Imagino que já esteja pensando em como a empresa poderia resolver esse problema.

Para que a empresa consiga gerir seu caixa, ela precisa utilizar uma ferramenta de gestão que seja capaz de relacionar regularmente as entradas, as saídas e o saldo de caixa. Essa ferramenta utilizada para gerenciar o caixa das empresas é exatamente o Fluxo de Caixa.

Sendo assim, o **Fluxo de Caixa é uma ferramenta utilizada pelas empresas para o gerenciamento do seu caixa**. Na Figura 2.1, apresento a estrutura de um Fluxo de Caixa.

Figura 2.1   Exemplo do Fluxo de Caixa.

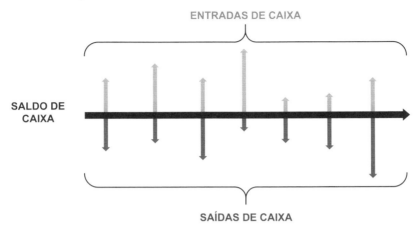

A Figura 2.1 representa o Fluxo de Caixa, ou seja, uma linha do tempo. A partir do entendimento dessa linha do tempo, os gestores da empresa devem lançar o saldo de caixa inicial, os valores a serem pagos, que representam as saídas de caixa, e os valores a serem recebidos que representam as entradas de caixa.

Um detalhe importante a ser destacado é o fato de que todas as entradas de caixa sejam lançadas acima da linha do tempo. Já as saídas de caixa devem ser lançadas abaixo da linha do tempo. Essa padronização é fruto de uma convenção e auxilia muito na visualização das informações apresentadas.

Além disso, observe que o tamanho das setas é diferente, exatamente para representar que há variação entre a quantidade de dinheiro que entra e a que sai do caixa da empresa, de um dia para o outro.

Para finalizar, afirmo que a gestão do caixa de uma empresa é primordial para que ela possa se manter em atividade. Por meio de uma associação entre a empresa e o corpo humano, podemos dizer que o caixa em uma empresa representa o sangue no corpo humano.

Ainda nessa perspectiva, é comum que as empresas executem suas atividades durante determinados períodos sem que estejam gerando lucro para os proprietários. Ou seja, uma empresa pode sobreviver no mercado por determinado período mesmo gerando prejuízo aos proprietários. Isso é comum, e caso esse período não seja muito extenso, as empresas conseguem se manter em atividade e se recuperar.

Portanto, caso a empresa esteja com dificuldade para gerar caixa, ou seja, não esteja entrando dinheiro na empresa, ela não conseguirá continuar com as portas abertas por muito tempo, pois não terá condições para pagar seus funcionários, seus fornecedores e outros credores.

Resumindo, uma empresa consegue se manter em atividade por determinado período sem gerar lucro, mas não consegue se manter sem gerar caixa, a não ser que os proprietários tenham condições para continuar colocando dinheiro na empresa até que ela seja capaz de gerar o seu próprio caixa, ou que haja investimento de terceiros.

Sendo assim, conforme comentei, a gestão do caixa em uma empresa é primordial para a sua "sobrevivência" e seu crescimento.

2.1.1 Objetivos do Fluxo de Caixa

O caixa pode ser compreendido como o bolso da empresa, no qual há entradas e saídas de recursos, regularmente. Com isso, para que a empresa consiga gerenciar a quantidade de recursos que terá como saldo no caixa, relacionando-o com as entradas e as saídas, ela precisa utilizar uma ferramenta de gestão, que se chama "Fluxo de Caixa". Ou seja, o **Fluxo de Caixa é uma ferramenta utilizada pelas empresas para gerenciar o seu caixa**.

Sendo assim, pode surgir o seguinte questionamento: Afinal de contas, para que a empresa precisa gerenciar seu caixa? Ou, pensando de outra maneira, para que a empresa precisa utilizar do Fluxo de Caixa? Ou ainda, qual o objetivo do Fluxo de Caixa?

Para responder a esses questionamentos, posso afirmar que o principal objetivo do Fluxo de Caixa é **gerenciar a movimentação de recursos que passam pelo caixa da empresa**, sempre de olho no saldo de caixa.

Para que o gerenciamento do Fluxo de Caixa seja efetivo, pelo menos para os próximos 30 dias, é necessário que o acompanhamento seja **diário**. Ou seja, é indicado acompanhar o saldo de caixa da empresa diariamente. Já para períodos superiores a 30 dias, o acompanhamento do caixa pode ser semanal, mas sempre que possível deve ser priorizado o acompanhamento diário.

Por meio do exemplo de Fluxo de Caixa apresentado na Figura 2.2, irei mostrar como devem ser a construção e a análise do Fluxo de Caixa, ressaltando a importância do acompanhamento do saldo diário.

Figura 2.2 Exemplo de um Fluxo de Caixa.

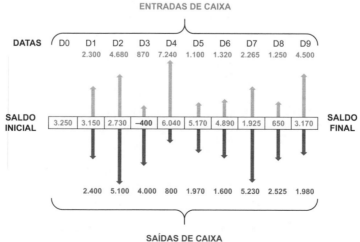

Conforme pode ser visto por meio desse exemplo, o Fluxo de Caixa apresenta o saldo inicial do caixa na data 0, representada por D0, que você pode entender como sendo hoje.

Além da D0, as informações são apresentadas para as datas de 1 a 9 (D1, D2, D3, D4 até D9), conforme representado pela linha "Datas", localizada na parte superior da Figura 2.2. Para cada uma dessas últimas datas, podemos perceber que há entrada, saída e saldo do caixa, diários.

Por meio desse exemplo, veja como trabalhar com os valores: o saldo de caixa de D1 (que é $ 3.150) é resultado do somatório do saldo de caixa de D0 ($ 3.250), que representa quanto tinha no caixa da empresa, com o valor da entrada de caixa de D1 ($ 2.300) menos o valor de $ 2.400 que foi a saída de caixa nessa data. Ou seja, se calcularmos $ 3.250 + $ 2.300 − $ 2.400, chegaremos ao resultado $ 3.150.

Esse mesmo raciocínio deve ser usado para calcular o saldo de caixa dos dias seguintes. Entre todos os dias apresentados nesse Fluxo de Caixa, somente no dia 3 (D3) o **saldo de caixa da empresa ficará negativo**. Nos outros dias, esse saldo é positivo. Nessa perspectiva, vem o questionamento do que a empresa precisa fazer para não ficar com o **caixa negativo**, pois essa informação evidencia que a empresa não terá dinheiro para pagar todas as contas com vencimento naquele dia.

No exemplo representado, se a empresa acompanha seu caixa por meio de uma ferramenta como o Fluxo de Caixa, os gestores identificarão com antecedência o problema do caixa negativo que ocorrerá no dia 3 (D3). Sabendo dessa situação com antecedência, os gestores terão mais tempo para resolver o problema, por exemplo, contactar os fornecedores e solicitar um dia a mais para pagamento. Outra estratégia seria ajustar com os clientes o prazo concedido para pagamento.

Portanto, se a empresa não fizer o acompanhamento diário do caixa, com antecedência, os gestores perceberão o problema do "caixa negativo" somente no momento de pagar as contas. Nesse caso, as possibilidades de atuação dos gestores serão menores. Ou ele terá que conseguir um dinheiro emprestado ou terá que deixar de pagar alguma conta com vencimento para aquele dia. Observe que ambas as situações são prejudiciais.

Voltando ao exemplo apresentado pela Figura 2.2, as informações de entrada e saída de Caixa foram postas nos respectivos dias, ou seja, nas datas D1, D2 até D9. Portanto, à medida que a data a ser projetada pelo Fluxo de Caixa fica mais distante, depois dos próximos 30 dias, por exemplo, torna-se mais difícil discriminar com precisão os valores que entrarão e que sairão do caixa, diariamente.

Nesse caso, uma alternativa é lançarmos aqueles valores de entrada e de saída de caixa que já temos a previsão de quando ocorrerão, nas suas respectivas datas. Já quanto àqueles valores de entradas e de saídas de caixa que historicamente ocorrem ou que estão previstos, mas que ainda não se sabe a data exata que deverão ser pagos ou serão recebidos, devemos fazer os lançamentos na semana de maior probabilidade de ocorrência. Mais adiante, irei detalhar quais seriam esses valores de entradas e de saídas de caixa futuros a que me refiro.

Nesse momento, quero que fique claro apenas que devemos lançar nas respectivas datas futuras aqueles valores de entradas e ou de saídas de caixa que já sabemos em que datas ocorrerão. Já os valores que ainda não temos a previsibilidade do dia exato que deverão ser pagos ou que serão recebidos, lançamos na semana que achamos que tenha maior probabilidade de ocorrência.

Vale reforçar que, à medida que tivermos conhecimento das datas exatas em que os valores ocorrerão, ou seja, entrarão no caixa ou deverão ser pagos, deveremos ajustar os lançamentos das datas, caso seja necessário.

Ressalto que, a partir desse acompanhamento do Fluxo de Caixa da empresa, os **gestores terão previsibilidade do saldo de caixa**, sempre identificando possíveis momentos de falta ou escassez de caixa, assim como possíveis momentos de excesso de caixa. Conhecendo essas informações com antecedência, será possível aos gestores tomarem as decisões mais adequadas à realidade da empresa.

Para melhor visualização das informações a serem lançadas no Fluxo de Caixa, a seguir irei apresentar como os gestores podem classificar as entradas e as saídas de caixa.

2.1.2 Classificação de entradas de caixa

Ao classificar as entradas de caixa em uma empresa, é possível observar que os **recursos podem vir de fontes diversas**. Geralmente, no início das atividades das empresas, o dinheiro inicial para possibilitar que a empresa inicie suas atividades é oriundo dos sócios, que, às vezes, também precisam recorrer às instituições financeiras, muitas vezes aos bancos, para captarem empréstimos.

Sendo assim, podemos dizer que, antes de iniciar suas atividades operacionais, há duas formas de entrada de recursos nos caixas das empresas, que são **dinheiro dos sócios e empréstimos**.

Portanto, à medida que a empresa inicia suas atividades, outras formas de entrada de dinheiro no caixa da empresa passam a ser comuns. Entre essas formas, as mais importantes são aquelas **oriundas do faturamento** da empresa. O faturamento ocorre quando a empresa emite uma nota fiscal a um cliente. Ele é oriundo do ato de vender produtos e/ou serviços por parte da empresa.

Dessa maneira, sempre que a empresa efetuar um faturamento, haverá entrada de caixa, caso esse faturamento seja com pagamento à vista. Caso a empresa tenha acordado um prazo para que o cliente pague por esse produto e/ou serviço vendido, haverá uma previsão de recebimento futuro. Ou seja, será lançada em "contas a receber" uma previsão de pagamento de determinado valor, por parte daquele cliente.

Recapitulando, **sempre que houver um faturamento, haverá registro de entrada de caixa no Fluxo de Caixa da empresa**. Esse registro poderá ser efetuado na data do faturamento, quando o pagamento for à vista, ou poderá ser efetuado o lançamento de uma previsão de recebimento em uma data futura, que representa a data acordada entre a empresa e o cliente, no qual ele se compromete a pagar o respectivo valor.

Nessa mesma linha de raciocínio, quando a empresa efetua o recebimento por meio de **cartões de débito e de crédito**, forma geralmente utilizada pelas pessoas para pagarem suas compras, o lançamento de entrada no Fluxo de Caixa da empresa dependerá do momento em que as "administradoras da maquininha de cartão" efetuarão o depósito na conta da empresa. Esse prazo irá depender do acordo firmado entre a empresa e as instituições financeiras que administram suas "maquininhas". É muito comum que os pagamentos recebidos como débito sejam depositados na conta da empresa em até 3 dias úteis após a realização da transação. Há casos em que esse depósito ocorre no dia seguinte ao dia da transação.

Já os valores recebidos por crédito geralmente demoram mais dias para serem transferidos da instituição financeira administradora da maquininha de cartão para a empresa que efetuou a venda. Esse período também dependerá do acordo firmado entre a empresa e sua instituição financeira. O tempo de espera da empresa para receber essas vendas pode variar de 3 a 30 dias. Algumas instituições financeiras já estão reduzindo esse prazo para se tornarem mais atraentes às empresas. Portanto, não são todas.

Há ainda outras formas de entrada de recursos no caixa das empresas. Como exemplo, podemos usar os valores **oriundos de vendas de bens ou ativos da empresa**. Imagine que a empresa esteja vendendo um automóvel que não está sendo necessário para suas atividades. Quando a empresa efetua a venda desse bem, haverá o registro de entrada de recurso no Fluxo de Caixa da empresa. Esse registro no Fluxo de Caixa será efetuado na data da venda do automóvel, caso o pagamento tenha sido à vista. Agora, caso tenha sido acordado um prazo para recebimento, haverá o registro de uma previsão de entrada de caixa na data acordada como vencimento para aquela venda.

A partir das formas de entrada de caixa listadas anteriormente, podemos segmentá-las em entradas de caixa oriundas das atividades operacionais da empresa e entradas de caixa financeiras ou de venda de bens.

No que se refere às **entradas de caixa oriundas da atividade operacional** da empresa, que, por sinal, devem ser as mais representativas, podemos destacar aquelas oriundas de **faturamento**, que podem ter sido recebidas à vista, por meio de cartões de débito ou de crédito, ou até mesmo que tenham sido registradas como previsão de recebimento na conta "contas a receber" e no Fluxo de Caixa.

Já as **entradas de caixa financeiras** podem ser oriundas de dinheiro dos sócios e empréstimos efetuados junto às instituições financeiras. Finalmente, a última forma de entrada de caixa comentada foi a entrada de caixa oriunda da **venda de bens ou ativos da empresa**. Além dessas fontes de recursos listadas, pode haver outras formas de entrada de caixa nas empresas, mas geralmente são pouco representativas financeiramente. A seguir, irei comentar sobre a classificação das saídas de caixa.

2.1.3 Classificação de saídas de caixa

Como é muito importante para as empresas saberem para onde está indo o seu dinheiro, devemos classificar as saídas de caixa em **categorias**. Essa segmentação é relevante para que os gestores possam gerenciar os recursos da empresa de uma maneira mais organizada.

CAPÍTULO 2 Gestão do Fluxo de Caixa

A partir dessa classificação, eles podem analisar a evolução de cada um dos gastos e, até mesmo, comparar esses gastos com o faturamento da empresa, buscando conhecer a relação existente entre as contas. Ressalto que **o ideal é que os gastos aumentem apenas quando há aumento do faturamento**. Quando os gastos aumentam sem que haja faturamento proporcional, é necessário que a empresa entenda o motivo desse aumento e busque maneiras para minimizá-los.

Sabe-se que é muito fácil aumentar os gastos em uma empresa, mas reduzi-los demanda organização, conhecimento e, acima de tudo, atitude. Entre as categorias de saídas de caixa, irei classificá-las em três grupos.

O primeiro grupo são as **saídas de caixa oriundas de atividades operacionais da empresa**. Ou seja, geralmente são pagamentos que a empresa efetua pelo motivo de suas operações, que, por sua vez, são responsáveis pelo faturamento, ou, de uma maneira mais clara, responsáveis pela entrada de caixa na empresa. Entre essas saídas de caixa, podem estar listados **pagamentos a fornecedores** por compras efetuadas à vista ou por compras efetuadas no passado e que estejam vencendo.

Também são considerados gastos operacionais os **pagamentos de aluguéis, energia elétrica, água, telefone e Internet, salários dos colaboradores**, entre outros. Além desses gastos, a empresa ainda terá que pagar tributos e, possivelmente, outras despesas fixas ou variáveis que possam existir. Observe que os gastos relacionados às atividades operacionais da empresa são diversos, por isso a necessidade de haver uma **segmentação por grupo**, para facilitar a gestão.

O nome técnico que é dado aos grupos de contas em uma empresa, lá na Contabilidade, é **Plano de Contas**. Ou seja, na Contabilidade há uma organização das contas da empresa que são utilizadas no ato dos lançamentos de gastos, separando-os de acordo com aquele plano que fora definido previamente.

Somente para exemplificar a importância do Plano de Contas e dessa segmentação dos gastos: imagine os diversos pagamentos que a empresa precisa fazer e que estão relacionados aos gastos com funcionários. Geralmente somos levados a pensar que o gasto com o funcionário se limita ao salário pago ao colaborador. Portanto, além do salário, a empresa paga INSS, FGTS, férias, décimo terceiro, vale-alimentação, auxílio-saúde, auxílio-creche, gastos com Equipamentos de Proteção Individual (EPIs), entre outros.

Ao fazer os lançamentos desses pagamentos, a empresa, por meio da Contabilidade ou do setor Financeiro, **registra todos no Plano de Contas que está relacionado aos colaboradores**. Fazendo isso, quando o gestor quer analisar os gastos com colaboradores, ele vê nos relatórios todos esses gastos, e não apenas os gastos que foram pagos aos funcionários como salários. Essa organização do lançamento dos gastos facilita no momento de sua análise.

O outro grupo de categoria das saídas de caixa é o que irei denominar **Financeiro**. Nesse grupo estão listados os pagamentos de empréstimos junto às instituições financeiras. Finalmente, o último grupo da classificação das saídas de caixa pode ser identificado como **remuneração dos sócios da empresa**, que geralmente ocorre por meio da distribuição dos lucros.

Resumindo, as empresas devem **segmentar os gastos em categorias**. Conforme discutimos, para essa segmentação em categorias, geralmente já existe na Contabilidade o chamado "Plano de Contas". Ao classificarem de maneira adequada as saídas de caixa da empresa, torna-se possível aos gestores analisarem a evolução desses gastos, relacionarem com o faturamento da empresa e, a partir dessa análise, tomarem as decisões que forem necessárias. Conforme destacado, essas análises possibilitam aos gestores identificarem o destino do dinheiro da empresa.

Outro ponto que foi discutido é a classificação das saídas de caixa em três grupos, que são aqueles necessários para o funcionamento da empresa: operacionais, saídas de caixa que denominamos financeiras e, por último, as saídas de caixa para distribuição dos lucros aos proprietários da empresa. A seguir, conversaremos sobre o saldo de caixa da empresa.

2.1.4 Saldo de caixa e de bancos

A partir do acompanhamento regular e bem de perto do Fluxo de Caixa, **é possível prever eventuais excedentes de caixa**. Ou seja, é possível identificar que em algum período, próximo ou distante, a depender do detalhamento das informações, haverá sobra de recursos no caixa da empresa. Essa sobra de recursos pode ser temporária, ou seja, por um período determinado, sendo o recurso necessário para pagamento de alguma conta em uma data futura, ou até mesmo uma sobra de recurso por tempo indeterminado, que pode ser entendido como se aquele recurso estivesse "sobrando" no caixa da empresa.

Sendo assim, quando a disponibilidade do recurso for por tempo determinado, a empresa terá a possibilidade de aplicá-lo em algum investimento no banco, por exemplo, e, com isso, proporcionar receita financeira, ou seja, juros. Já se a disponibilidade desse recurso é por período indeterminado, significa que está sobrando no caixa. Quando uma situação como essa acontece, os gestores podem optar por distribuí-lo aos proprietários ou deixá-lo disponível em algum investimento no banco, como reserva.

Esse tipo de reserva poderá ser utilizado em situações futuras, quando houver necessidade de recursos no caixa, ou até mesmo para aproveitar outras oportunidades de ganhos. Uma oportunidade que pode ocorrer, a depender do segmento de atuação da empresa, é adquirir mercadorias dos fornecedores que tenham promoções para clientes que comprem com pagamento à vista. Agindo assim, a empresa consegue comprar insumos ou matéria-prima por um preço mais barato, simplesmente pelo fato de estar com recursos disponíveis para pagamento à vista.

Por outro lado, a partir do acompanhamento regular e bem de perto do Fluxo de Caixa, é possível prever, também, eventual **escassez de caixa**. Isso significa que a empresa passará por um período em que o saldo de caixa ficará negativo. Trata-se de uma situação oposta à que acabamos de ver.

Em uma situação como essa, sabendo que haverá falta de recursos no caixa da empresa, os gestores deverão analisar qual a maneira mais adequada e mais barata para conseguirem recursos para cobrir o caixa da empresa pelo período em questão, ou até mesmo qual ou quais contas a empresa deixará de pagar.

Nessas situações, que são comuns de acontecer no mundo das empresas, algumas estratégias podem ser utilizadas:

- **Pegar dinheiro emprestado nos bancos:** empréstimos dessa natureza, geralmente, são chamados "empréstimos para Capital de Giro".

- **Proprietários da empresa colocarem mais dinheiro** à disposição da empresa: geralmente, situações como essa são conhecidas como "aporte financeiro" por parte dos proprietários da empresa.

- Outra possibilidade seria a empresa fazer uma promoção para **vender produtos que estiverem em estoque**, com pagamento à vista por parte dos clientes. Observe que se trata de uma situação contrária ao que vimos como possível, na situação em que a empresa estava com sobra de dinheiro no caixa.

- **Negociar com fornecedores** o adiamento dos pagamentos: para que essa estratégia seja utilizada, é indicado que haja uma parceria entre a empresa e o fornecedor. Caso contrário, essa situação pode prejudicar a visão do fornecedor, que, por sua vez, pode ficar receoso de conceder crédito nas vendas futuras.

- **Desconto de duplicatas:** significa que a empresa pega uma duplicata dos seus clientes, ou seja, um boleto emitido ao cliente, com data de pagamento futuro, e vai ao banco para antecipar o recebimento daquele boleto. Fazendo isso, a empresa paga um valor ao banco como juros pela antecipação daquele recurso e, quando o boleto vencer, o dinheiro que será pago pelo cliente ficará com o banco.

- Também na perspectiva de antecipação de recebíveis, uma estratégia pode ser a **antecipação de vendas no cartão de crédito**. Essa possibilidade somente será possível para aquelas empresas que demoram a receber as vendas realizadas no cartão. Para esse caso, uma possibilidade é negociar com a instituição financeira e reduzir o prazo de recebimento das vendas recebidas pelo cartão. Para isso, a empresa incorrerá em uma taxa administrativa maior, mas pode ser interessante.

Caso os gestores da empresa não tenham nenhuma das possibilidades citadas, terão que pensar em outra maneira de conseguirem dinheiro para colocarem no caixa da empresa para evitarem o não pagamento de obrigações.

Portanto, uma última condição seria a empresa deixar de pagar uma ou algumas das contas com vencimento para aquela data. Caso tenha que optar por essa possibilidade, a empresa precisa analisar qual ou quais contas trarão um **custo menor para a empresa**, no caso do não pagamento. Esse custo pode ser medido pela multa e pela taxa de juros que a empresa terá que pagar, quando do pagamento em atraso, mas também pode ter outros tipos de custos que não sejam financeiros, como reputação da empresa frente aos seus fornecedores, funcionários, credores, entre outros.

Conforme já foi comentado neste livro, a falta de dinheiro para pagar as obrigações da empresa, como salário de funcionários, fornecedores, entre outras, caso ocorra de modo recorrente, é o motivo que acaba levando as empresas a terem que fechar as suas portas.

De maneira resumida, destaco que o principal objetivo do Fluxo de Caixa é gerenciar a movimentação de recursos que passam pelo caixa da empresa, sempre de olho no saldo de caixa. A partir desse acompanhamento, os gestores terão **previsibilidade do saldo de caixa da empresa**, sempre identificando possíveis momentos de falta de caixa, assim como possíveis momentos de excesso de caixa. Conhecendo essas informações com antecedência, será possível aos gestores tomar as **decisões mais adequadas à realidade da empresa**.

2.2 Elaboração e análise do Fluxo de Caixa

2.2.1 Planejamento do Fluxo de Caixa

O principal objetivo do Fluxo de Caixa é o **acompanhamento diário do saldo de caixa** da empresa. Para abordar o tema "planejamento do Fluxo de Caixa", utilizarei uma experiência prática que vivenciei na Gestão Financeira de uma empresa em que trabalhei.

Fui contratado por uma empresa exatamente para auxiliar na Gestão Financeira. O responsável pelo setor Financeiro tinha muitas atribuições e não conseguia acompanhar o Fluxo de Caixa. Quando cheguei, a minha atribuição principal era elaborar o Fluxo de Caixa da empresa.

Para iniciar os trabalhos, comecei pelas contas a serem pagas. Antes mesmo de iniciar a elaboração do Fluxo de Caixa, peguei os diversos boletos a serem pagos que estavam no setor Financeiro e comecei a organizá-los em ordem de vencimentos. Ao iniciar essa atividade, percebi que havia muitos boletos de diversos fornecedores e que, para pagá-los, seria interessante que eu verificasse a nota fiscal que cada um dos boletos estava quitando/pagando. Conversando sobre isso com o Gestor Financeiro, fui informado que até aquele momento os boletos eram pagos sem essa conferência.

Então, solicitei ao setor de Contabilidade, que naquele caso funcionava dentro da empresa, que me encaminhasse uma cópia de todas as notas fiscais de compra que eram lançadas pela Contabilidade para que eu pudesse conferir a procedência de cada um dos boletos a serem lançados no Fluxo de Caixa e posteriormente pagos. Ou seja, com esse procedimento, passei a ter certeza de que o boleto que estava sendo pago se referia a uma nota fiscal já lançada na Contabilidade.

No entanto, logo ao iniciar essa atividade, identifiquei que estava faltando um passo anterior: a conferência do que estava sendo lançado na Contabilidade com os produtos ou serviços que, de fato, haviam sido entregues à empresa, e, ainda, com o que estava sendo comprado ou contratado pelos compradores.

Observe que somente com o que já apresentei até aqui é possível perceber uma falha no controle da empresa. A empresa pagava os boletos que chegavam ao setor Financeiro sem ter certeza de que aqueles boletos estavam relacionados a compras de serviços ou de produtos adquiridos, e ainda sem saber se aqueles produtos ou serviços tinham sido entregues à empresa.

Quando iniciei esse controle, percebi outro problema que não imaginava que poderia ocorrer: o fato de haver fornecedores que negociavam com os compradores e entregavam por preços e quantidades diferentes. Como não havia nenhum tipo de controle, os boletos eram pagos e ninguém percebia as divergências.

Voltando ao tema "planejamento do Fluxo de Caixa", observe que o exemplo citado está relacionado a uma questão que antecede o lançamento no Fluxo de Caixa dos valores a serem pagos. Antes de serem lançados no Fluxo de Caixa, é necessário que haja, na empresa, a certeza de que aquele pagamento a ser efetuado está coerente com o que foi comprado e/ou contratado pela empresa, assim como com a nota fiscal a ser lançada na Contabilidade.

Até agora, eu abordei como deve ser o processo de controle dos valores a serem pagos. Já na perspectiva das entradas de caixa, a ideia é inversa, ou seja, o setor Financeiro responsável pelo Fluxo de Caixa precisa estar ciente de todas as vendas realizadas pela empresa, assim como dos prazos negociados.

No exemplo da empresa que relatei, por se tratar de uma indústria pesada, eram poucos clientes e o faturamento era grande para cada um deles. Nesse caso, sempre que o setor de faturamento da Contabilidade emitia uma nota fiscal, passava-me uma cópia para que eu, enquanto representante do setor Financeiro, pudesse emitir os boletos bancários aos clientes. Fazendo dessa maneira, eu já recebia a informação referente aos valores a receber da empresa e do prazo para recebimento de cada um dos boletos. Assim, bastava eu incluir essas informações no Fluxo de Caixa da empresa.

Acredito que estejam se perguntando como uma empresa do segmento de comércio varejista, por exemplo, faz este controle. Em empresas desse segmento, geralmente ocorrem diversas vendas ao longo do dia, sendo estas recebidas de formas diferentes, como boletos para clientes com maior volume de compra, recebimentos por cartão de crédito, à vista ou parcelado, recebimentos com cartão de débito e até recebimentos em dinheiro ou transferências bancárias, por exemplo, PIX. Nesse caso, é necessário que existam processos definidos para a realização de controle.

Para resumir essa discussão sobre planejamento do Fluxo de Caixa, quero reforçar a necessidade de se analisar todo o processo de compra, recebimento de mercadoria e/ou serviço, checagem das notas fiscais e, finalmente, de conferência dos valores a serem pagos. Pode parecer desnecessário, mas destaco que se trata de um controle extremamente importante de ser considerado pelo setor Financeiro de uma empresa.

2.2.2 Organização e adequação das entradas de caixa

Para abordar o tema **"organização e adequação das entradas de caixa"**, continuarei apresentando o exemplo da empresa do segmento da indústria pesada em que trabalhei. Essa empresa a que estou me referindo tinha poucos clientes, porém, apesar de em pequeno número, o faturamento para cada um deles era elevado.

Como já foi mencionado, o controle das projeções de entradas de caixa era simples. Bastava eu registrar os valores a serem recebidos no prazo dos boletos que eram emitidos pelo setor Financeiro no qual eu atuava. Esses valores, mesmo que em datas futuras, por já estarem relacionados aos faturamentos efetuados, são considerados no Fluxo de Caixa como **valores programados**.

No entanto, além dos valores programados, que são oriundos de vendas já realizadas, devemos também trabalhar com as **provisões de entradas de caixa**. Essas provisões são oriundas do planejamento de vendas das empresas. Ou seja, a partir do planejamento de vendas elaborado pela empresa, ela já registra no Fluxo de Caixa as provisões de entradas de caixa, que serão transformadas em valores programados, quando se tratar de valores a serem recebidos no futuro, ou valores realizados, quando se tratar de valores pagos à vista pelos clientes.

No caso específico da empresa que eu citei, havia uma previsão de produção e de entrega de produtos acabados para o período futuro de, aproximadamente, 1 ano. Com isso, a partir do planejamento elaborado, eu conseguia lançar no Fluxo de Caixa as provisões de entradas de caixa. À medida que a empresa faturava os produtos, aqueles valores que estavam como provisão eram transformados em valores a receber programados.

Novamente pode surgir o questionamento: e no caso de uma empresa do segmento de **comércio varejista**, como pode ser feito o controle dos valores a receber? Para abordar esse exemplo, também precisamos separar as entradas de caixa em entradas **realizadas**, que estão relacionadas às vendas de recebimento à vista; entradas **programadas**, aquelas que serão registradas no Fluxo de Caixa da empresa em datas futuras, mas que já são oriundas de vendas realizadas pela empresa, porém havendo algum prazo para o recebimento; as **provisões** de entradas de caixa, que são aquelas registradas a partir do planejamento de vendas elaborado pela empresa.

Como já mencionado, em empresas desse segmento, geralmente ocorrem diversas vendas ao longo do dia, sendo essas recebidas de formas diferentes, como boletos para clientes com maior volume de compra, recebimentos por cartão de crédito, à vista ou parcelado, recebimentos com cartão de débito e recebimentos em dinheiro ou por meio de transferência bancária, como o PIX. Nesse caso, todos os dias o setor Financeiro precisa "**fechar o caixa**" da empresa.

Nesse procedimento de fechar o caixa, o responsável pela atividade deverá verificar o valor que foi faturado no dia. Para isso, ele precisa somar o faturamento de toda a empresa, incluindo vendas *on-line*, vendas em lojas físicas etc. Após esse levantamento, deve-se verificar quanto desse valor foi recebido em dinheiro ou por meio de transferência bancária (p. ex., PIX), quanto foi recebido com cartão de débito, quanto foi recebido com cartão de crédito e quanto do faturamento foi vendido para clientes que já têm uma opção de compras a prazo previamente definido, com ou sem utilização de boletos bancários.

Feito esse levantamento, o responsável pelo caixa da empresa precisa registrar no Fluxo de Caixa a entrada referente aos valores recebidos à vista, programar as entradas de caixa recebidas por cartões, separando de acordo com o contrato firmado com as administradoras da "maquininha de cartão", além de programar as entradas de caixa para aquelas vendas aos clientes que têm prazo para pagamento. Caso a empresa trabalhe com vendas planejadas, ao fazer esses registros, é necessário que o responsável pela atividade também exclua as provisões referentes ao "faturamento daquele dia".

Outra atividade que precisa ser realizada é a gestão das entradas de caixa programadas para o dia em questão. Para isso, o responsável pelo setor Financeiro precisa fazer a **conciliação do caixa**, que significa verificar, nas contas bancárias, a entrada de caixa referente aos valores que estavam programados para o dia. Esses valores programados podem ser oriundos de cartão de débito, cartão de crédito, boletos, caso a empresa trabalhe com essa modalidade; ainda, é necessário verificar junto ao caixa da empresa se os clientes que compram a prazo e que deveriam pagar suas contas naquele dia efetuaram os pagamentos. Para aqueles valores que deveriam ter sido recebidos no dia, mas que não foram, a empresa precisa verificar qual a melhor maneira de agir, conforme apresentado na sequência.

No caso de valores a serem recebidos de bancos ou administradoras de cartão, a empresa precisa verificar junto a essas instituições o motivo do não recebimento. Para os boletos de clientes que não foram recebidos, a empresa pode entrar em contato com o cliente ou aguardar alguns dias para verificar se o cliente efetuará o pagamento. Para tomar essa decisão, é indicado analisar o histórico do cliente em questão. Pode ser um cliente que costuma atrasar o pagamento, mas que logo paga, ou até mesmo algum cliente que não tenha o hábito de atrasar seus pagamentos. Nesses casos, seria conveniente aguardar um pouco antes de fazer contato, pois pode ser que o recebimento ocorra nos próximos dias.

Já para possíveis clientes que tenham o hábito de atrasar os pagamentos, sendo necessário inclusive cobrá-los, a empresa já pode enviar um *e-mail*, por exemplo, lembrando-lhe do boleto que vencera e que não fora quitado. Esse mesmo raciocínio pode ser utilizado para o caso de haver contas de clientes que pagam diretamente no caixa, mas que não o fizeram.

Após todo esse levantamento de informações, o responsável pelo Fluxo de Caixa deverá **registrar a entrada no caixa** daqueles valores que estavam programados para o dia e que foram realizados, assim como registrar a entrada de caixa dos valores que foram recebidos à vista. Já quanto aos valores que não foram recebidos, o responsável deve colocar em destaque para analisar a situação nos dias seguintes.

Observe que, ao analisar as entradas programadas de caixa diariamente, o responsável pelo Fluxo de Caixa controlará de perto o **Contas a Receber** da Empresa. Esse controle diário para essa conta é primordial, pois a empresa precisa identificar imediatamente os valores que deveriam ter sido recebidos, mas que não foram. De posse dessa informação, o gestor deve decidir pela cobrança imediata ao cliente ou por aguardar por alguns dias, conforme comentado anteriormente.

Para resumir, destaco que é indicado haver na empresa procedimentos que deem aos vendedores condições padronizadas de concessão de prazo aos clientes. Isso é importante, pois, caso contrário, os vendedores tendem a aumentar o prazo para pagamento aos clientes, pois esse aumento no prazo pode contribuir para aumentar o volume de vendas. Portanto, caso aconteça um aumento no prazo aos clientes, o recebimento das vendas por parte da empresa ocorrerá em datas posteriores ao que geralmente ocorre, podendo comprometer, com isso, o caixa da empresa. Esse ponto está relacionado à Gestão do Capital de Giro das empresas, tema que ainda será abordado neste livro.

Para evitar situações como essa, é indicado que todos na empresa se preocupem com a **geração de caixa**, pois, caso contrário, as decisões pontuais dos colaboradores podem ocasionar problemas na capacidade de pagamento da empresa.

2.2.3 Organização e adequação das saídas de caixa

Ao abordar o tema "**organização e adequação das saídas de caixa**", irei, inicialmente, comentar sobre a necessidade de haver uma conferência relacionando os valores a serem pagos com as mercadorias e serviços entregues à empresa e, ainda, com a negociação realizada pelos compradores. Por meio desse controle, que antecede a elaboração do Fluxo de Caixa, é possível identificar divergências que possam trazer prejuízos à empresa. Sendo assim, reforço a necessidade de uma **conferência prévia para validação** de todos os valores a serem lançados no Fluxo de Caixa.

Feita essa ressalva, vamos adentrar no tema "organização e adequação das saídas de caixa", já assumindo que todos os valores a pagar a serem lançados no Fluxo de Caixa já tenham sido conferidos e representam, de fato, obrigações da empresa. Além disso, destaco que irei separar as saídas de caixa em "programadas" e "provisionadas", sendo ambas para registro de saídas de caixa futuras. No caso das saídas de caixa que ocorreram no mesmo dia, consideramos como saídas de caixa realizadas.

Além disso, antes de lançarmos as saídas de caixa no Fluxo de Caixa, é relevante classificarmos as saídas de caixa em três grupos: saídas de caixa **operacionais**, saídas de caixa **financeiras** e saídas de caixa para **remuneração dos sócios** da empresa, que geralmente ocorre por meio da distribuição dos lucros. Ao trabalharmos com essas classificações das saídas de caixa de maneira compartilhada, chegamos à seguinte classificação das saídas de caixa:

- **Operacionais programadas:** são as saídas de caixa futuras que serão lançadas no Fluxo de Caixa e são provenientes de pagamento de produtos ou serviços que já foram faturados à empresa. Por exemplo: pagamentos de compras de mercadorias, de funcionários, água, energia elétrica, telefone, Internet, aluguel, impostos, entre outras.

- **Operacionais provisionadas:** ao abordar as saídas de caixa provisionadas, irei separá-las em dois grupos. O primeiro grupo são as saídas de caixa **recorrentes** (**fixas**), em que os valores a serem pagos variam pouco de um período para o outro. Nesse caso, incluem, por exemplo, pagamento de aluguel, funcionários, água, energia elétrica, telefone e Internet. No caso dessas saídas de caixa, o lançamento das provisões do Fluxo de Caixa deve ser o valor médio pago nos últimos meses, sempre com atenção à tendência, pois, caso o valor esteja aumentando nos últimos meses, é conveniente lançar uma previsão de gasto pouco maior que dos últimos meses. Além disso, as datas de pagamento geralmente são as mesmas. O segundo grupo de provisão de saídas de caixa é aquele relacionado ao **pagamento de fornecedores de mercadoria e/ou serviços** necessários para a operação da empresa. A previsão dessas saídas de caixa é oriunda do planejamento de produção ou prestação de serviços da empresa, que geralmente será oriundo do planejamento de venda.

- **Saídas de caixa financeiras:** serão calculadas a partir da necessidade de capital de terceiros (ou seja, dívidas) utilizado pela empresa. A partir do momento em que os gestores já tenham conhecimento dos valores a serem pagos referentes a dívidas, por exemplo, parcelas de financiamento, esses gastos já devem ser lançados como saídas de caixa programadas. Caso a empresa tenha a previsão das saídas de caixa, mas ainda não tenha firmado contrato com os credores, ela deve lançar as saídas de caixa como provisões.

- **Remuneração dos sócios da empresa:** último grupo das saídas de caixa, geralmente ocorre por meio da distribuição dos lucros. Devem ser lançadas como programadas, caso a decisão de pagamento já tenha sido acertada pelos gestores, ou provisionadas, caso exista a previsão de pagamento, mas este ainda não tenha ocorrido.

Outra questão importante é que os responsáveis pela Gestão Financeira da empresa devem fazer o **fechamento do caixa todos os dias**. Para que o caixa da empresa seja fechado, de fato, é necessário considerar todas as entradas de caixa, provenientes de vendas à vista e de valores recebidos, como também considerar todas as saídas de caixa realizadas no dia.

Ao trabalharem com o fechamento do caixa, os responsáveis pela Gestão Financeira farão também a **gestão do contas a pagar**, ou seja, certificar que todos os valores que deveriam ter sido pagos naquele dia, conforme programado pelo Fluxo de Caixa, foram pagos. Portanto, caso a empresa esteja passando por dificuldade de caixa, ou seja, com saldo de caixa negativo, pode ser que tenha decidido por não pagar uma ou mais contas que estavam programadas para serem quitadas naquele dia.

É importante destacar a importância de que todos os colaboradores e gestores da empresa estejam atentos às decisões que demandam saída de caixa. Esse acompanhamento é primordial para diminuir o risco de a empresa passar por dificuldades de caixa devido a decisões equivocadas.

Entre as decisões que podem gerar falta de caixa, destaco compra excessiva de produtos, que acabam ficando em estoque desnecessariamente; aumento de prazo aos clientes, elevando, assim, o volume de recursos no contas a receber; e, por consequência, aumento no prazo médio para recebimento.

Essas decisões precisam estar sempre acordadas com o setor Financeiro da empresa, pois este setor tem informações sobre o caixa e, assim, melhor condição para tomar decisão.

2.2.4 Análise da previsibilidade por meio do Fluxo de Caixa

Nesse momento, o foco será analisar a **previsibilidade que o Fluxo de Caixa** proporciona aos gestores. Irei explicar como o gestor deve analisar o quanto poderá confiar nas informações que estão lançadas no Fluxo de Caixa.

Para isso, inicialmente é necessário separarmos os lançamentos futuros em programados e provisionados. Os lançamentos **programados** de entradas e de saídas de caixa se referem a transações já efetuadas pela empresa (compra ou venda), mas nas quais houve negociação de prazo para o pagamento ou recebimento, ou seja, para a movimentação financeira. Entre os lançamentos que se enquadram nesse caso, há aqueles que são entradas de caixa programadas oriundas de vendas já realizadas, porém com um prazo para o cliente pagá-las. Há também as saídas de caixa programadas, que são contas que já foram faturadas e que precisam ser pagas pela empresa.

No caso desses lançamentos programados, há, por parte da empresa, maior previsibilidade, pois já se trata de compromissos assumidos, tanto pela empresa (pagamentos) quanto por clientes (recebimentos). Portanto, para evitar surpresas, no caso do não recebimento, a empresa precisa acompanhar, quando possível, a situação financeira de seus clientes.

Já para os lançamentos **provisionados**, antes de tudo, é necessário analisar a previsibilidade do futuro da empresa, pois esses lançamentos devem ser realizados a partir da previsão de vendas, gerando, assim, as provisões de entradas e de saídas de caixa, possibilitando, com isso, o lançamento no Fluxo de Caixa. Para essa análise, é indicado separar as provisões e analisar o quanto se pode confiar em cada um dos valores lançados.

Esse grau de confiança nas provisões lançadas no Fluxo de Caixa, principalmente com relação às provisões de entradas de caixa, vai refletir **o quanto a empresa pode confiar em suas previsões**, ou seja, em seu planejamento.

Caso a empresa já tenha o planejamento como ferramenta de gestão e consiga aproximar o planejamento à realidade futura, e ainda tenha mecanismos para acompanhar seus clientes, tanto no que se refere ao volume de compra quanto no que se refere à capacidade de honrar com seus compromissos, ou seja, pagar, os gestores poderão confiar mais nas provisões de entradas de caixa lançadas.

Portanto, caso a empresa não tenha o planejamento como ferramenta de gestão e ainda esteja ajustando a implementação da previsão de vendas, com certeza haverá muita distorção entre o planejamento e o que ocorrerá de fato. Nesse caso, **não seria conveniente confiar nas provisões** de entradas de caixa lançadas no Fluxo de Caixa.

Já com relação às saídas de caixa, há muitos lançamentos, principalmente aqueles relacionados ao pagamento de gastos comuns, como aluguel, água, folha de pagamento dos colaboradores, entre outros, que praticamente não serão alterados, a não ser que haja alguma variação mais expressiva na empresa, como necessidade de contratação ou de desligamento de colaboradores.

Somente as provisões relacionadas ao pagamento aos fornecedores serão alteradas; portanto, para isso, é necessário que o gestor tenha percebido alterações nas

2.3 Benefícios da utilização do Fluxo de Caixa

2.3.1 A Gestão Financeira da empresa com a utilização do Fluxo de Caixa

Iniciarei esse tema afirmando que, infelizmente, é muito comum encontrarmos gestores que não utilizam o Fluxo de Caixa como suporte para o processo de tomada de decisão. Nesses casos, a não utilização do Fluxo de Caixa na gestão pode ocasionar problemas de falta de caixa ou de recursos para a empresa honrar com seus compromissos financeiros, como pagamento de fornecedores, salários dos colaboradores, entre outras contas.

Portanto, é sabido que a **falta de caixa em uma empresa pode levá-la à falência**. É comum o fechamento de empresas que têm capacidade de gerar lucro, por falta de caixa para manter as atividades da empresa em funcionamento. Além disso, o não gerenciamento do Fluxo de Caixa reflete também falta de organização na gestão do Contas a Receber e do Contas a Pagar.

Além disso, a desorganização na **Gestão do Contas a Receber** dificulta a identificação da falta de pagamento por parte dos clientes. Com isso, a identificação do não recebimento acaba demorando, o que atrasa também a cobrança ao cliente. Essa demora na cobrança e, consequentemente, no recebimento reflete-se de maneira negativa no caixa da empresa.

Já a desorganização na **Gestão do Contas a Pagar** prejudica a visualização do vencimento das contas a serem pagas. Com isso, torna-se comum o pagamento de contas com atraso, o que se reflete no caixa da empresa pelo fato de haver multa e juros. Além disso, o fato de pagar contas com atraso pode prejudicar também a imagem da empresa junto aos fornecedores.

Quando um fornecedor identifica que um cliente costuma atrasar seus pagamentos, ele pode evitar vender para esse cliente, reduzir o prazo ou, até mesmo, aumentar o preço dos produtos ou serviços, já considerando que haverá um atraso para receber.

A partir do que acabei de apresentar, fica evidente que a **falta de utilização do Fluxo de Caixa na gestão das empresas é muito prejudicial**, tanto na perspectiva financeira quanto para a imagem da empresa, caso atrase o pagamento.

Sendo assim, para diminuir o risco de problemas financeiros na empresa, é indicado que os gestores **utilizem o Fluxo de Caixa diariamente**. Por meio dessa ferramenta de Gestão Financeira, os gestores terão informações sobre o saldo diário de caixa da empresa, sobre as entradas e as saídas de caixa programadas e provisionadas.

Essas informações são importantes para que os gestores conheçam a evolução de cada uma das contas, possibilitando, inclusive, que os gestores identifiquem se a empresa, a partir de suas operações, está gerando ou consumindo caixa. Essa informação será evidenciada a partir da análise da evolução do saldo de caixa da empresa, que indicará aos gestores possível escassez ou falta de caixa. Como essas informações serão conhecidas com antecedência, os gestores terão condições de antecipar as decisões necessárias e, assim, tomar decisões mais acertadas.

Também é necessário destacar que a utilização do Fluxo de Caixa na gestão das empresas exigirá, obrigatoriamente, uma organização da gestão do Contas a Receber e do Contas a Pagar, além de contribuir para que haja uma melhor gestão dos estoques.

Com a **adequada gestão do Contas a Receber**, o gestor conseguirá identificar de modo imediato o não recebimento de Contas a Receber vencidas. Essa rápida identificação possibilitará à empresa o contato com o cliente para evitar maior atraso no recebimento.

Já a **adequada gestão do Contas a Pagar** contribuirá para que a empresa conheça todas as contas a serem pagas e os respectivos vencimentos, auxiliando na eliminação de pagamento de multas e juros por atraso em pagamentos de contas a serem pagas, nos casos em que a empresa tenha caixa suficiente. Não havendo caixa, o pagamento pode não ocorrer, mas aí o problema será pela falta de recursos e não pela desorganização.

Além disso, o fato de a empresa honrar seus compromissos nas datas de vencimento evidencia aos fornecedores sua seriedade, o que pode ser benéfico à empresa no relacionamento com seus fornecedores. Para encerrar o tópico, reforço a importância de haver na empresa uma preocupação comum com a **geração de Caixa,** tema que será abordado na sequência.

2.3.2 Fluxo de Caixa como ferramenta para o processo de tomada de decisão

Conforme comentei anteriormente, quando não há em uma empresa um acompanhamento diário do Fluxo de Caixa, os gestores acabam tomando decisões equivocadas e prejudiciais à empresa. Em situações como essa, em que nem mesmo os gestores se preocupam com o caixa da empresa, é esperado que os colaboradores também não tenham essa preocupação.

Assim, tende a haver, em empresas com essa característica, excesso de recursos em estoques e no contas a receber, por um lado, e, por outro lado, pouca fonte de recursos oriundos dos fornecedores, ou seja, valor pouco expressivo do contas a pagar. Por que isso acontece?

Vamos pensar inicialmente no **setor de Compras**. Ao negociar uma compra de mercadoria para a empresa, o responsável pelo setor de Compras pode ser influenciado a comprar um volume maior de produtos do que necessita naquele momento, para aproveitar um pequeno desconto oferecido pelo fornecedor, mas condicionado ao volume comprado. Agindo dessa maneira, e sem consultar o setor Financeiro da empresa, o comprador aumentará o estoque de produtos, porém, pode ser que, naquele momento, pela perspectiva financeira, não seja a melhor decisão a ser tomada.

Por outro lado, como esse comprador não tem a preocupação com o caixa da empresa, ele pode não negociar o prazo para pagamento ao fornecedor, e, com isso, o prazo tende a ficar pequeno. Assim, o comprador acaba utilizando pouco recurso dos fornecedores para financiar a demanda da empresa por recursos no Capital de Giro.

Já o **setor de Vendas**, sabendo que o prazo para pagamento é uma variável importante para motivar os clientes a comprarem, sem se preocupar com o caixa da empresa, pode trabalhar com prazos longos exatamente para incentivar que os clientes comprem. Agindo dessa maneira, o Contas a Receber da empresa aumentará, demandando mais dinheiro para o Capital de Giro.

Resumindo, observe que o aumento das compras e o maior prazo para os clientes pagarem aumentam o estoque e o contas a receber, respectivamente. Quando essas contas aumentam, geram na empresa um aumento da quantidade de recursos aplicados no Capital de Giro. Há, então, maior "**consumo de caixa**", pois o recurso irá demorar mais tempo para voltar para o caixa da empresa.

Já no caso da não negociação do prazo com os fornecedores, o comprador acaba perdendo uma fonte de caixa, ou seja, perde a oportunidade de usar o recurso do fornecedor por um período maior, aliviando, assim, a pressão pelo caixa da empresa.

Portanto, quando há um acompanhamento diário do Fluxo de Caixa e está disseminada entre todos os colaboradores da empresa a perspectiva de tomar decisões sempre analisando o caixa, situações como essas não ocorrerão.

Ao contrário, tendo a perspectiva de "**geração de caixa**" como abordagem nas negociações, o comprador sempre observará a quantidade de mercadoria a ser adquirida ou, caso contrário, fará uma consulta ao setor Financeiro sobre a possibilidade de comprar maior quantidade em função de um desconto do fornecedor; e, quanto ao prazo para pagamento, esse profissional também terá a preocupação em conseguir, junto aos fornecedores, prazos maiores.

Já o vendedor, quando estiver negociando com os clientes, sempre que possível, irá diminuir o prazo de pagamento. Observe que, agindo dessa maneira, o comprador e o vendedor contribuirão com a geração de caixa da empresa.

Além desse ponto destacado, é necessário ressaltar que a utilização do Fluxo de Caixa na gestão das empresas aumenta o conhecimento dos gestores sobre a evolução das entradas e das saídas de caixa, tanto programadas quanto provisionadas. Esse conhecimento **possibilita aos gestores tomarem as decisões da empresa à luz de informações relevantes**.

2.3.3 A influência do Fluxo de Caixa na Tesouraria

Antes de iniciar especificamente o tema, preciso explicar a separação que existe, no contexto da Gestão Financeira, entre Controladoria e Tesouraria.

A **Controladoria** atua compreendendo as operações globais da empresa, provendo e comunicando essas informações aos gestores. Mais especificamente, a Controladoria deve ser capaz de analisar as informações obtidas de diversas áreas, disponibilizando projeções de resultados econômicos frutos dessa análise, fornecendo-as, por fim, em tempo hábil para aqueles por elas interessados a fim de orientar a tomada de decisões.

Já a **Tesouraria** é responsável por acompanhar e gerenciar toda a movimentação financeira na empresa. Ou seja, é a Tesouraria da empresa que é responsável pelo gerenciamento do Fluxo de Caixa. Conforme já foi comentado, a utilização do Fluxo de Caixa no processo gerencial contribui com a geração de informações referentes às entradas e às saídas de caixa, tanto programadas (quando se referem a lançamentos futuros de transações já realizadas/efetivadas no Fluxo de Caixa) quanto provisionadas (referentes a lançamentos futuros oriundos de planejamento).

A partir desses lançamentos, o gestor da Tesouraria, ou melhor, o tesoureiro, consegue acompanhar a previsão do saldo de caixa. Ao fazer o acompanhamento do saldo de caixa, o tesoureiro deverá buscar o equilíbrio desse saldo. Para isso, deve-se tomar decisão de aplicação de recursos, quando houver excesso de recursos no caixa, ou decidir por buscar fonte de recursos, caso o saldo de caixa projetado esteja negativo.

No que se refere à **decisão de aplicação de recursos**, algumas decisões poderão ser tomadas, tais como: aplicação do recurso excedente em investimento financeiro, reservando o caixa para gastos futuros; compra de estoques para aproveitamento de preço pelos fornecedores; aumento do prazo para pagamento dos clientes, como estratégia de aumento das vendas; compra de máquinas e equipamentos que possam melhorar as operações da empresa; ou, até mesmo, distribuição dos recursos aos acionistas/proprietários.

Por outro lado, quando a projeção do saldo de caixa evidenciar **escassez de caixa no futuro**, algumas decisões poderão ser tomadas, tais como: melhorar a gestão dos estoques ou melhorar a gestão do contas a receber, buscando, com isso, a liberação de caixa a partir das operações da empresa; negociar com os fornecedores maiores prazos para pagamento, liberando, assim, caixa também de uma fonte operacional.

No entanto, caso não seja possível obter caixa a partir das operações da empresa, os gestores terão que buscar recursos financeiros em fontes como: aporte financeiro por parte dos acionistas/proprietários; captação de recursos junto a credores, por exemplo, em instituições financeiras; e/ou identificar contas que tenham multa e juros menores (mais baratos) para não pagar.

Sendo assim, é importante reforçar que a Gestão da Tesouraria é muito influenciada pela utilização do Fluxo de Caixa nas empresas, pois, a partir dessa ferramenta de gestão, o tesoureiro toma **decisões embasadas em informações**, contribuindo, assim, para o resultado da empresa. Caso a utilização do Fluxo de Caixa na empresa seja precária e as informações não sejam confiáveis, o tesoureiro não conseguirá tomar as melhores decisões para a empresa, proporcionando, com isso, perdas no resultado.

2.3.4 Planejamento, Fluxo de Caixa e Gestão Financeira

Nesta seção, será abordada a relação existente entre **Planejamento, Fluxo de Caixa e Gestão Financeira**. Sendo assim, para iniciar, preciso explicar o que é planejamento no contexto gerencial. **Planejamento**, apresentado de uma maneira bem resumida, significa tomar decisões antecipadas.

Para que o planejamento seja elaborado, é necessário, inicialmente, que a realidade atual da empresa seja analisada. Para essa análise, existem diversas ferramentas que podem ser utilizadas para um efetivo conhecimento da empresa, tanto de sua situação financeira quanto dos seus pontos fortes, pontos fracos, fortalezas e ameaças, entre outras informações.

A partir desse mapeamento, o gestor deverá traçar um **plano de ações, com prazos e responsáveis por cada atividade**. Ressalto que é muito importante que nesse plano sejam estipulados prazos de execução das atividades e que haja uma pessoa responsável pela atividade, ou seja, que a atividade tenha um "dono" (responsável). Caso não tenha esse cuidado, o plano de ação poderá ficar "engavetado", sendo deixado de lado. A partir desse plano, a empresa deixará explícita a situação almejada para o futuro, ou melhor, a condição em que ela quer se encontrar no futuro.

É muito comum encontrarmos gestores que dizem que não fazem planejamento da empresa, porque existem muitas variáveis que não podem ser previstas e que acabarão impedindo a empresa de atingir a condição planejada. De fato, ainda mais neste mundo em que estamos vivendo, onde as mudanças ocorrem a todo tempo, provavelmente ocorrerão situações que não foram planejadas.

No entanto, é importante ressaltarmos que, no **processo de elaboração do planejamento**, a empresa acaba gerando um autoconhecimento muito importante para ser utilizado nos momentos em que ocorrem situações que não foram previstas. Sendo assim, enfatizo que é muito importante que a empresa elabore com periodicidade o seu planejamento. Além disso, ao elaborar o planejamento, é possível que sejam criados cenários, podendo ser Pessimistas, Realistas e Otimistas. Estes cenários poderão contribuir muito para a gestão da empresa.

Sendo assim, a partir da influência do planejamento a empresa traçará um plano de ação para atingir os objetivos almejados. Para que esse plano de ação seja implementado, muito provavelmente haverá a **necessidade de investimentos na empresa**, em máquinas e equipamentos, bens móveis e imóveis, e em contratação e treinamento dos colaboradores, por exemplo. Por outro lado, também haverá alteração nas vendas da empresa, tanto no que se refere ao volume quanto no que se refere ao preço e à quantidade de itens a serem trabalhados.

Assim, a partir da previsão de venda, os gestores da empresa conseguem identificar em quais contas será necessário fazer investimentos e quando esse investimento será necessário. Observe que, fazendo esse exercício de planejamento, os gestores já saberão, com antecedência, quais investimentos serão necessários e quando deverão ser implementados.

Com essa informação, os gestores devem **analisar a viabilidade econômico-financeira dos investimentos**. Há ferramentas de gestão específicas para essa análise, que serão tratadas neste livro, no Capítulo 27. Feita a análise e identificada a viabilidade econômico-financeira dos investimentos, os gestores já devem, mesmo que com antecedência, analisar o preço do que deve ser adquirido, o custo de instalação, se houver, e as possíveis formas de pagamento.

Também a partir do planejamento, o gestor terá informações de gastos que podem ocorrer em função da necessidade de contratação de mais colaboradores, necessidade de treinamentos, possíveis necessidades de pagamento de horas extras, gastos com Publicidade e Propaganda, viagens, entre outros gastos que podem ser previstos a partir do planejamento elaborado.

Veja que, com esse levantamento citado, o gestor já terá informações para lançar provisões de saídas de caixa no Fluxo de Caixa. Por outro lado, a partir do planejamento detalhado de vendas, os gestores também terão informações para lançarem **provisões de entradas de caixa**. Ao efetuarem esse lançamento, os gestores já deverão considerar, caso seja planejado pela empresa, aumento do prazo aos clientes. Esse aumento fará com que o recebimento das receitas demore mais para ocorrer.

Após serem lançadas as provisões de entradas e saídas de caixa provenientes do planejamento, os gestores deverão analisar a previsão do **saldo de caixa**. Identificando que haverá escassez de caixa, o gestor deverá analisar qual a maneira mais adequada para financiar a falta de caixa prevista.

Finalizando, observe que com a abordagem que apresentei anteriormente, há uma forte relação entre o **Planejamento** (que considera variação nas receitas e nos investimentos da empresa), o **Fluxo de Caixa** (que a partir do planejamento possibilita que sejam lançadas provisões de entradas e saídas de caixa) e a **Gestão Financeira da empresa** (que envolve a Gestão do Capital de Giro, Estoques e Contas a Receber, principalmente, mas também as análises e as decisões de investimentos, e as análises e as decisões de financiamentos, o que está relacionado diretamente com a maneira como a falta de caixa será suprida).

ATIVIDADE MÃO NA MASSA — Fluxo de Caixa

Ajude o Sr. Roberval a projetar o Fluxo de Caixa da empresa na qual é responsável. Para isso, utilizando a "Planilha Fluxo de Caixa", que pode ser acessada pelo QR Code a seguir, lance as informações apresentadas abaixo.

Acesse a Planilha Fluxo de Caixa.

uqr.to/1wdd6

O Sr. Roberval é gestor de uma média empresa que trabalha no setor farmacêutico. Ele objetiva melhorar a Gestão Financeira de sua farmácia. Como não tem nenhum programa para gerenciar seu negócio, ele fez um levantamento de algumas informações que deverão ser lançadas em uma planilha eletrônica para conhecer a realidade do Fluxo de Caixa da empresa.

As informações levantadas pelo Sr. Roberval foram:

1. Projeção de gastos mensais de energia elétrica. Vencimento sempre no dia 5 de cada mês. Gasto aproximado de R$ 250,00

2. Projeção de gastos mensais com aluguel. Vencimento sempre no dia 8 de cada mês. Valor de R$ 5.100,00

3. Projeção de gastos mensais de água. Vencimento sempre no dia 17 de cada mês. Gasto aproximado de R$ 150,00

4. Projeção de gastos mensais de Folha de Pagamento. Vencimento sempre no dia 3 de cada mês. Gasto aproximado de R$ 48.000,00

5. Projeção de pagamentos semanais referentes aos produtos adquiridos para revenda. O gasto aproximado é de R$ 22.000,00 para a primeira semana do mês (geralmente dia 6), R$ 15.700,00 para a segunda semana do mês (geralmente dia 13), R$ 30.000,00 para a terceira semana do mês (geralmente dia 19) e R$ 16.800,00 para a quarta semana do mês (geralmente dia 25)

6. Projeção de receita diária de aproximadamente R$ 3.800,00 (pagamentos à vista e cartões)

7. Projeção de receita dos convênios com empresas de R$ 30.000,00 (dia 4); R$ 41.000,00 (dia 8); R$ 23.500,00 (dia 15); e, finalmente, R$ 35.800,00 (dia 20)

A partir do lançamento dessas informações na "Planilha Fluxo de Caixa", analise a situação do caixa da farmácia do Sr. Roberval.

Após resolver o exercício, você poderá acessar uma videoaula em que eu corrijo esse exercício, explicando-o. Acesse a videoaula de correção do exercício por meio do QR Code a seguir:

Acesse a correção da "Atividade mão na massa – Fluxo de Caixa".

uqr.to/1wdd7

CAPÍTULO 3

Gestão Financeira e Custo de Capital

3.1 Contextualização

Considerando que há na empresa mecanismos de controle e registro de todos os eventos, ressalta-se que a abordagem da Gestão Financeira será dividida em três diferentes perspectivas, que, em essência, representam os grupos de decisões que os gestores financeiros precisam acompanhar no dia a dia: Decisões Financeiras Operacionais, Decisões de Investimentos e Decisões de Financiamentos.

No intuito de possibilitar melhor entendimento dessa segmentação da Gestão Financeira, destaca-se que cada uma das abordagens pode facilmente ser relacionada a grupos diferentes de contas do Balanço Patrimonial de uma empresa.

De maneira resumida, pode-se dizer que o Balanço Patrimonial é um demonstrativo contábil e financeiro que tem como objetivo apresentar a situação contábil e financeira de uma empresa em um dado momento. Esse demonstrativo é dividido em duas partes, sendo o lado esquerdo denominado "Ativo" (representa as contas de aplicação de recursos) e o lado direito, "Passivo" mais "Patrimônio Líquido" (representam as contas referentes à fonte de recursos para a empresa), sendo o Passivo fonte de recursos de terceiros (dívidas) e o Patrimônio Líquido a fonte de recursos próprios (recursos dos sócios). Como um lado representa aplicação de recursos e o outro as fontes de recursos, é necessário que o valor total de cada um dos lados seja igual.

Além disso, as contas de Ativo e de Passivo são segmentadas de acordo com a liquidez, sendo divididas em Circulante (contas que têm liquidez em um período menor que 1 ano) e não Circulante (contas que têm liquidez em período maior que 1 ano, ou, até mesmo, não têm liquidez). Mas, o que vem a ser a liquidez? Liquidez para uma conta de Ativo significa que o recurso será convertido em caixa em um período de até 1 ano. E no caso dos Passivos, significa que o valor deverá ser pago no período máximo de 1 ano.

Por exemplo, uma conta de Ativo Circulante é a conta Estoques. Entende-se que o valor que está em estoques será vendido e recebido em um período menor que 1 ano. Por isso é considerada uma conta de Ativo Circulante. Já uma conta de Ativo não Circulante seria a conta Imobilizado, que representa um investimento fixo da empresa e que geralmente não é vendido. Sendo assim, não será convertido em caixa no período de até 1 ano.

Pela perspectiva do Passivo, uma conta de Passivo Circulante seria Fornecedores, que representa o valor que a empresa está devendo aos seus fornecedores. Geralmente essas dívidas aos fornecedores devem ser pagas em períodos pequenos, inferiores a 1 ano. Agora, se a empresa fizer um empréstimo de longo prazo com alguma instituição financeira, esse valor será lançado no Passivo não Circulante, pois não deverá ser pago no período de 1 ano, tratando-se de conta de longo prazo. Nesse caso, à medida que forem se aproximando as datas de pagamentos (inferiores a 1 ano), as contas deixam de ser classificadas como de Passivo não Circulante e passam a ser classificadas como Passivo Circulante, pois terão que ser pagas no período de até 12 meses.

Já as contas do Patrimônio Líquido refletem os investimentos dos sócios na empresa, os quais a empresa não tem obrigação de reembolsar, tornando-os fontes de financiamento de longo prazo. É importante ressaltar que essa demonstração será abordada com mais detalhes no Capítulo 14.

Conforme pode ser observado no Quadro 3.1, as contas de Ativo e de Passivo Circulante também podem ser classificadas como Financeiro e Operacional. As contas classificadas como "Circulante Financeiro" são aquelas que representam aplicações financeiras (Ativo) ou dívidas financeiras (Passivo). Já as contas classificadas como "Circulante Operacional" são aquelas que estão diretamente relacionadas com as atividades operacionais das empresas, sendo que as contas de Ativo representam demanda de recurso pelas operações da empresa, e as contas de Passivo representam fonte de recursos oriunda das atividades operacionais.

Quadro 3.1   Modelo de Balanço Patrimonial.

ATIVO CIRCULANTE FINANCEIRO	PASSIVO CIRCULANTE FINANCEIRO
Caixa e Bancos Aplicações Financeiras	Empréstimos Bancários Financiamentos Duplicatas Descontadas
ATIVO CIRCULANTE OPERACIONAL	**PASSIVO CIRCULANTE OPERACIONAL**
Duplicatas a Receber Estoques Adiantamentos e Despesas do Exercício Seguinte	Fornecedores Salários e Encargos Impostos e Taxas
ATIVO NÃO CIRCULANTE	**PASSIVO NÃO CIRCULANTE**
Máquinas Prédios e instalações Terrenos	Empréstimos Bancários Financiamentos Duplicatas Descontadas
	PATRIMÔNIO LÍQUIDO
	Capital Social Lucros ou Prejuízos Acumulados

Voltando aos grupos de decisões dos gestores financeiros, as **decisões financeiras operacionais** estão relacionadas à gestão das contas circulantes operacionais, tanto contas do Ativo quanto contas do Passivo, como destacado no Balanço Patrimonial representado no Quadro 3.2. A gestão das contas circulantes operacionais e da relação existente entre elas é conhecida como "Gestão do Capital de Giro", que será apresentado e discutido posteriormente.

Quadro 3.2 **Balanço Patrimonial com destaque às contas circulantes operacionais.**

ATIVO CIRCULANTE FINANCEIRO	PASSIVO CIRCULANTE FINANCEIRO
Caixa e Bancos Aplicações Financeiras	Empréstimos Bancários Financiamentos Duplicatas Descontadas
ATIVO CIRCULANTE OPERACIONAL	PASSIVO CIRCULANTE OPERACIONAL
Duplicatas a Receber Estoques Adiantamentos e Despesas do Exercício Seguinte	Fornecedores Salários e Encargos Impostos e Taxas
ATIVO NÃO CIRCULANTE	PASSIVO NÃO CIRCULANTE
Realizável a Longo Prazo Investimento Fixo	Exigível a Longo Prazo
	PATRIMÔNIO LÍQUIDO
	Capital Social Lucros ou Prejuízos Acumulados

As **decisões de investimento** relacionam-se à análise dos projetos que foram elaborados a partir de ferramentas de planejamento. Ou seja, as técnicas utilizadas para a análise de investimento objetivam projetar o futuro dos novos projetos da empresa e depois analisá-los para identificar o quanto de retorno devem proporcionar à empresa, no futuro. Analisar esses projetos é importante para identificar a tendência dos retornos futuros da empresa.

Ao relacionar as decisões de investimentos com o Balanço Patrimonial da empresa, constata-se que essas decisões estão diretamente relacionadas às contas de Ativo não Circulante, conforme destacado no Quadro 3.3, pois referem-se aos investimentos em capital fixo da empresa, como compra de máquinas e equipamentos, novas instalações, entre outros.

CAPÍTULO 3 Gestão Financeira e Custo de Capital

Quadro 3.3 Balanço Patrimonial com destaque às contas de ativo não circulante.

ATIVO CIRCULANTE FINANCEIRO	PASSIVO CIRCULANTE FINANCEIRO
Caixa e Bancos Aplicações Financeiras	Empréstimos Bancários Financiamentos Duplicatas Descontadas
ATIVO CIRCULANTE OPERACIONAL	**PASSIVO CIRCULANTE OPERACIONAL**
Duplicatas a Receber Estoques Adiantamentos e Despesas do Exercício Seguinte	Fornecedores Salários e Encargos Impostos e Taxas
ATIVO NÃO CIRCULANTE	**PASSIVO NÃO CIRCULANTE**
Realizável a Longo Prazo Investimento Fixo	Exigível a Longo Prazo
	PATRIMÔNIO LÍQUIDO
	Capital Social Lucros ou Prejuízos Acumulados

Já as **decisões de financiamento** estão relacionadas à maneira como as empresas estão financiando suas atividades. Esse financiamento pode ser por meio de recursos próprios, de recursos de terceiros ou de uma combinação entre essas diferentes fontes de recursos, sendo essa a maneira mais comum de ser utilizada pelas empresas. Nesse contexto, as decisões de financiamento buscam trabalhar com a melhor combinação de fontes de recursos para a empresa.

Ao relacionar as decisões financeiras com o Balanço Patrimonial da empresa, destaca-se que estão vinculadas às contas de Passivo e Patrimônio Líquido, conforme pode ser observado no Quadro 3.4, em destaque.

Quadro 3.4 Balanço Patrimonial com destaque às contas de passivo e patrimônio líquido.

ATIVO CIRCULANTE FINANCEIRO	PASSIVO CIRCULANTE FINANCEIRO
Caixa e Bancos Aplicações Financeiras	Empréstimos Bancários Financiamentos Duplicatas Descontadas
ATIVO CIRCULANTE OPERACIONAL	**PASSIVO CIRCULANTE OPERACIONAL**
Duplicatas a Receber Estoques Adiantamentos e Despesas do Exercício Seguinte	Fornecedores Salários e Encargos Impostos e Taxas
ATIVO NÃO CIRCULANTE	**PASSIVO NÃO CIRCULANTE**
	Exigível a Longo Prazo
	PATRIMÔNIO LÍQUIDO
Realizável a Longo Prazo Investimento Fixo	Capital Social Lucros ou Prejuízos Acumulados

Sendo assim, após essa breve apresentação dos principais grupos de decisões que os gestores financeiros precisam acompanhar em seu dia a dia, serão apresentadas, de maneira detalhada, quais são as decisões mais comuns que compõem cada um desses grupos, bem como quais são as estratégias e as ferramentas que os gestores podem utilizar para que tenham, na empresa, uma adequada Gestão Financeira. Inicialmente, irei apresentar as decisões de financiamento.

3.2 Decisões de financiamento

Conforme vimos, as decisões de financiamento estão relacionadas com a maneira como as empresas financiam suas atividades. Para esse financiamento, as empresas podem utilizar de recursos próprios e de recursos de terceiros.

No que se refere aos **recursos próprios**, geralmente são aqueles recursos que os sócios disponibilizam para a constituição das empresas. No entanto, à medida que as empresas geram lucros, é comum que os sócios destinem parte ou a integridade desses valores para serem reinvestidos no negócio. No Brasil, essa é a maneira mais comum de financiamento das empresas, principalmente no que se refere às micro e pequenas empresas (MPEs). Isso se deve, principalmente, à baixa oferta de crédito a essas empresas, às altas taxas de juros cobradas pelas instituições financeiras, assim como à dificuldade de acesso ao crédito em função da burocracia e da grande lista de documentos com apresentação necessária.

Já com relação aos **recursos de terceiros**, as empresas podem acessar recursos de fontes diferentes, por exemplo:

- Fontes operacionais: são aquelas fontes de recursos relacionadas às atividades diárias e ao funcionamento normal do negócio. Essas fontes estão vinculadas à geração interna de recursos financeiros, que são resultantes das operações. A principal fonte operacional de recursos se dá por meio das Contas a Pagar (Fornecedores). Quando um fornecedor concede prazo para pagamento de uma compra, podemos presumir que esse fornecedor "emprestou" um dinheiro para a empresa. Essa fonte de recurso é interessante, pois geralmente ela não tem custo financeiro.

- Fontes financeiras: são aquelas fontes de recursos relacionadas à captação de dinheiro ou financiamento externo para sustentar as atividades do negócio, realizar investimentos, expandir operações ou atender às necessidades de Capital de Giro. As principais fontes financeiras de recursos são:

  + Empréstimos bancários: podem ser de curto prazo, como linhas de crédito rotativo, ou de longo prazo, como empréstimos para aquisição de ativos fixos. As condições e as taxas de juros dos empréstimos podem variar com base na saúde financeira da empresa, no histórico de crédito e nas garantias oferecidas.

  + Empréstimos de instituições financeiras não bancárias: além dos bancos tradicionais, existem instituições financeiras não bancárias, como empresas de financiamento especializadas e cooperativas de crédito, que oferecem empréstimos a empresas. Essas instituições podem ter requisitos e condições diferentes dos bancos convencionais.

  + Investidores de Capital de Risco: empresas em estágios iniciais ou com alto potencial de crescimento podem buscar recursos com investidores de capital de risco. Geralmente, esses investidores fornecem financiamento em troca de participação acionária na empresa.

Uma questão importante sobre as diferentes fontes de financiamento das empresas é que cada uma tem um custo de capital diferente para as empresas. A seguir, irei explicar com detalhes o que vem a ser o custo de capital e como esses custos interferem nos resultados das empresas.

3.3 Custo de capital

O custo de capital de uma empresa refere-se à taxa de retorno que uma empresa deve gerar sobre seus investimentos para atender às expectativas dos credores e dos proprietários, ou seja, representa o custo de oportunidade do dinheiro que está investido na empresa. É uma medida importante para avaliar a eficiência do uso de recursos financeiros e tomar decisões de investimento. É calculado pela média ponderada dos custos de capital de terceiros e do capital próprio que são utilizados no financiamento de uma empresa.

Sendo assim, no contexto de Gestão Financeira, o custo de capital é influenciado pela decisão de financiamento, ou seja, a relação de capital próprio e de capital de terceiros influenciará esse custo. Por outro lado, o custo de capital da empresa influenciará a decisão de investimento, pois representa a taxa mínima de retorno que será exigida de um novo projeto que esteja sendo analisado.

Para o cálculo do Custo Médio Ponderado de Capital (WACC), multiplica-se o custo de capital de terceiros pela proporção de capital de terceiros e soma-se com o custo de capital próprio multiplicado pela proporção de capital próprio, conforme apresentado na Equação 1.

Equação 1

$$WACC = K_i * \%CT + K_e * \%CP$$

Em que:

WACC = custo médio ponderado de capital;

K_i = custo de capital de terceiros;

%CT = proporção de capital de terceiros;

K_e = custo de capital próprio;

%CP = proporção de capital próprio.

A seguir serão detalhados os custos de capital de terceiros e os custos de capital próprio.

3.3.1 Custo de capital de terceiros (K_i)

Equivale ao custo atual que uma empresa incorre ao obter empréstimos e financiamentos no mercado. O prazo de vencimento e o risco de não pagamento, que é medido pelos indicadores de liquidez, representam fatores que interferem no valor dessa taxa.

Quando a empresa é tributada pelo lucro real, a utilização de dívidas proporciona uma redução no valor da taxa de juros paga, o que é conhecido como "benefício fiscal". Isso ocorre porque as despesas financeiras, que são os juros pagos em função dos empréstimos, reduzem a base de cálculo do Imposto de Renda, que, por consequência, reduzem o valor pago pela empresa em Imposto de Renda.

Além disso, como o risco do negócio, também conhecido como "risco não sistêmico", é dos acionistas/proprietários, os credores exigem um retorno menor pelo capital disponibilizado à empresa.

Para calcular o custo de capital de terceiros a partir dos demonstrativos contábeis, basta dividir as Despesas Financeiras pelo valor médio das Dívidas, conforme apresentado na Equação 2.

Equação 2

$$K_i = \frac{\text{Despesa Financeira}}{\text{Passivo Financeiro médio}}$$

CAPÍTULO 3 Gestão Financeira e Custo de Capital

Quando a empresa tem fontes diferentes de capital de terceiros com custos diferentes, para calcular o Custo Médio Ponderado de Capital (WACC) deve-se considerar cada valor com seus respectivos custos, separadamente. Ou seja, deve-se multiplicar o percentual de cada fonte de recurso pelo seu respectivo custo de capital, somando-os. Ao multiplicar o peso de cada capital (percentual daquela fonte) pelo seu custo, na prática, você calculará a média ponderada do custo de capital de terceiros.

3.3.2 Custo de capital próprio (K_e)

O custo de capital próprio representa o valor mínimo de retorno que o negócio deve gerar aos acionistas/proprietários. Ou seja, é o custo de oportunidade do recurso próprio.

Esse custo de capital é mais difícil de ser apurado em comparação ao custo da dívida, pois é uma taxa mínima de retorno de referência para as decisões financeiras no mercado, e deve seguir o risco do investimento.

De uma maneira mais técnica, o custo de capital próprio é frequentemente estimado usando modelos como o Modelo de Avaliação de Ativos Financeiros (CAPM, do inglês *Capital Asset Pricing Model*).

Por meio desse modelo calcula-se o custo de oportunidade de capital próprio, que é estimado considerando a remuneração de ativos livres de risco, acrescido do prêmio pelo risco de mercado ponderado pelo risco da empresa. Ou seja, esse mecanismo de remuneração do capital próprio considera o risco do negócio em que o dinheiro está investido.

A seguir apresento a Equação 3, utilizada para calcular o modelo CAPM.

Equação 3

$$K_e = R_F + \beta * (R_M - R_F)$$

Em que:

K_e = custo de capital próprio;

R_F = Taxa Livre de Risco: revela o retorno de um ativo livre de risco. Geralmente utiliza-se o Retorno de um Título Público. No Brasil, utilizamos a taxa de remuneração de um título de longo prazo do Tesouro Direto;

β = coeficiente beta: mede o risco de uma empresa em relação ao risco sistemático (não diversificável) de mercado. Ou seja, esse coeficiente busca medir o risco específico de um negócio, quando comparado com o risco de uma carteira de mercado (risco diversificável);

$(R_M - R_F)$ = Prêmio pelo Risco de Mercado: representa o ágio pelo risco de mercado, ou seja, o retorno mínimo exigido para assumir esse risco de mercado. Entende-se como risco de mercado o risco assumido quando um investidor consegue diversificar seu investimento de modo a não estar propenso ao risco de um negócio "específico", risco não diversificável.

A partir do WACC, os gestores da empresa poderão comparar esse custo com o resultado sobre o Ativo Total (ROA), que representa o retorno que a empresa proporciona para remunerar seus credores, por meio do pagamento das despesas financeiras, e seus proprietários, por meio do lucro líquido.

Quando o ROA for maior que o WACC, é constatado que a empresa estará "gerando valor aos proprietários", ou seja, que a empresa estará proporcionando um retorno maior que o custo de capital. Já quando o ROA for menor que o WACC, é verificado que a empresa está "destruindo valor dos proprietários", ou seja, a empresa não está conseguindo gerar o retorno mínimo esperado pelos proprietários.

Sendo assim, é esperado que os gestores financiem as empresas utilizando as fontes de recursos que minimizem o WACC. Fazendo assim, os gestores estarão trabalhando com a Estrutura Ótima de Capital.

ATIVIDADE MÃO NA MASSA — Custo de capital

A partir do conteúdo que já foi apresentado neste livro, resolva os exercícios de fixação a seguir. Para resolver os exercícios e tomar decisão em sua empresa, você pode utilizar a planilha para cálculo do custo de capital, que pode ser acessada por meio do QR Code a seguir.

Acesse a planilha para calcular o custo de capital.

uqr.to/1wddb

Após resolver os exercícios, você poderá acessar uma videoaula em que eu corrijo cada exercício, explicando-os. Essa videoaula estará disponível a partir do QR Code logo após a lista de exercícios.

Exercício 1

A sociedade empresária ABC está solicitando capital de terceiros para fazer um investimento importante para seu negócio.

Como auditor, você deve analisar se a sociedade empresária está de acordo com as normas para ser selecionada por um programa de direcionamento de recursos. Para ser selecionada, ela deve ter um custo de capital atual de, no máximo, 5%.

Ao analisar a empresa, você identificou as seguintes informações: a taxa de remuneração das debêntures é de 4%; os juros do empréstimo são de 5%; e os juros do financiamento, de 3%; as ações ordinárias exigem 7%, e as preferenciais, 8%. Considere que não há incidência de impostos.

Considerando que a sociedade empresária apresentou o Balanço Patrimonial a seguir, calcule o Custo Médio Ponderado de Capital da empresa.

Ativo	Sociedade Empresária ABC	
	Passivo	**R$**
	Debêntures	20.000
	Empréstimos	30.000
	Financiamento	10.000
	Patrimônio Líquido	
	Ações Ordinárias	30.000
	Ações Preferenciais	10.000
Total 100.000	TOTAL	100.000

Exercício 2

A empresa de "Gestão para resultados", que atua no segmento de material de construção civil, fez um investimento em um projeto específico, cuja estrutura de financiamento foi 60% de capital de terceiros e o restante de capital próprio. Os credores que investiram nessa empresa esperam como remuneração uma taxa anual mínima de 12%, enquanto os acionistas (proprietários) esperam um retorno anual mínimo de 20%. Calcule o Custo Médio Ponderado de Capital (WACC) dessa empresa.

Exercício 3

Explique o que é Custo Médio Ponderado de Capital (WACC) de uma empresa, como ele é calculado e como pode ser utilizado no processo de tomada de decisão de uma empresa.

Acesse a videoaula de correção da "Atividade mão na massa – Custo de capital".

uqr.to/1wddc

MÓDULO 2

Gestão do Capital de Giro

Bem-vindos a mais um módulo essencial em nossa jornada de aprendizado em Gestão Financeira. Nesse segmento, iremos nos aprofundar na complexidade e na importância da Gestão do Capital de Giro, um elemento fundamental para a saúde financeira de qualquer organização.

Ao longo deste módulo, exploraremos os quatro temas centrais que compõem a Gestão do Capital de Giro, fornecendo uma compreensão abrangente e prática sobre como cada aspecto influencia diretamente a liquidez e a solidez financeira de uma empresa.

Em primeiro lugar, começaremos definindo e contextualizando o que é a Gestão do Capital de Giro, além de discutir sua aplicação prática no contexto empresarial. Compreenderemos sua importância como ferramenta estratégica para garantir a operacionalidade e a sustentabilidade financeira de uma organização.

Em seguida, adentraremos no mundo dos estoques e seu impacto direto no Fluxo de Caixa da empresa. Analisaremos estratégias eficazes para otimizar o gerenciamento de estoques, equilibrando a necessidade de manter um nível adequado de inventário com a minimização dos custos associados.

Continuando nossa jornada, exploraremos a gestão das contas a receber, destacando sua influência direta na disponibilidade de caixa da empresa. Discutiremos práticas recomendadas para analisar os clientes antes da concessão de créditos e, com isso, minimizar o risco de inadimplência.

Por fim, abordaremos o aspecto crucial das contas a pagar, examinando como sua administração eficiente pode preservar o Capital de Giro da empresa e garantir sua capacidade de honrar compromissos financeiros de maneira oportuna.

Ao final deste módulo, você estará munido com o conhecimento e as habilidades necessárias para implementar práticas eficazes de gestão do Capital de Giro em sua organização, fortalecendo sua posição financeira e impulsionando seu crescimento sustentável.

Aplicação da Gestão do Capital de Giro

Neste capítulo, serão apresentados os principais conceitos relacionados à Gestão do Capital de Giro e como podem ser utilizados para gerenciar os recursos de curto prazo da empresa. As abordagens que estão apresentadas e discutidas a seguir são: visão geral sobre Gestão do Capital de Giro, Gestão do Capital de Giro por meio dos prazos médios e ciclos, comportamento e financiamento do Capital de Giro, finalizando com o dimensionamento do Capital de Giro.

4.1 Visão geral sobre Gestão do Capital de Giro

As decisões financeiras operacionais são aquelas que estão relacionadas com a Gestão do Capital de Giro. Mas, afinal de contas, o que é o Capital de Giro em uma empresa? Capital de Giro refere-se aos recursos financeiros necessários para a execução das atividades operacionais do dia a dia das empresas.

Conforme pode ser observado na Figura 4.1, que representa a situação de uma indústria, o Capital de Giro é o recurso que passa pelo Caixa e pelas contas do ativo circulante operacional, principalmente Estoques e Contas a Receber. Inicialmente, o recurso sai da conta Disponível para Estoque de matéria-prima quando há o pagamento ao fornecedor. Finalizada a produção, esse recurso migra para a conta Estoque de Produto Acabado. Quando ocorre a venda, o recurso entra na conta Contas a Receber (também denominada "Clientes"). Havendo o recebimento por parte do cliente, o recurso retorna à conta Disponível. Essa é a dinâmica do giro dos recursos na maioria das empresas.

Figura 4.1 Dinâmica do giro dos recursos.

Analisando as contas apresentadas na Figura 4.1, é possível afirmar que as principais contas do Capital de Giro que demandam recursos são Estoques (tanto de matéria-prima quanto de produtos acabados) e Contas a Receber (ou Clientes).

Em geral, o volume de recursos necessários no Capital de Giro de uma organização, sendo ela pública, privada ou até mesmo de terceiro setor, varia com o passar do tempo. Na Figura 4.2 estão listados os fatores mais comuns que influenciam o volume de recursos demandados pelo Capital de Giro de uma empresa.

Figura 4.2 Fatores que influenciam o volume de recursos no Capital de Giro.

Fonte: adaptada de Matias (2014).

O **volume de vendas** é um dos fatores que mais interferem na demanda por recursos no Capital de Giro das empresas. Por exemplo, quando uma empresa passa a vender um volume maior de produtos, ela necessitará de maior quantidade de estoque de matéria-prima (quando se tratar de uma indústria) e maior quantidade de produtos acabados (indústria e comércio). Esse estoque maior é necessário para minimizar o risco de falta de produto para atendimento à demanda dos clientes.

Além disso, à medida que a empresa passa a vender mais, a não ser que tenha como política as vendas somente à vista, passará também a ter uma carteira de Contas a Receber maior, ou seja, necessitará de mais recursos para "emprestar" aos seus clientes.

Sendo assim, o volume de vendas interfere tanto no volume de recursos em estoques quanto no volume de recursos "emprestados" aos clientes (Contas a Receber).

Outro fator que interfere na demanda de recursos aplicados no Capital de Giro das empresas é a **sazonalidade de negócios**. O fator sazonalidade pode influenciar as empresas de diferentes maneiras. Para explicar esse ponto, irei usar dois exemplos:

1. Imagine uma fábrica de chocolates que está se preparando para atender à demanda de ovos de Páscoa. Como a demanda pelo produto é muito concentra-

da em um período do ano, e como a fábrica geralmente tem capacidade produtiva limitada, ela precisa iniciar a produção dos ovos de Páscoa com certa antecedência. Fazendo assim, a empresa precisa comprar os insumos, estocá-los e, à medida que for fabricando os ovos, eles (produto acabado) também ficarão estocados. Observe que, nesse caso, houve um aumento do estoque de matéria-prima, mas principalmente de produtos acabados. Somente quando está se aproximando da Páscoa, o varejo inicia a demanda pelos produtos. No entanto, como a maior parte dos ovos de Páscoa é vendida para os grandes varejistas, a indústria ainda dará um prazo para recebimento das vendas. Ou seja, a produção de ovos de Páscoa, que consiste em uma questão sazonal do mercado, interfere diretamente no volume de recursos no Capital de Giro das empresas fabricantes de ovos de Páscoa.

2. Um segundo exemplo seria o caso de uma loja de presentes que vende acessórios femininos. Essa loja, quando se aproxima do Dia das Mães, abastece seu estoque de produtos para atender à demanda dos clientes que querem presentear suas mães nessa data especial. Ademais, como muitas das vendas são a prazo, a loja ainda ficará com os valores das vendas na carteira de Contas a Receber. Observe que, nesse caso, a sazonalidade também interfere no volume de recursos demandados pelo Capital de Giro nas empresas.

Além desses exemplos, poderia listar diversos outros em que a sazonalidade de negócios interfere diretamente na demanda pelo Capital de Giro nas empresas.

O terceiro fator listado e que interfere na demanda de Capital de Giro das empresas são os **fatores cíclicos da economia**. No Brasil, geralmente a economia passa por momentos de altos e baixos. Ou seja, há momentos em que a economia do país está acelerada e há momentos em que o ritmo da economia dá uma reduzida, os quais denominamos "momentos de crise". Essa variação no ritmo da economia do país interfere na capacidade de compra das famílias, e, por conseguinte, no volume de venda e na política de prazos das empresas, influenciando diretamente a demanda por recursos no Capital de Giro de tais negócios.

A **política de negócios** é outro fator que também interfere na demanda de recursos em Capital de Giro. Por exemplo, um fornecedor pode ter uma política de conceder descontos à medida que o cliente compra maiores volumes. Quando isso acontece, o cliente, com o objetivo de conseguir melhorar seu custo, acaba optando por comprar maiores quantidades, mesmo sabendo que demandará mais tempo para consumir (se for uma indústria) ou vender (se for um comércio) os produtos.

Outro exemplo se aplica no caso de compra de material de embalagem personalizado. Nesse caso, à medida que o pedido de embalagens fica maior, mais barata fica a unidade da embalagem. Sabendo disso, é comum as empresas comprarem maiores quantidades, exatamente para conseguirem preços unitários menores.

Um terceiro exemplo seria o caso de empresas que dependem de produtos importados. Nesse caso, com o objetivo de maximizarem o transporte, e, por consequência, diminuírem o frete por unidade comprada, as empresas, muitas vezes, acabam comprando mais quantidade, sabendo que ficarão com o produto em estoque por um tempo maior.

Finalizando, determinada empresa, por exemplo, um posto de combustíveis, pode decidir que trabalhará com o preço de seus produtos um pouco menor que o preço do mercado, mas que venderá apenas à vista (cartão de débito, PIX ou dinheiro). Em muitas cidades brasileiras, é comum vermos situações como essa. Quando a empresa decide pela venda apenas à vista, ela possibilita a redução de recursos no Capital de Giro, pois não terá carteira de clientes ou crédito em função das vendas pelo cartão de crédito.

Dos exemplos listados, nos três primeiros representei situações em que a política de negócios está interferindo de maneira positiva na quantidade de recursos demandados pelo Capital de Giro. No último caso, a situação tende a ser inversa, ou seja, o posto de combustíveis tende a diminuir a demanda por recursos aplicados no Capital de Giro, havendo, nesse caso, inexistência do contas a receber.

O último fator listado que interfere na demanda de recursos no Capital de Giro abrange **tecnologia, custos e tempo de produção**. A tecnologia é um fator que está proporcionando mudança em praticamente todos os segmentos da economia mundial. Quando analisamos as modificações ocorridas, vemos que não foram pequenas. Além disso, analisando a atualidade, vemos que a tendência de transformação dos negócios continua a todo vapor. Nesse sentido, a tecnologia está possibilitando que os custos e o tempo de produção da maioria dos produtos sejam reduzidos. Sendo assim, é possível entender que o volume de recursos aplicado nos estoques, principalmente de produtos em processo, também está diminuindo, o que pode interferir na redução de recursos aplicados no Capital de Giro das empresas.

A seguir, serão apresentadas as ferramentas que podem ser utilizadas para que haja na empresa uma adequada gestão do Capital de Giro.

4.2 Gestão do Capital de Giro: prazos médios e ciclos

Para que o Capital de Giro possa ser gerenciado, é necessário conhecer a relação entre as contas que o compõem (Estoque de Matéria-Prima, Estoque de Produto em Processo, Estoque de Produto Acabado) e Contas a Receber (Clientes) e a Contas a Pagar (Fornecedores), que representa para a empresa uma fonte de recursos operacionais, oriundas dos fornecedores.

A primeira ferramenta para gestão do Capital de Giro que será apresentada neste livro é a **abordagem dos prazos médios**, que representa o tempo médio que a empresa demora para renovar seus estoques (prazo médio de estocagem – PME), seus recebíveis (prazo médio de recebimento – PMR) e para o pagamento dos créditos concedidos pelos fornecedores (prazo médio de pagamento – PMP).

O PME é calculado a partir da relação entre volume de estoques e demanda diária pelos produtos. Esse cálculo pode ser feito tanto para estoque de matéria-prima (PME_{MP}, quando relaciona estoque de matéria-prima com demanda diária do produto para o processo de fabricação) quanto para estoque de produto em processo (PME_{PP}, relação entre estoque de produto em processo e finalização da produção diária), bem como para estoque de produtos acabados (PME$_{PA}$, relação entre estoque de produtos acabados e Custo da(o) Mercadoria/Produto Vendida(o) diária(o)). O PME representa quantos dias, em média, o estoque da empresa consegue atender à demanda pelos produtos.

Esse mesmo raciocínio também pode ser feito para o cálculo do PMR, que é resultado da relação entre volume de recursos do Contas a Receber e o valor das vendas diárias efetuadas pela organização. Sendo assim, o PMR representa o número médio de dias de venda que a empresa tem na sua conta Clientes (Contas a Receber).

A partir do cálculo do PME (PME$_{MP}$, PME$_{PP}$ e PME$_{PA}$) e do PMR, é possível medir o **ciclo operacional** da organização. Esse ciclo é medido em número de dias e inicia-se com a compra de matéria-prima, finalizando com o recebimento das vendas de determinada mercadoria, conforme pode ser observado na Figura 4.3.

Figura 4.3 Ciclo operacional.

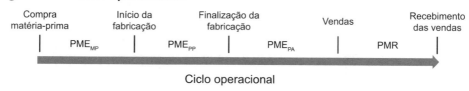

PME$_{MP}$: prazo médio de estoque de matéria-prima; PME$_{PA}$: prazo médio de estoque de produto acabado; PME$_{PP}$: prazo médio de estoque de produto em processo; PMR: prazo médio de recebimento.

Ao analisar o ciclo operacional relacionando-o com os recursos que são aplicados no Capital de Giro, é possível constatar que a quantidade de dinheiro aplicado no Capital de Giro irá aumentar à medida que se avança no ciclo operacional. Detalhando melhor, no início há apenas a matéria-prima, que demanda recursos da empresa apenas estando estocada. Portanto, quando essa matéria-prima é demandada para o processo de fabricação, outros gastos, como mão de obra, custo de fabricação e custos fixos, incrementam valor à matéria-prima inicial. Quando a fabricação é finalizada, o valor agregado é ainda maior que o valor considerado durante a fabricação. Finalmente, quando o produto é vendido, agrega-se também o lucro da empresa. Somente no final do ciclo operacional, todo esse valor retorna ao caixa da empresa. Essa percepção de agregação de valor à matéria-prima até chegar ao recebimento da venda representa um aumento da necessidade de recurso acumulada, como pode ser observada na Figura 4.4.

Figura 4.4   Ciclo operacional relacionado à necessidade de recurso acumulada.

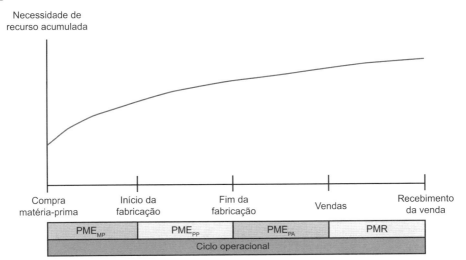

PME_{MP}: prazo médio de estoque de matéria-prima; PME_{PA}: prazo médio de estoque de produto acabado; PME_{PP}: prazo médio de estoque de produto em processo; **PMR:** prazo médio de recebimento.

Fonte: adaptada de Assaf Neto (2009).

A partir do conteúdo apresentado, é percebido que o fato de haver um grande volume de estoques, quando comparados com a sua demanda, proporcionará um PME elevado, que, por sua vez, aumentará também o ciclo operacional da organização. Esse aumento do ciclo operacional também ocorrerá caso o volume em Contas a Receber seja elevado, quando comparado com o valor das vendas diárias. Esse efeito poderá ser agravado, por exemplo, quando houver inadimplência dos clientes.

As contas Estoques e Contas a Receber referem-se a contas do Ativo Circulante Operacional. Para financiar o volume de recursos que são necessários nessas contas (Estoques e Contas a Receber), as empresas podem utilizar os recursos dos Fornecedores, contabilizados no Contas a Pagar. Esses recursos, muitas vezes, são disponibilizados às empresas a partir das atividades de suas operações, e, por consequência, geralmente não têm custo financeiro. Esse "custo zero" torna-se condição relevante para que as empresas o utilizem.

A relação entre o volume de recurso disponível no Contas a Pagar e as compras médias diárias dos fornecedores possibilita o cálculo do PMP. Geralmente, o recurso captado a partir do prazo para pagamento aos fornecedores representa, para a maioria das empresas, quase que a totalidade dos recursos que compõem o Passivo Circulante Operacional.

Conforme visto anteriormente, o ciclo operacional é resultado do somatório do PME com o PMR, que representam prazos médios de contas do Ativo Circulante Operacional. No entanto, para que uma empresa possa disponibilizar recursos pelo período do seu ciclo operacional, que ficam aplicados em Estoques e na mão de seus clientes (Contas a Receber), ela pode captar parte desses recursos por meio do crédito que seus fornecedores lhe concedem (PMP).

Como geralmente o PMP é menor que o ciclo operacional, o restante dos dias é conhecido como "ciclo financeiro" ou "ciclo de caixa". O ciclo financeiro inicia-se com o pagamento ao fornecedor e finaliza com o recebimento das vendas. Esse período representa o tempo, em número de dias, em que a empresa precisa bancar o seu Capital de Giro. Essas informações podem ser visualizadas na Figura 4.5.

Figura 4.5   Ciclo operacional e ciclo financeiro (ou ciclo de caixa).

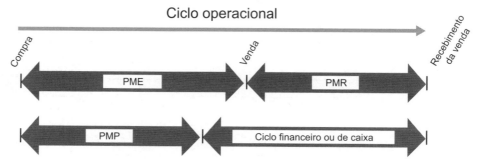

PME: prazo médio de estocagem; **PMP:** prazo médio de pagamento; **PMR:** prazo médio de recebimento.

Esta representação gráfica do ciclo operacional, do ciclo de caixa acrescida do ciclo econômico, pode também ser visualizada na Figura 4.6.

Figura 4.6   Representação do ciclo operacional, do ciclo financeiro e do ciclo econômico.

PME$_{MP}$: prazo médio de estoque de matéria-prima; **PME$_{PA}$:** prazo médio de estoque de produto acabado; **PME$_{PP}$:** prazo médio de estoque de produto em processo; **PMP:** prazo médio de pagamento; **PMR:** prazo médio de recebimento.

Conforme pode ser observado na Figura 4.6, o ciclo operacional mede todo o ciclo da atividade da empresa, iniciando com a compra da matéria-prima e finalizando com o recebimento da mercadoria vendida. O ciclo financeiro mede exclusivamente as movimentações de caixa, abrangendo o período entre o desembolso inicial de caixa e o recebimento da venda. E o ciclo econômico considera unicamente os eventos de natureza econômica, envolvendo desde compra de materiais até a respectiva venda.

Ao analisar os prazos médios, torna-se possível também analisar o giro. Veja um exemplo: a empresa de calçados Pise Bem tem o PME_{MP} igual a 30 dias. Essa informação nos diz que a cada 30 dias a empresa substitui todo o estoque de matéria-prima existente. Analisando-se quantas vezes em 1 ano a empresa efetua essa substituição, chega-se à conclusão de que a substituição total da matéria-prima ocorre 12 vezes em 1 ano, ou seja, a cada 30 dias. Sendo assim, é possível afirmar que o estoque de matéria-prima da Pise Bem gira 12 vezes ao ano. Observe que estamos falando de giro. Esse mesmo raciocínio pode ser utilizado para calcular o giro dos estoques, das contas a receber e das contas a pagar.

A seguir, estão apresentadas várias equações (4 a 15) que são utilizadas para calcular os prazos médios, os giros e os ciclos.

Equação 4

$$PME = \frac{\text{Estoque médio}}{\text{CPV ou CMV diário}}$$

Equação 5

$$PME_{MP} = \frac{\text{Estoque MP médio}}{\text{Consumo diário de MP}}$$

Equação 6

$$PME_{PP} = \frac{\text{Estoque PP médio}}{\text{Finalização de produção diária}}$$

Equação 7

$$PME_{PA} = \frac{\text{Estoque PA médio}}{\text{CPV ou CMV diário}}$$

Equação 8

$$PMR = \frac{\text{Contas a Receber médio}}{\text{Vendas diárias}}$$

Equação 9

$$PMP = \frac{\text{Contas a Pagar médio}}{\text{Compras diárias}}$$

Equação 10

$$GE = \frac{360}{PME}$$

Equação 11

$$GR = \frac{360}{PMR}$$

Equação 12

$$GP = \frac{360}{PMP}$$

Equação 13

$$\text{Ciclo Financeiro} = (PME + PMR) - PMP$$

Equação 14

$$\text{Ciclo Operacional} = PME_{MP} + PME_{PP} + PME_{PA} + PMR$$

Equação 15

$$\text{Compras} = \text{Estoque final} + (CPV \text{ ou } CMV) - \text{Estoque inicial}$$

Em que:

MP = matéria-prima;

PP = produto em processo;

PA = produto acabado;

PME_{MP} = prazo médio de estoque de matéria-prima;

PME_{PP} = prazo médio de estoque de produto em processo;

PME_{PA} = prazo médio de estoque de produto acabado;

PME = prazo médio de estoque;

PMR = prazo médio de recebimento;

PMP = prazo médio de pagamento;

GE = giro dos estoques;

GR = giro do recebimento;

GP = giro do pagamento;

CPV = custo do produto vendido;

CMV = custo da mercadoria vendida.

Esses cálculos e os demais que ainda serão apresentados na sequência do capítulo também podem ser resolvidos com a utilização de uma planilha eletrônica disponibilizada como material complementar deste livro e que está disponível por meio do QR Code a seguir.

Acesse a planilha para calcular os indicadores de Capital de Giro.

uqr.to/1wddp

4.3 Comportamento e financiamento do Capital de Giro

Conforme comentamos anteriormente, o volume de recursos aplicados no Capital de Giro das empresas pode ser alterado em função de diversos fatores, que podem ser internos ou até mesmo externos à organização.

Sendo assim, nesta seção o objetivo é apresentar que parte do recurso aplicado no Capital de Giro de uma empresa geralmente é permanente (Capital de Giro fixo), que são aqueles valores mínimos que a empresa precisa ter nos Estoques e no Contas a Receber, por exemplo. No entanto, em função de fatores diversos, parte do volume de recursos aplicados ao Capital de Giro varia de um período para o outro. Nesse caso, considera-se como Capital de Giro sazonal.

Na Figura 4.7 é possível verificar o comportamento fixo e sazonal do volume de Capital de Giro de uma empresa.

Figura 4.7 Comportamentos fixo e sazonal do Capital de Giro.

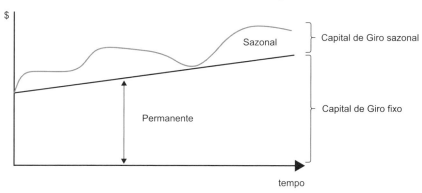

Sendo assim, surge o questionamento de como a empresa deve proceder com relação ao financiamento desse Capital de Giro, ou seja, a empresa deve ter recursos disponíveis para suprir toda a demanda sazonal de Capital de Giro?

A partir desse questionamento, tendo em vista a necessidade de haver na empresa o equilíbrio financeiro, algumas situações tornam-se possíveis, como:

- **Situação 1:** a empresa tem na conta Disponível todo o recurso necessário para suprir a demanda sazonal de Capital de Giro. Fazendo assim, nos momentos em que há redução da demanda pelo Capital de Giro, há excesso de recursos na conta Disponível da empresa. Apesar de se mostrar uma situação de baixo risco, surge uma questão relacionada ao **dilema de risco e retorno**, pois, dessa maneira, haverá recursos "parados" na empresa em alguns momentos, e que poderiam ser mais bem aplicados. Por outro lado, a empresa não precisará ficar buscando recursos emprestados junto às instituições financeiras para bancar momentos de escassez de recursos. Essa situação está representada na Figura 4.8.

Figura 4.8 Estrutura de risco mínimo: há na empresa recursos disponíveis para suprir toda a demanda de Capital de Giro sazonal.

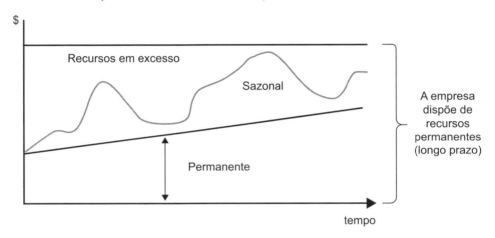

- **Situação 2:** a empresa tem na conta Disponível parte do recurso que será demandado pelo Capital de Giro sazonal. Essa situação é conhecida como estrutura alternativa, pois diminui a quantidade de recursos que podem ficar "parados" na conta Disponível da empresa em momentos de baixa na demanda por recursos do Capital de Giro, mas também o volume de recursos que a empresa precisará tomar emprestado para suprir a demanda de recursos em momento em que o aumento da demanda pelo Capital de Giro não é tão significativo. Cabe destacar que essa estrutura alternativa pode ser utilizada em níveis de risco diferentes, ou seja, algumas empresas podem ter boa parte dos recursos que serão demandados pelo Capital de Giro nos momentos de alta demanda pelos recursos, havendo necessidade de empréstimos de uma parcela relativamente pequena. Portanto, por se tratar de uma situação intermediária, outra empresa poderá ter uma parcela pequena de recursos para atender o momento de alta de demanda de Capital de Giro, tendo, nesse caso, que recorrer às instituições financeiras e captar uma parcela maior de recursos. No primeiro caso, a situação seria classificada como de menor risco e, no segundo caso, de maior risco, mesmo ambas estando na condição de estrutura alternativa, ou seja, na situação intermediária. A situação 2 está representada na Figura 4.9.

Figura 4.9 Estrutura de risco intermediário: há na empresa recursos disponíveis para suprir parte da demanda de Capital de Giro sazonal.

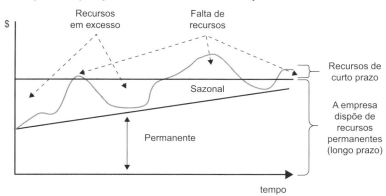

- **Situação 3:** a empresa tem recursos apenas para suprir a demanda pelo Capital de Giro fixo, ou permanente. Nesse caso, todo o recurso demandado para Capital de Giro sazonal precisará ser tomado de empréstimo pela empresa junto às instituições financeiras. Estando nessa condição, a empresa se encontrará em uma estrutura alternativa, portanto, com maior risco. Nesse caso, não haverá na empresa recurso disponível para suprir a demanda sazonal de Capital de Giro. Essa situação está representada na Figura 4.10.

Figura 4.10 Estrutura alternativa de risco alto: não há na empresa recursos disponíveis para suprir a demanda de Capital de Giro sazonal.

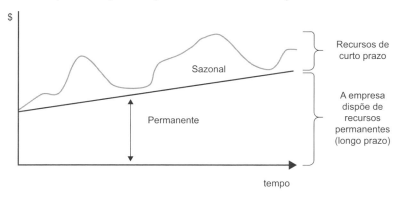

A partir das possibilidades apresentadas, destaca-se a necessidade de haver na empresa uma clareza da situação em que ela se encontra com relação à disponibilidade de recursos para atender à demanda sazonal de Capital de Giro, pois cada situação apresenta pontos positivos, mas também pontos negativos. Somente conhecendo a situação da empresa, sua rentabilidade, sua capacidade de captar recursos no mercado financeiro, entre outras informações, torna-se possível sinalizar a situação

56 | **CAPÍTULO 4** Aplicação da Gestão do Capital de Giro

que melhor lhe convém. Ou seja, de maneira resumida, para decidir em qual situação a empresa irá trabalhar, é indicado que se conheça a empresa com profundidade.

4.4 Dimensionamento do Capital de Giro

Outra abordagem que pode ser utilizada na gestão do Capital de Giro é a **abordagem a partir dos recursos financeiros**. Por meio dessa abordagem, calculam-se os resultados das variáveis Necessidade de Capital de Giro (NCG), Saldo de Tesouraria (ST) e Capital de Giro Líquido (CGL) para cada período e analisam-se os resultados, assim como as tendências de cada variável. Essa mensuração das variáveis é conhecida como "dimensionamento do Capital de Giro".

Para que o dimensionamento do Capital de Giro possa ocorrer, a primeira coisa a fazer é classificar as contas do Circulante (Ativo e Passivo) em Circulante Financeiro e Circulante Operacional, tanto do Ativo quanto do Passivo. Vejam como cada um dos grupos de contas deverá ser composto:

- Ativo Circulante Financeiro (ACF): representa aplicações financeiras e recursos disponíveis em caixa e bancos.

- Passivo Circulante Financeiro (PCF): representa as dívidas financeiras que a empresa tem, como empréstimos e financiamentos de curto prazo, entre outras.

- Ativo Circulante Operacional (ACO): representa as contas de Ativo de curto prazo que estão relacionadas à atividade da empresa, como Clientes (Contas a Receber), Estoques (matéria-prima, produtos em processo e produtos acabados), Adiantamento a Fornecedores, entre outras.

- Passivo Circulante Operacional (PCO): representa as dívidas de curto prazo da empresa, porém relacionadas às atividades operacionais, como Fornecedores (Contas a Pagar), Impostos e taxas a pagar, Salários a pagar, Adiantamento de Clientes, entre outras.

Na sequência, serão apresentadas e discutidas cada uma das variáveis utilizadas para analisar e gerenciar o Capital de Giro de uma empresa.

4.4.1 Necessidade de Capital de Giro

A NCG representa a quantidade de recursos que a empresa precisa dispor para financiar o seu Capital de Giro. É resultado da diferença entre a quantidade de recursos que a empresa demanda no ACO e a quantidade de recursos que são captados a partir do PCO, conforme pode ser observado na Equação 16.

Equação 16

$$NCG = ACO - PCO$$

O volume de recursos necessários no Capital de Giro pode ser influenciado pelo ciclo financeiro, pelo volume de atividades, pelas características do negócio e até mesmo pela sazonalidade. Quanto maior for a NCG de uma empresa, mais recursos ela precisa dispor para "bancar" o Capital de Giro.

Quando essa demanda por recursos no Capital de Giro fica muito elevada, a empresa pode passar por dificuldades financeiras, chegando ao ponto de não conseguir honrar com seus compromissos financeiros e, até mesmo, vir a fechar as portas. Por esse motivo, é indicado que a empresa acompanhe os resultados dessa variável diariamente, identificando e adequando com rapidez as possíveis situações que possam estar aumentando a NCG.

Para explicar essa abordagem, utilizarei o seguinte exemplo: imagine que a fábrica Móveis Bonitos esteja trabalhando no estágio de 50% de sua capacidade produtiva. Para atender à demanda por matéria-prima, a empresa tem um estoque médio equivalente a R$ 15.000,00 de insumos. O processo de fabricação tem um ciclo pequeno e, por esse motivo, será desconsiderado nesse exemplo. Para atender à demanda dos clientes, a referida fábrica tem um estoque de produtos acabados médio equivalente a R$ 27.000,00. Como seus clientes são geralmente grandes redes de lojas varejistas e que têm poder de barganha na negociação, a fábrica se viu forçada a conceder um prazo maior para recebimento, o que elevou sua carteira de Contas a Receber, chegando a R$ 41.000,00, em média.

Além disso, como a oferta de MDP (material utilizado pela empresa para fabricar seus móveis) no Brasil se dá praticamente por meio de oligopólio, ou seja, poucas empresas são responsáveis pela produção e venda de praticamente 100% do material, a empresa também não consegue negociar prazo com seus fornecedores, sendo obrigada a trabalhar com prazos extremamente reduzidos para pagamento ao seu principal fornecedor. Sendo assim, o valor do Contas a Pagar atualmente é de apenas R$ 8.000,00, em média.

Portanto, ao quantificar o volume de recursos que a fábrica Móveis Bonitos demanda aplicado em seu Capital de Giro, identificou-se uma quantia média igual a R$ 83.000,00. No entanto, como os fornecedores da empresa lhe concedem apenas R$ 8.000,00 de crédito, em média, a empresa é obrigada a financiar R$ 75.000,00 do total de R$ 83.000,00 demandados pelo Capital de Giro, ou seja, praticamente 90% do total do recurso demandado. Esse valor de R$ 75.000,00 representa a variável "Necessidade de Capital de Giro", conforme pode ser observado na Figura 4.11.

Figura 4.11 Visualização dos recursos do Capital de Giro.

Ainda neste exemplo, imagine que a fábrica Móveis Bonitos resolve dobrar sua capacidade produtiva em função do aumento pela demanda de seus produtos. No entanto, essa decisão foi tomada sem que houvesse um estudo profundo da influência que o fato de dobrar a produção geraria na demanda de recursos em Capital de Giro.

Assumindo que as condições da empresa seriam mantidas, para que sua capacidade produtiva fosse dobrada, a empresa dobrou também os estoques de matéria-prima (média de R$ 30.000,00), os estoques de produtos acabados (média de R$ 54.000,00) e o valor dos recursos na mão dos clientes (média de R$ 82.000,00). No entanto, como o fornecedor não negocia, o valor máximo concedido à fábrica Móveis Bonitos foi de apenas de R$ 8.000,00, mesmo a empresa tendo dobrado a quantidade comprada mensalmente.

Assim, de posse dessas informações, a quantidade de recursos que a empresa demandou para serem aplicados no Capital de Giro aumentou estrondosamente, conforme pode ser observado na Figura 4.12.

Figura 4.12 Visualização dos recursos do Capital de Giro.

Observe que o fato de a fábrica Móveis Bonitos ter dobrado sua capacidade de produção, sem que houvesse alteração na estrutura de gestão do Capital de Giro, aumentou a NCG média de R$ 78.000,00 para R$ 158.000,00, ou seja, mais que dobrou.

Situações como essa, mesmo entendendo que a empresa está crescendo, podem ser determinantes para seu fechamento. A empresa, ainda que rentável, pode não ter recursos (Caixa) para honrar com seus compromissos, sendo forçada a fechar suas portas. Por isso, ressalta-se a importância de haver nas empresas uma gestão do Capital de Giro bem efetiva e que trabalhe inclusive com projeções para o planejamento da empresa. Somente por meio de uma análise prévia (planejamento), a fábrica Móveis Bonitos teria condições de entender a influência que o "simples fato" de dobrar a sua capacidade produtiva teria em seu Capital de Giro, assim como em seu Caixa.

4.4.2 Saldo de Tesouraria

O ST representa o resultado financeiro de curto prazo da empresa. É calculado pela diferença entre o ACF e o PCF, conforme pode ser observado na Equação 17.

Equação 17

$$ST = ACF - PCF$$

Quando o **ST é positivo**, significa que a empresa tem mais recursos aplicados em contas do ACF (aplicações financeiras, caixa e bancos) do que fontes de recursos financeiras oriundas do PCF (empréstimos e financiamentos de curto prazo). Nesse caso, o ST pode ser entendido como uma reserva financeira que a empresa tem para se precaver em imprevistos futuros, como um recurso que está sendo guardado para futuros investimentos, ou, até mesmo, como um recurso que pode ser utilizado pela empresa para aproveitar oportunidades em suas operações, por exemplo, compra de mercadoria com descontos mediante pagamento à vista, entre outras possibilidades.

No entanto, quando o **ST é negativo**, significa que a empresa tem mais compromissos financeiros a serem pagos (PCF) do que aplicações financeiras (ACF). Caso a empresa se encontre nessa situação, o gestor deverá analisar com profundidade a saúde financeira da organização. Há casos de empresas que têm um ciclo operacional pequeno e que apresentam geração de caixa grande e rápida. Nesses casos, que representam a minoria, mesmo estando endividada, com compromissos financeiros a curto prazo, a empresa poderá ter condições para honrar com seus compromissos financeiros e sair dessa situação desconfortável.

Não obstante, para a maioria das empresas, estar com o ST negativo representa um sinal de alerta. É necessário que o gestor identifique a tendência desse resultado. Caso o endividamento esteja aumentando com o passar do tempo, é necessário que haja uma análise de todas as atividades da empresa. Essa situação pode ser resultado de alguma decisão que a empresa tenha tomado no passado e que esteja afetando sua saúde financeira no momento atual. Vejam algumas situações que podem ocorrer:

- Investimento em Ativos Permanentes que possibilitarão melhorias nas atividades da empresa: nesse caso, apesar de a empresa estar passando por um problema pontual, sabe-se que no futuro ela terá melhores condições para retomar a geração de caixa e, consequentemente, honrar seus compromissos financeiros.

- Aumento da capacidade de produção por meio de mais um turno de trabalho: como já foi visto, o aumento das vendas influencia automaticamente o aumento da demanda de recursos no Capital de Giro. Nesse caso, o aumento da demanda pelos produtos serviu como motivação para que a empresa aumentasse sua capacidade produtiva, aumentando um turno de produção. Esse aumento das vendas e da produção proporcionará à empresa a necessidade de aumentar os Estoques (tanto de matéria-prima quanto de produtos em processo e de produto acabado, caso seja uma indústria) e aumentar o valor destinado à conta Clientes (na média, as vendas são a prazo e geram Contas a Receber). Quando os fornecedores não aumentam o crédito aos clientes, as empresas são forçadas a buscar recursos nas instituições financeiras para financiar esse aumento expressivo da demanda por recursos no Capital de Giro. Assim, caso a situação da empresa permaneça, ela poderá ficar insolvente, ou seja, não conseguirá honrar com seus compromissos financeiros e poderá, inclusive, fechar as portas.

- Empresa que está trabalhando com uma margem de lucro muito apertada: com o aumento da concorrência e dos preços dos insumos, é cada vez mais comum haver empresas que tenham que assumir aumento dos insumos sem poderem repassar o aumento para o preço de seus produtos/serviços. Situações como essas podem levar as empresas a trabalharem com margens de lucro extremamente pequenas, ou até mesmo negativas, caso não haja na empresa informações relevantes e confiáveis dos seus custos. Se a empresa se encontrar nessa situação, e se a tendência do ST estiver reduzindo com o passar do tempo, pode-se dizer que a situação é de difícil reversão. Uma das possibilidades para reverter casos como esses seria a empresa identificar vantagens competitivas em seu produto/serviço e, a partir dessas vantagens, conseguir se diferenciar dos concorrentes, e então criar estratégias para aumentar sua capacidade de geração de lucros e, por consequência, geração de caixa.

A partir de situações como as que foram apresentadas, é possível visualizar situações empresariais que podem gerar problemas financeiros, podendo até levar a empresa a ter que fechar suas portas. Para que isso seja evitado, sugere-se que as empresas acompanhem de perto as variáveis estudadas, mas também, que as empresas façam planejamento de seus projetos, analisando, inclusive, como esses projetos futuros influenciarão o seu Capital de Giro.

Certamente, por meio de ferramentas de planejamento, as empresas terão condições de antecipar possíveis problemas que venham a ocorrer, pois terão mais tempo para buscar soluções mais acertadas e com menores custos para a empresa, como um todo.

4.4.3 Capital de Giro Líquido

O CGL representa a situação circulante total da empresa, ou seja, por meio do CGL identifica-se a condição financeira de curto prazo das empresas. É resultado da diferença entre o Ativo Circulante (AC) e o Passivo Circulante (PC). Também pode ser calculado a partir do somatório das variáveis NGC e ST, conforme representado pelas Equações 18 e 19.

Equação 18

$$CGL = AC - PC$$

Equação 19

$$CGL = NCG + ST$$

O **CGL positivo**, em primeira análise, significa que a empresa tem mais AC do que PC, ou seja, a empresa tem mais recursos nas contas de AC (que tendem a ser convertidos em Disponível em um período menor que 1 ano) do que dívidas de curto prazo, contas de CP (representadas pelas dívidas que precisarão ser pagas no período de até 1 ano). Sendo assim, empresas com essas características (CGL positivo), ao serem analisadas, são geralmente consideradas detentoras de uma situação "confortável".

Portanto, pode ser que, por um lado, o endividamento da empresa tenha um vencimento relativamente curto, e, por outro lado, as contas mais expressivas do AC sejam aquelas que demandam maiores períodos para se tornarem disponíveis, por exemplo, a conta Estoques de matéria-prima. Nesse caso, apesar de o resultado consolidado de curto prazo (até 1 ano) sinalizar para uma situação confortável, quando as contas são analisadas com maior detalhamento, é possível constatar que a empresa não se encontra em uma situação tão confortável, como identificado pela percepção inicial.

Essa situação de desconforto financeiro também pode ser identificada quando a NCG da empresa for muito elevada e o ST muito pequeno, ou até negativo. Para facilitar o entendimento dessa abordagem, veja o exemplo da construtora Casas Grandes.

A construtora Casas Grandes é uma empresa do ramo de construção civil que constrói casas para vender. Essa empresa tem, em média, 20 casas sendo construídas ao mesmo tempo. Como se trata de uma empresa antiga e consolidada no mercado, os clientes confiam que as casas serão entregues conforme consta no projeto. Sendo assim, historicamente a empresa sempre conseguiu vender parte das casas, mesmo antes de iniciar a obra. O restante das casas sempre foi vendido no decorrer da construção, de modo que, ao final da obra, todas as casas sempre estavam vendidas.

Além disso, é importante destacar que, desde o momento em que as casas eram vendidas, a empresa já iniciava o recebimento das parcelas mensais dos clientes, como pagamento dos imóveis. Além disso, sempre ao final da obra, quando as chaves eram entregues, como os clientes, em sua totalidade, haviam financiado os imóveis em instituições financeiras, quitavam suas dívidas com a construtora imediatamente.

Agindo dessa maneira, mesmo em se tratando de um segmento que demanda muito Capital de Giro, por haver um elevado valor agregado, a construtora Casas Grandes conseguia diminuir a NCG, pois, ainda na construção, os clientes já começavam a antecipar os pagamentos dos imóveis. Além disso, ao final das obras, a construtora já entregava as chaves aos novos proprietários, não tendo, assim, nenhuma unidade finalizada em estoque. Como a entrega das chaves também sinalizava o recebimento integral dos imóveis, a construtora também conseguia trabalhar com a carteira de Clientes (Contas a Receber) bem reduzida, o que proporcionava também uma redução do ciclo operacional e do ciclo de caixa da empresa.

O último ponto a ser destacado refere-se aos contratos que a construtora conseguia fechar com seus fornecedores. Como o valor dos materiais de construção é elevado, e como a empresa comprava em grande quantidade, conseguia negociar com os fornecedores maiores prazos para pagamento, além de haver um acordo de que os produtos eram entregues nas obras à medida que eram necessários. Isso reduzia também o estoque de matéria-prima.

Resumindo, o processo implementado pela construtora Casas Grandes era excelente, pois reduzia significativamente a demanda por Capital de Giro. A empresa, por meio do contrato com os fornecedores, conseguia praticamente zerar os estoques de matéria-prima. Como as casas eram vendidas ainda em construção, parte do estoque em processo (casas em construção) era financiada já pelos compradores, que pagavam parcelas mensais referentes ao imóvel adquirido. O estoque de produtos acabados era zero, pois todas as casas eram vendidas ainda durante a construção. Ademais, a construtora também conseguia praticamente zerar a carteira de clientes (Contas a Receber) a partir da obra finalizada, pois os clientes faziam financiamento dos imóveis em uma instituição financeira e quitavam suas dívidas com a construtora. Finalmente, para contribuir com o financiamento da demanda de Capital de Giro, a construtora Casas Grandes conseguia negociar prazos com os fornecedores, aumentando, com isso, o PMP.

Observe que toda essa estrutura criada pela empresa Casas Grandes possibilitou uma redução significativa de sua NCG, possibilitando, assim, que a empresa pudesse aumentar o número de obras concomitantes.

Porém, em razão de uma crise econômica ocorrida no Brasil, em um período menor que 90 dias, 60% dos clientes da construtora Casas Grandes, após atrasarem parte das parcelas mensais, procuraram a empresa para encerrar o contrato de compra, mesmo sabendo que os valores que já haviam sido pagos ficavam para a construtora, conforme constava no contrato.

Sendo assim, praticamente de uma hora para outra, aproximadamente 60% das casas deixaram de estar vendidas. Os gestores se reuniram e decidiram que iriam continuar as construções, pois acreditavam que rapidamente a economia iria se recuperar e as casas seriam vendidas novamente, voltando à situação anterior.

No entanto, como a situação da crise se manteve, e como as obras foram finalizadas, a empresa passou a demandar muito dinheiro em Capital de Giro. Sua NCG aumentou expressivamente, pois a empresa teve que bancar toda a demanda de recurso para finalizar as obras, além de estar, no final, com imóveis prontos em estoque.

Para que as obras fossem finalizadas, a empresa teve que lançar mão da reserva que tinha, mas também teve que tomar muito dinheiro emprestado junto às instituições financeiras. Sendo assim, mesmo a empresa tendo um AC elevado, que são as casas em fase final de acabamento e as casas finalizadas, ela também tinha um PC muito alto, exatamente em função do endividamento tomado para possibilitar a finalização das obras.

Observe a situação da empresa representada pelo Balanço Patrimonial a seguir (Quadro 4.1).

Quadro 4.1 Balanço Patrimonial da empresa Casas Grandes.

Valores em milhares (R$)

Ativo Circulante			
Descrição da conta	**X1**	**X2**	**X3**
Ativo Circulante	**R$ 10.018,00**	**R$ 13.917,00**	**R$ 16.449,00**
Aplicações Financeiras	R$ 2.361,00	R$ 247,00	R$ 0,00
Disponibilidades	R$ 451,00	R$ 138,00	R$ 25,00
Clientes (casas em construção)	R$ 6.581,00	R$ 4.690,00	R$ 0,00
Estoque de matéria-prima	R$ 187,00	R$ 251,00	R$ 90,00
Estoque de casas em construção	R$ 438,00	R$ 3.694,00	R$ 4.861,00
Estoque de casas finalizadas	R$ 0,00	R$ 4.897,00	R$ 11.473,00
Passivo Circulante			
Descrição da conta	**X1**	**X2**	**X3**
Passivo Circulante	**R$ 4.680,00**	**R$ 11.390,00**	**R$ 15.157,00**
Empréstimos para Capital de Giro	R$ 0,00	R$ 3.000,00	R$ 5.000,00
Empréstimos para construção	R$ 0,00	R$ 2.297,00	R$ 4.690,00
Financiamento	R$ 0,00	R$ 3.150,00	R$ 3.690,00
Fornecedores	R$ 3.861,00	R$ 2.120,00	R$ 967,00
Salários a pagar	R$ 451,00	R$ 393,00	R$ 269,00
Impostos a pagar	R$ 368,00	R$ 430,00	R$ 541,00

Para analisar a situação do Capital de Giro da empresa, o primeiro passo é classificar as contas Circulantes em Financeiras e Operacionais, ou seja, AC em ACF e ACO, e PC em PCF e PCO. Essas variáveis podem ser visualizadas por meio das Quadros 4.2 e 4.3.

Quadro 4.2 Contas do Ativo Circulante.

	X1	X2	X3
ACF	R$ 2.812,00	R$ 385,00	R$ 25,00
ACO	R$ 7.206,00	R$ 13.532,00	R$ 16.424,00

ACF: Ativo Circulante Financeiro; **ACO:** Ativo Circulante Operacional.

64 | **CAPÍTULO 4** Aplicação da Gestão do Capital de Giro

Quadro 4.3 Contas do Passivo Circulante.

	X1	X2	X3
PCF	R$ 0,00	R$ 8.447,00	R$ 13.380,00
PCO	R$ 4.680,00	R$ 2.943,00	R$ 1.777,00

PCF: Passivo Circulante Financeiro; **PCO:** Passivo Circulante Operacional.

A partir da classificação das contas do AC e do PC em Contas Financeiras e Operacionais, tornou-se possível calcular as variáveis utilizadas para análise e gestão do Capital de Giro, conforme consta no Quadro 4.4.

Quadro 4.4 Variáveis para análise do Capital de Giro.

VARIÁVEIS	X1	X2	X3
CGL	R$ 5.338,00	R$ 2.527,00	R$ 1.292,00
NCG	R$ 2.526,00	R$ 10.589,00	R$ 14.647,00
ST	R$ 2.812,00	(R$ 8.062,00)	(R$13.355,00)

CGL: Capital de Giro Líquido; **NCG:** Necessidade de Capital de Giro; **ST:** Saldo de Tesouraria.

A partir da análise das variáveis apresentadas por meio do Quadro 4.4, é possível observar que o CGL da Casas Grandes diminuiu, mas manteve-se positivo, representando que o AC se manteve maior que o PC, durante o período analisado. No entanto, quando a análise se dá na NCG, percebe-se um aumento de 319% na variação da NCG do ano X1 para o ano X2. Já para o ano X3, o aumento referente ao ano X2 foi menor, sendo de 38%, portanto, a NCG continuou aumentando. Ao analisar o ST, percebe-se uma redução de R$ 10.874,00 do ano X1 para o ano X2, representando 286% de redução, já ficando, nesse ano, o ST negativo. Já entre os anos X2 e X3, a redução do ST foi de mais R$ 5.293,00, representando 65% a mais de redução.

A partir desse exemplo é possível verificar que, apesar de haver uma redução no CGL, ele ainda se manteve positivo no período analisado. Portanto, a NCG cresceu muito, puxada pelas contas Estoques de casas em construção e Estoque de casas finalizadas. Já o ST teve uma redução muito expressiva, evidenciando a necessidade de empréstimos que a empresa Casas Grandes teve que tomar para manter sua operação em funcionamento e finalizar as casas que estavam em construção.

Finalizando, é possível afirmar que, apesar de o CGL ser positivo, a capacidade de pagamento da empresa pode estar comprometida, pois há a necessidade de vender e, posteriormente, receber os imóveis que estão finalizados. Essa situação pode sinalizar risco de insolvência.

4.4.4 Exemplos de dimensionamento do Capital de Giro

Nesta seção, o dimensionamento do Capital de Giro será calculado utilizando dois Balanços Patrimoniais que representam empresas que se encontram em situações econômico-financeiras diferentes. A partir desse dimensionamento, será possível comparar os resultados e analisar a situação em que as empresas se encontram.

A situação econômico-financeira da primeira empresa, que, nesse caso, será denominada "Situação 1", está representada pelo Quadro 4.5.

Quadro 4.5   Balanço Patrimonial – Situação 1.

Ativo Circulante Financeiro $ 50	Passivo Circulante Financeiro $ 30
Ativo Circulante Operacional $ 110	Passivo Circulante Operacional $ 75
Ativo Não Circulante $ 100	Passivo Não Circulante + Patrimônio Líquido $ 155

Ao calcular as variáveis utilizadas para analisar o Capital de Giro, utilizando as Equações 16 a 19, conforme representado a seguir, chegou-se aos seguintes resultados:

Equação 16

$$NCG = ACO - PCO$$
$$NCG = \$ 110 - \$ 75$$
$$NCG = \$ 35$$

Equação 17

$$ST = ACF - PCF$$
$$ST = \$ 50 - \$ 30$$
$$ST = \$ 20$$

Equação 18

$$CGL = AC - PC$$
$$CGL = \$ 160 - \$ 105$$
$$CGL = \$ 55$$

Equação 19

$$CGL = NCG + ST$$
$$CGL = \$ 35 + \$ 20$$
$$CGL = \$ 55$$

A partir do Balanço Patrimonial da Situação 1, é possível constatar que a empresa tem uma reserva financeira de $ 20, que é representado pelo ST. Do total de $ 110 que a empresa demanda no Capital de Giro (ACO), ela consegue $ 75 como fonte de recursos por meio de suas atividades (PCO), restando como NCG o valor de $ 35.

66 | **CAPÍTULO 4** Aplicação da Gestão do Capital de Giro

Ao analisar a situação de curto prazo da empresa, percebe-se que há uma folga, que pode ser identificada pelo resultado do CGL, igual a $ 55.

Resumindo, para que se possa fazer uma análise mais robusta da situação econômico-financeira da empresa, é indicado analisar outros anos do Balanço Patrimonial para conhecer a tendência dos resultados; analisar o Demonstrativo do Resultado (DR), que possibilitaria outras análises; assim como conhecer e entender o ramo de atividade da empresa, pois um mesmo resultado pode ter interpretações diferentes, a depender do ramo de atuação das empresas.

No entanto, analisando exclusivamente as informações que foram apresentadas pelo Balanço Patrimonial, desconsiderando o ramo de atuação, é possível inferir que a empresa esteja em uma boa situação econômico-financeira. Os resultados encontrados atendem às expectativas mínimas para serem classificados como "bons", na maioria dos casos.

Por meio do Quadro 4.6 será analisada a empresa representada pela Situação 2.

Quadro 4.6 **Balanço Patrimonial – Situação 2.**

Ativo Circulante Financeiro $ 25	Passivo Circulante Financeiro $ 45
Ativo Circulante Operacional $ 90	Passivo Circulante Operacional $ 80
Ativo Não Circulante $ 145	Passivo Não Circulante + Patrimônio Líquido $ 135

Observe agora as Equações 16 a 19.

Equação 16

$$NCG = ACO - PCO$$
$$NCG = \$ 90 - \$ 80$$
$$NCG = \$ 10$$

Equação 17

$$ST = ACF - PCF$$
$$ST = \$ 25 - \$ 45$$
$$ST = - \$ 20$$

Equação 18

$$CGL = AC - PC$$
$$CGL = \$\ 115 - \$\ 125$$
$$CGL = -\$\ 10$$

Equação 19

$$CGL = NCG + ST$$
$$CGL = \$\ 10 + (-\$\ 20)$$
$$CGL = -\$\ 10$$

A partir do Balanço Patrimonial da Situação 2, é possível constatar que a empresa não tem reserva financeira, visto que o ST está negativo (- $ 20). Esse resultado evidencia que a dívida financeira da empresa (PCF) é maior que o recurso financeiro que a empresa tem em sua disposição (ACF). Já a NCG é igual a $ 10, o que evidencia que, do total de recursos demandados pelo Capital de Giro (ACO = $ 90), a empresa consegue uma parte considerável a partir de suas fontes operacionais (PCO = $ 80). Porém, ainda faltam $ 10 que precisam ser colocados pela empresa (NCG = $ 10). Finalmente, ao analisar a situação de curto prazo da empresa, percebe-se que o AC é menor que o PC, haja visto que o CGL é igual a - $ 10.

Resumindo, para que se possa fazer uma análise mais robusta da situação econômico-financeira da empresa, assim como na Situação 1, é indicado analisar outros anos do Balanço Patrimonial para que a tendência possa ser explorada, além de outros demonstrativos, por exemplo, o DR, que possibilita outras análises. Além disso, como não se conhecem a empresa e o seu ramo de atuação, a análise ficará comprometida.

No entanto, analisando exclusivamente as informações que foram apresentadas, é possível inferir que a empresa esteja passando por um pequeno risco de insolvência, pois sua situação de curto prazo está negativa. Porém, em situações como essa é necessário analisar a tendência dos resultados da empresa. Somente por meio da análise da tendência das contas é possível identificar se a empresa está "caminhando" para a insolvência, ou se os resultados estão melhorando. Observe que essa diferenciação interfere muito na análise.

ATIVIDADE MÃO NA MASSA — Gestão do Capital de Giro

A partir do conteúdo que já foi apresentado neste livro, resolva os exercícios de fixação a seguir. Após resolver os exercícios, você poderá acessar as videoaulas em que eu corrijo cada exercício, explicando-os. Essas videoaulas estão disponíveis por meio do QR Code, logo após a lista de exercícios.

Exercício 1

Admita que uma empresa gira seus estoques quatro vezes no ano (360 dias). O seu período médio de pagamentos é de 30 dias e o período médio de cobrança é de

68 | **CAPÍTULO 4** Aplicação da Gestão do Capital de Giro

60 dias. É possível dizer que o ciclo operacional e o ciclo de caixa dessa empresa são, respectivamente, de:

a) 120 dias e 150 dias. b) 150 dias e 120 dias. c) 90 dias e 120 dias.

d) 120 dias e 90 dias. e) 120 dias e 120 dias.

Exercício 2

Uma empresa apresentou os seguintes resultados ao término do exercício de 20X1:

Item	Início do ano	Fim do ano
Estoque	$ 3.000,00	$ 9.000,00
Clientes	$ 1.500,00	$ 2.500,00
Fornecedores	$ 2.800,00	$ 4.700,00

As vendas atingiram $ 60.000,00 no exercício, e os custos dos produtos vendidos foram de $ 30.000,00. Dessa maneira, calcule o ciclo operacional e o ciclo de caixa dessa empresa no exercício de 20X1. Além disso, calcule a NCG no início e no fim do ano e analise a evolução, ou seja, se houve aumento ou redução da NCG.

Exercício 3

Uma empresa está efetuando um estudo com relação ao ciclo de caixa. Sabe-se que o prazo de estocagem de suas matérias-primas é de 45 dias, e que os fornecedores concedem um prazo de 30 dias para pagamento das duplicatas. A produção demanda normalmente um prazo de 30 dias, permanecendo os produtos fabricados estocados 15 dias à espera de serem vendidos. A política de venda da empresa adota um prazo de recebimento de 60 dias. Diante dessas informações:

a) Determine o ciclo de caixa e o ciclo operacional da empresa e represente-os graficamente.

b) Calcule o giro de caixa da empresa.

c) Se a empresa reduzisse seu prazo de estocagem de matérias-primas para 30 dias e de recebimento de vendas para 45 dias, como o ciclo de caixa e o giro de caixa seriam afetados?

Exercício 4

Uma empresa mantém um giro anual de 12 vezes em suas duplicatas a receber e de 24 vezes em suas duplicatas a pagar. As suas matérias-primas permanecem normalmente 40 dias estocadas, antes de serem consumidas pela produção, e os produtos acabados demandam 60 dias para serem vendidos. A empresa gasta ainda

GESTÃO FINANCEIRA para Micro e Pequenas Empresas • *RIVELLI* | 69

45 dias para a fabricação de seus produtos. Visando desenvolver alguns estudos da empresa a partir de seu ciclo de caixa, faça o que se pede.

a) Calcule o ciclo de caixa e o giro de caixa da empresa, e, em seguida, represente graficamente o ciclo de caixa.

b) A empresa vem procurando dinamizar suas vendas por meio de uma elevação de seus prazos de vencimento. Uma reavaliação rigorosa em seu ciclo de caixa demonstrou que o prazo de estocagem de matérias-primas pode ser reduzido em 10 dias, o de produção em 5 dias e o de estocagem de produtos terminados em 15 dias. Mantendo em 160 dias o ciclo de caixa máximo da empresa, qual o prazo de recebimento adicional que poderá ser concedido a seus clientes?

Exercício 5

A loja Roupas Bonitas mantém uma média de $ 50.000 em caixa e títulos negociáveis, $ 300.000 em estoque e $ 100.000 em contas a receber. Além disso, as contas a pagar da loja são de $ 250.000, estáveis com o tempo. Qual é a NCG da loja Roupas Bonitas?

Exercício 6

Considere os dados a seguir, referentes ao Balanço Patrimonial resumido de uma empresa no final de determinado ano, e responda às questões.

- Ativo Não Circulante = $ 550
- Salários a pagar = $ 50
- Passivo Não Circulante = $ 300
- Estoques = $ 600

- Contas a receber = $ 300
- Contas a pagar = $ 150
- Caixa = $ 250
- Patrimônio Líquido a ser determinado.

a) Há CGL? Se sim, qual é o valor?

b) Qual é a NCG?

Exercício 7

Uma empresa apresentou os seguintes resultados referentes aos exercícios 20X1 e 20X2:

Item	20X0	20X1	20X2
Estoque	R$ 5.500	R$ 9.300	R$ 18.600
Clientes	R$ 4.800	R$ 6.500	R$ 13.000
Fornecedores	R$ 3.700	R$ 4.700	R$ 9.400

CAPÍTULO 4 Aplicação da Gestão do Capital de Giro

	20X1	20X2
Vendas	R$ 60.000	R$ 103.500
CPV	R$ 32.000	R$ 60.325
Compras	R$ 35.800	R$ 60.100

A partir dessas informações, calcule o ciclo operacional e o ciclo de caixa para cada um dos anos (20X1 e 20X2). Além disso, calcule a NCG para o início de 20X1, para o fim de 20X1 e para o fim de 20X2. Após efetuar os cálculos, analise os resultados, relacionando-os.

Exercício 8

Resolva o estudo de caso da Distribuidora Bio-Petro.[1]

A Distribuidora Bio-Petro atua no comércio varejista de combustíveis e conta com uma rede de postos distribuídos em diversos municípios do estado de São Paulo. No final de X5, o Sr. Augusto, gerente financeiro da empresa, encontrava-se deveras preocupado com a situação financeira da empresa, pois seus indicadores de liquidez vinham declinando e seu ST vinha caindo gradativamente, já estando negativo nos últimos anos.

Lembrava-se nesse momento da conversa que matinha com o presidente da empresa cinco anos atrás, quando a rede tinha somente sete postos. Já alertava à administração da empresa os riscos de uma hiperexpansão. Infelizmente, ele pensava, não foram tomadas as devidas precauções que, em sua opinião, eram necessárias.

O Sr. Antônio, principal proprietário da empresa, viu na expansão um ótimo negócio para reverter a situação de prejuízo que pesava sobre a empresa. Diversos postos isolados vinham passando por dificuldades e acabavam fechando. Como existia certa dificuldade para a venda do patrimônio dos postos pelos proprietários, o arrendamento era uma proposta viável para ambas as partes, proporcionando à Bio-Petro melhores condições junto a fornecedores e a possibilidade de expandir sem grandes investimentos permanentes.

No entanto, a preocupação do Sr. Augusto vem aumentando, porque para o ano X6 espera-se chegar a 22 postos e as projeções apontam piora no ST e índices de liquidez que indicam uma tendência à insolvência. O Sr. Antônio diz estar com a situação sob controle, pois, apesar dos motivos que alimentam as preocupações do Sr. Augusto, deve-se levar em conta que a empresa vem aumentando as vendas a prazo com preço dos combustíveis 5% mais caros por causa do prazo.

---

[1] Reproduzido de: MATIAS, A. B. (coord.). **Finanças corporativas de curto prazo:** a gestão do valor do capital de giro. 2. ed. São Paulo: Atlas, 2014. p. 56.

Tendo por base as informações que seguem, demonstre a situação do capital de giro da Bio-Petro, por meio dos principais indicadores de giro, e esclareça o dilema entre a opção pela rentabilidade do Sr. Antônio e a preservação da liquidez do Sr. Augusto, demonstrando se a estratégia adotada pode estar correta ou não.

BALANÇO PATRIMONIAL

ATIVO						
Descrição da conta	X1	X2	X3	X4	X5	X6 (projeção)
Disponibilidades	151	138	125	82	55	31
Clientes	150	200	250	400	680	770
Estoques	50	60	90	120	220	250
Ativo Circulante	**351**	**398**	**465**	**602**	**955**	**1.051**
Ativo Não Circulante	5.770	6.070	6.397	6.817	7.283	7.991
Total do ativo	**6.121**	**6.468**	**6.862**	**7.419**	**8.238**	**9.042**

PASSIVO						
Descrição da conta	X1	X2	X3	X4	X5	X6 (projeção)
Fornecedores	25	32	45	69	98	115
Empréstimos e Financiamentos	109	227	255	349	405	555
Provisões e Outros	29	37	38	88	322	397
Passivo Circulante	**163**	**296**	**338**	**506**	**825**	**1.067**
Empréstimos e Financiamentos	700	1.066	919	1.056	1.172	1.190
Passivo Não Circulante	**163**	**296**	**338**	**506**	**825**	**1.067**
Capital Social	3.000	3.000	3.500	3.500	3.500	3.500
Lucros/Prejuízos Acumulados	988	836	788	830	1.161	1.517
Reservas e Outros	1.270	1.270	1.317	1.527	1.580	1.768
Patrimônio Líquido	**5.258**	**5.106**	**5.605**	**5.857**	**6.241**	**6.785**
Passivo Total	**6.121**	**6.468**	**6.862**	**7.419**	**8.238**	**9.042**

DEMONSTRAÇÃO DO RESULTADO DO EXERCÍCIO

Descrição da conta	X1	X2	X3	X4	X5	X6 (projeção)
Receita Bruta	1.750	2.200	3.000	4.200	8.400	**9.000**
(-) Deduções	-88	-110	-150	-210	-420	-450
(=) Receita Líquida	1.662	2.090	2.850	3.990	7.980	**8.550**
(-) Custo das Vendas	-1.250	-1.538	-2.069	-2.857	-5.600	-5.844
(=) Lucro Bruto	412	552	781	1.133	2.380	**2.706**
(-) Despesas Com. e Adm.	-225	-260	-330	-430	-570	-700
(-) Depreciações	-289	-304	-320	-341	-364	-400
(-) Despesas Financeiras	-162	-259	-247	-309	-347	-419
(=) Resultado Operacional	-264	-271	-116	53	1.099	**1.187**
(-) Provisão para IR e CS	0	0		-16	-330	-356
(=) Resultado do Exercício	-264	-271	-116	37	769	**831**

PRAZOS MÉDIOS (EM DIAS)

Prazos	X1	X2	X3	X4	X5	X6 (projeção)
Prazo médio de estoque	14	14	16	15	14	15
Prazo médio de recebimento	31	33	30	34	29	31
Prazo médio de pagamento	7	7	8	8	6	7

Acesse a videoaula de correção da "Atividade mão na massa – Gestão do Capital de Giro (Parte 1)".

uqr.to/1wddr

Acesse a videoaula de correção da "Atividade mão na massa – Gestão do Capital de Giro (Parte 2)".

uqr.to/1wddu

CAPÍTULO 5
Gestão de Estoques

Antes de comentar sobre gestão de estoques, torna-se necessário definir o que vêm a ser estoques em uma organização. Sendo assim, de uma maneira simplista, é possível dizer que estoques são materiais, produtos, equipamentos ou outros tipos de bens que podem ser utilizados como matéria-prima (insumo) em um processo de transformação, ou compõem um bem que já esteja em processo de fabricação, ou, ainda, bens que estejam finalizados, aguardando serem vendidos.

Observe que a definição anterior contemplou estoque de matéria-prima (insumos), estoque de produtos em processo de fabricação, assim como estoque de produtos acabados. No entanto, cabe destacar que essa separação do estoque em três momentos diferentes é comum em empresas que atuam como fábricas ou montadoras, por exemplo. Para aquelas empresas que atuam apenas como comércio, todo o estoque que ela trabalha já é um produto acabado e está aguardando para ser vendido.

No que tange à relação entre estoques e Capital de Giro das empresas, destaca-se que estabelecer um nível adequado de estoque é importante, pois quando uma empresa tem estoque elevado, ela aumenta a Necessidade de Capital de Giro (NCG). Por outro lado, quando o volume de estoque é pequeno, corre-se o risco de a empresa não conseguir atender à demanda dos clientes. Nesse último caso, além de haver perda imediata de faturamento, a depender do caso, a empresa também corre o risco de perder o cliente e todas as próximas compras que ele vier a fazer. Sendo assim, o não atendimento ao cliente pode ser ainda mais grave para a empresa, pois o custo para conquistar um novo cliente é maior do que para mantê-lo. Devido a todos esses motivos, a implementação de uma adequada gestão de estoques é primordial em qualquer empresa.

No entanto, há também o seguinte questionamento: como calcular com assertividade o quanto de estoque a empresa precisa manter? Observe que o objetivo da gestão de estoques é exatamente responder a esse questionamento. Contudo, para que a empresa possa ter um norte no momento de definir seus estoques, o primeiro passo é conhecer/prever a demanda de cada um dos produtos.

Para que haja uma previsão da demanda, o ponto central é que se tenha uma previsão de vendas. É sabido que, qualquer que seja a previsão, ela é susceptível a erros. No entanto, à medida que a empresa fizer o planejamento das vendas e conciliar com as informações atuais do mercado, terá condições de adequar a previsão de vendas para os dias/semanas que estão por vir e, consequentemente, poderá também antecipar as decisões referentes ao estoque, por meio de sua política de compras, de produção ou, até mesmo, de vendas.

Em se tratando de uma indústria, é válido destacar que a política de vendas irá influenciar inicialmente o planejamento de produção e o estoque de produtos acabados. Somente em um segundo plano é que o planejamento de produção influenciará o estoque de matéria-prima (insumos) e o estoque de produtos em processo.

Outro ponto importante de ser abordado sobre os estoques é que nem sempre as empresas definem o volume de estoques apenas para evitar que haja ruptura no ciclo operacional, ou seja, perda de vendas. Há outras questões que também influenciam as empresas no estabelecimento do volume de estoques, como:

- Características particulares do setor em que a empresa atua (sazonalidade): a depender do setor em que uma empresa atua, poderá haver necessidade de altos volumes de estoques momentâneos, por exemplo, o segmento de ovos de Páscoa. Nesse caso, como geralmente a capacidade produtiva da indústria é limitada, ela necessita programar a produção dos ovos por um período maior, gerando, com isso, estoques elevados, que serão vendidos nas vésperas da Páscoa.

- Expectativa de aumento nos preços das matérias-primas e mercadorias (proteção contra perdas inflacionárias): quando há inflação ou reajustes de preços constantes na economia e/ou no segmento em que a empresa atua, é comum o aumento dos estoques, principalmente dos produtos com menor grau de perecibilidade, com o objetivo de ganho financeiro em função da valorização dos estoques. Essa estratégia é interessante quando o ganho se torna maior que o custo de oportunidade do recurso que fora aplicado. Caso contrário, a empresa sairá perdendo.

- Política de venda do fornecedor: outra situação que acaba gerando estoque nas empresas é quando o fornecedor oferece descontos por compras maiores, ou seja, caso o cliente compre um lote com maior volume, ele ganha um desconto sobre o preço de compra. Essa opção será interessante quando o desconto recebido for maior que o custo de oportunidade do dinheiro que será aplicado na compra. O gestor financeiro precisa analisar o Fluxo de Caixa da empresa e ter certeza de que haverá recurso suficiente para quitar a compra ao fornecedor e aguardar que o produto seja vendido e depois recebido, voltando ao caixa. Caso a empresa tenha que pegar empréstimos para financiar a NCG, pode ser que o ganho seja minimizado, ou, até mesmo, que haja prejuízo nessa operação.

A seguir serão apresentadas, explicadas e exemplificadas as principais ferramentas que podem ser utilizadas para que a gestão dos estoques de uma empresa seja adequada.

5.1 Prazo médio de estocagem e do giro do estoque

O prazo médio de estocagem (PME) permite que a empresa saiba o tempo médio, em dias, que os estoques ficam na empresa. No caso de indústria ou de manufatura, esse prazo pode ser dividido em prazo médio de estoque de matéria-prima (PME_{MP}), prazo médio de estoque de produto em processo (PME_{PP}) e prazo médio de estoque de produto acabado (PME_{PA}). Já o giro do estoque (GE) permite identificar quantas vezes o produto gira no estoque da empresa no período de um ano.

Para melhor entendimento desses indicadores, veja o exemplo no Quadro 5.1, em que são utilizadas informações hipotéticas de uma empresa.

Quadro 5.1   Dados hipotéticos de uma empresa.

Conta	Valor
Estoque médio de matéria-prima	R$ 35.000,00
Estoque médio de produto acabado	R$ 52.000,00
Demanda média diária de matéria-prima para produção	R$ 1.750,00
Custo médio diário do produto vendido	R$ 2.000,00

A partir da utilização das equações a seguir, calcularam-se o PME_{MP} e o PME_{PA}, além do GE.

Equação 5

$$PME_{MP} = \frac{\text{Estoque MP médio}}{\text{Consumo diário de MP}}$$

Equação 7

$$PME_{PA} = \frac{\text{Estoque PA médio}}{\text{CPV ou CMV diário}}$$

Equação 10

$$GE = \frac{360}{PME}$$

Resultados:

$$PME_{MP} = \frac{R\$ 35.000}{R\$ 1.750} = 20 \text{ dias}$$

$$PME_{PA} = \frac{R\$ 52.000}{R\$ 2.000} = 26 \text{ dias}$$

Ao somarem-se o PME_{MP} e o PME_{PA}, tem-se o PME_{Total} = 46 dias.

O cálculo do GE também foi feito separadamente, conforme a seguir.

$$GE_{MP} = \frac{360}{20} = 18 \text{ vezes ao ano}$$

$$GE_{PA} = \frac{360}{26} = 13{,}8 \text{ vezes ao ano}$$

$$GE_{TOTAL} = \frac{360}{46} = 7{,}8 \text{ vezes ao ano}$$

Os cálculos realizados anteriormente e outros cálculos que serão apresentados neste capítulo também podem ser feitos utilizando uma planilha eletrônica disponibilizada como material complementar deste livro e que pode ser acessada por meio do QR Code a seguir.

Acesse a planilha para calcular os indicadores sobre gestão de estoques.

uqr.to/1wddx

A partir das informações apresentadas por esse caso hipotético, é possível verificar que a matéria-prima fica em média 20 dias em estoque, e o produto acabado, 26 dias. Além dessa informação, é possível verificar que o giro da matéria-prima é de 18 vezes ao ano, e o giro do produto acabado, de 13,8 vezes.

De posse dessas informações, o gestor poderá fazer a análise também por categoria de itens, ou, até mesmo, para cada item que a empresa trabalha. Fazendo-se esse detalhamento, torna-se possível identificar se o estoque de cada categoria/item está adequado ou se precisa ser ajustado. Esse ajuste pode diminuir o estoque, ou até mesmo, a depender do caso, aumentar o número de itens em estoque. Questões como tempo de espera entre a compra e o recebimento, distância do fornecedor, risco de perda pelo não atendimento ao cliente são exemplos de fatores que precisam ser analisados para embasamento dessa decisão.

Finalmente, cabe destacar que o ajuste do estoque interferirá nos prazos médios de estoque, que, por sua vez, poderão interferir no ciclo financeiro (ou de caixa), sendo este correlacionado com a NCG.

A próxima ferramenta a ser apresentada é o estoque de segurança.

5.2 Estoque de segurança

O estoque de segurança pode ser entendido como um estoque mínimo de produtos para que a empresa não deixe de atender à demanda de seus clientes, que podem ser internos ou externos, a depender da característica do produto em estoque e do segmento da empresa.

O objetivo desse estoque de segurança é reduzir o risco do não atendimento ao cliente. A quantidade de unidades a serem consideradas como estoque mínimo irá variar em função da demanda média e da variabilidade esperada na venda/requisição do produto. Além disso, o estoque de segurança deve ser acompanhado mais de perto no caso de produtos essenciais ou que sejam específicos. Produtos secundários, que sejam mais comuns e mais fáceis de serem encontrados, demandam um acompanhamento menos rígido do estoque de segurança, pois a reposição desses itens em emergências é mais fácil e rápida.

Fatores que devem ser considerados no momento de se calcular o estoque mínimo são a distância física do fornecedor e o tempo existente entre a compra e a entrega do produto, entre outros. Assim, sem um conhecimento profundo da realidade da empresa, do produto, dos fornecedores, é difícil inferir uma quantidade mínima ideal de produtos a serem considerados como estoque de segurança.

No caso da fábrica Móveis Bonitos, o estoque de segurança MDP (material para a produção dos móveis) deve ser maior, pois são apenas dois fornecedores no Brasil que vendem esse produto, e ambos estão muito longe da sede da empresa. Além disso, trata-se de um produto essencial para a fabricação de qualquer um dos modelos de móveis fabricados pela empresa.

Por outro lado, o estoque de segurança de pregos/parafusos pode ser menor, pois, caso haja algum problema na entrega do produto, a empresa Móveis Bonitos terá facilidade para adquirir o material em outros fornecedores mais próximos.

Resumindo, ao calcular o estoque de segurança de qualquer produto, devem-se levar em consideração diversos fatores internos e externos à empresa. Somente com informações precisas sobre o produto, sua importância para a empresa, distância dos fornecedores, entre outras informações, será possível emitir um parecer sobre esse estoque mínimo.

A próxima ferramenta apresentada para gestão dos Estoques é a curva ABC.

5.3 Curva ABC

A curva ABC é uma ferramenta que possibilita a classificação dos itens em estoque. Essa classificação pode ser feita pela representação dos itens no faturamento da empresa ou pela representação financeira dos itens no valor total aplicado em estoque. Com a utilização da classificação, os itens em estoque geralmente são divididos em três categorias: A, B e C.

Considerando esses dois modos de classificação, os itens considerados como "A" são os mais importantes na receita da empresa ou que tenham mais representatividade no valor financeiro dos estoques. Geralmente, esses itens representam próximo de 15% do total de itens e chegam a representar aproximadamente 80% do faturamento das empresas e/ou do valor financeiro dos estoques, a depender da classificação que estiver sendo utilizada. Os itens classificados como "C" geralmente representam em torno de 50% dos itens, mas significam próximo de 3% do faturamento da empresa e/ou do total de recursos financeiros em estoque. Já os itens "B" são responsáveis pelos últimos 35% dos itens e representam em média 17% do faturamento da empresa ou do total de recursos financeiros em estoques. Para melhor entendimento, veja a Figura 5.1.

Figura 5.1 Curva ABC.

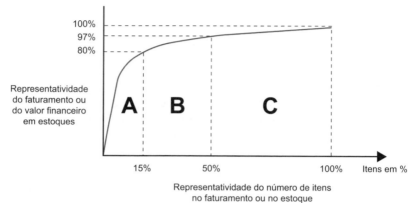

Como foi comentado, serão apresentadas duas maneiras distintas que podem ser utilizadas para classificar os itens. A primeira a ser abordada classificará os itens em estoques a partir da **representação no faturamento da empresa**. Para esse caso, deve-se:

a. Calcular o faturamento de cada produto multiplicando o valor de venda do produto pela quantidade vendida no período.

b. Colocar os itens em ordem decrescente de faturamento, ou seja, o item que tem o maior faturamento deve ficar como primeiro da lista e os demais, de modo decrescente, abaixo.

c. Identificar a representatividade de cada item no faturamento total da empresa. Para isso, devem-se calcular as porcentagens do faturamento de cada produto em relação ao faturamento total. Para esse cálculo, deve-se dividir o faturamento do item pelo faturamento total.

d. Classificar os itens nas classes ABC. Para isso, somar a porcentagem de representatividade individual dos itens até encontrar aproximadamente 80% do total do faturamento. Esses itens deverão ser classificados como A. Em média, representam de 15 a 20% do total dos itens. Continuando, deve-se iniciar o somatório da representatividade do faturamento no item imediatamente inferior ao último item classificado como A. Deve-se somar até o valor aproximado de 15 a 17% do faturamento, que será representado pelos produtos B. Geralmente, em número de itens, representam em média entre 30 e 35%. O restante dos itens, a serem classificados como C, geralmente representam próximo de 3 a 5% do faturamento e aproximadamente 50% do número dos itens.

Explicado o passo a passo para classificar os produtos de um estoque a partir do faturamento, segue um exemplo aplicado em uma empresa que atua com o serviço de troca de óleo veicular.

Conforme pode ser observado no Quadro 5.2, na primeira coluna, da esquerda para a direita, consta a descrição de cada um dos itens; na segunda coluna, o preço de venda de cada item; na terceira coluna, a quantidade vendida de cada item no período analisado; a quarta coluna representa o faturamento de cada item, sendo resultado da multiplicação do preço de venda pela quantidade vendida. Ao final dessa coluna consta o valor total do faturamento da empresa com a venda dos produtos.

Ao dividir o faturamento de cada produto pelo total das vendas do período, calcula-se o percentual de representatividade da venda de cada um dos itens vendidos. Essa informação consta na quinta coluna. Ao somar o percentual do faturamento dos 10 primeiros itens, chegou-se ao valor de 79,59%. Sendo assim, esses itens devem ser classificados como A. Como esta empresa trabalha com 54 itens, ao dividir 10 por 54 chega-se ao percentual de 18,5%. Ou seja, os itens de classificação A representam 79,59% do faturamento e 18,5% do número total de itens.

Ainda sobre o Quadro 5.2, somando a porcentagem do faturamento do item 11 até o item 25, chega-se ao total de 15,09% da representatividade do faturamento, sendo esses itens classificados como B. Por se tratar de um total de 15 itens, representam 27,8% do número de itens total. Finalmente, somando o faturamento percentual do item 26 ao item 54 encontra-se uma representatividade das vendas igual a 5,32%, sendo esses itens classificados como C. Como são 29 itens, representam 53,7% do número total dos itens. Observe que os valores ficaram próximos aos valores apresentados anteriormente, na explicação da metodologia, portanto, pode haver situações em que os valores sejam divergentes. Nesses casos, caberá ao gestor adequar a metodologia à sua realidade.

Quadro 5.2   Curva ABC a partir do faturamento.

	DESCRIÇÃO	PREÇO VD.	QTDE. VD.	FINANCEIRO	PORCENTAGEM (%)	CLASSIF.
				FATURAMENTO		
1	MOBIL SUP+A3:A47ER 1000 20W	15,00	1.154	17.310,00	20,80	
2	SELENIA SN 5W30 LT	23,00	483	11.109,00	13,35	
3	F1 MASTERPLUS15W40LT	20,00	405	8.100,00	9,73	
4	PETRONAS SYNTIUM 20W50LT	15,00	468	7.020,00	8,44	
5	PETRONAS SPRINTA 4T LT	15,00	350	5.250,00	6,31	79,59%
6	GALÃO DE 5 LITROS	10,00	485	4.850,00	5,83	
7	STP ANTIRUST (ROSA)	19,00	205	3.895,00	4,68	
8	REDUX32 18"	15,00	214	3.210,00	3,86	
9	PETRONAS URANIA 1000 CH4	17,00	187	3.179,00	3,82	
10	AIR 1 ARLA 32 BD20LT	59,00	39	2.301,00	2,77	

CONTINUA >>

CAPÍTULO 5 Gestão de Estoques

>> CONTINUAÇÃO

	DESCRIÇÃO	PREÇO VD.	QTDE. VD.	FATURAMENTO		
				FINANCEIRO	PORCENTAGEM (%)	CLASSIF.
11	SELENIA SN 5W40 LT	27,00	76	2.052,00	2,47	
12	STP FUEL INJECTOR	29,00	51	1.479,00	1,78	
13	REDUX32 20"	15,00	75	1.125,00	1,35	
14	LUBRAX ALTA RODAGEM	17,00	65	1.105,00	1,33	
15	LUBRAX ESS 2T 500ML	13,00	68	884,00	1,06	
16	REDUX32 22"	15,00	58	870,00	1,05	
17	REDUX32 19"	15,00	58	870,00	1,05	
18	PETRONAS GI M ATF 10W LT	23,00	29	667,00	0,80	15,09%
19	REDUX32 21"	15,00	42	630,00	0,76	
20	REDUX32 16"	15,00	36	540,00	0,65	
21	LUBRIMOTORS ATF 500ML	10,00	52	520,00	0,62	
22	RADNAQ DOT3 200ML	8,50	57	484,50	0,58	
23	REDUX32 23"	15,00	32	480,00	0,58	
24	CASTROL STIHL 8017	25,00	18	450,00	0,54	
25	RADNAQ DOT4 500ML	20,00	20	400,00	0,48	
26	RADNAQ DOT3 500ML	21,00	18	378,00	0,45	
27	REDUX32 17"	15,00	25	375,00	0,45	
28	LUBRAX MOTO 2	5,00	68	340,00	0,41	
29	LUBRAX DT 200ML	4,00	81	324,00	0,39	
30	SKIM JET CRISTAL 50ML	4,00	80	320,00	0,38	
31	STP ANTIRUST (VERDE)	19,00	16	304,00	0,37	
32	FLUIDO ATF RADNAQ 500ML	12,00	23	276,00	0,33	5,32%
33	STP DIESEL FUEL TREATMENT	29,00	8	232,00	0,28	
34	VS MAX15W40 LT	15,00	15	225,00	0,27	
35	LUBRAX NAUTICA 500ML	14,00	15	210,00	0,25	
36	LUBRAX GL5 SAE90 LT	17,00	11	187,00	0,22	
37	RADNAQ DOT4 200ML	12,00	12	144,00	0,17	
38	LUBRAX TRM5 140 LT	16,00	7	112,00	0,13	

CONTINUA >>

>> CONTINUAÇÃO

DESCRIÇÃO	PREÇO VD.	QTDE. VD.	FATURAMENTO		CLASSIF.
			FINANCEIRO	PORCENTAGEM (%)	
39 REDUX32 13"	15,00	7	105,00	0,13	
40 REDUX32 15"	15,00	6	90,00	0,11	
41 QUEROSENE JACARE 900	14,00	6	84,00	0,10	
42 PETRONAS SYNTIUM 800 15W40LT	20,00	4	80,00	0,10	
43 GRAXA PETRONAS ALFA 2K 500GR	15,00	5	75,00	0,09	
44 TKM1 T2419	62,00	1	62,00	0,07	
45 TKM1 T2824	62,00	1	62,00	0,07	
46 TKM1 T2215	62,00	1	62,00	0,07	5,32%
47 TKM1 T2617	62,00	1	62,00	0,07	
48 TKM1 T2616	62,00	1	62,00	0,07	
49 AUTO IMPACT TRAS T15	50,00	1	50,00	0,06	
50 REDUX32 P HYB 26"	49,00	1	49,00	0,06	
51 REDUX32 P TOTALCLIP HYB 18" 9 E	49,00	1	49,00	0,06	
52 REDUX32 P HYB 18"	49,00	1	49,00	0,06	
53 REDUX32 14	15,00	3	45,00	0,05	
54 REDUX32 28	15,00	1	15,00	0,02	
	Faturamento total		83.208,50		

A outra maneira de categorizar os produtos em um estoque é classificando os itens pela **representatividade financeira no estoque**. Para isso, deve-se:

a. Multiplicar a quantidade de mercadoria de cada item que a empresa tem em estoque pelo seu preço de custo.[2] A partir dessa multiplicação, calcula-se o valor total de dinheiro que está investido naquele item, no estoque.

b. Somar o valor total de recurso financeiro que está em estoque naquele momento na empresa.

c. Dividir a quantidade de recurso financeiro no estoque de cada item pela quantidade total de recurso. Fazendo isso, calcula-se a representatividade financeira percentual de cada item no estoque.

---

1 Deve-se considerar como preço de custo o preço médio das últimas compras daquele item ou o custo de fabricação das últimas unidades. No entanto, caso haja inflação, o mais adequado é utilizar o preço de reposição do item, ou seja, o preço que será pago na próxima compra ou o preço de fabricação atual. Essa é uma maneira de ajustar o valor dos itens em períodos de inflação.

82 | **CAPÍTULO 5** Gestão de Estoques

d. Organizar os itens em ordem decrescente da porcentagem calculada.

e. Somar a porcentagem financeira dos itens até chegar a um valor aproximado de 80%. Fazendo isso, geralmente encontra-se um valor entre 15 e 20% dos itens. Estes são classificados como A. Iniciando novamente a soma do percentual dos itens no item imediatamente inferior ao último item classificado como A, deve-se buscar o percentual total que estará próximo ao intervalo entre 15 e 17% da representatividade. Estes itens são classificados como B. Geralmente, representam aproximadamente entre 30 e 35% dos itens. O restante dos itens representa em média entre 3 e 5% do valor do estoque, apesar de se apresentarem próximo de 50% do total dos itens.

Um exemplo representando esse modo de classificação pode ser visto por meio do Quadro 5.3, no qual os itens foram classificados a partir do valor que representam no estoque. Utilizando a mesma base de dados da empresa que trabalha com serviço de troca de óleo veicular, é possível perceber que os dez primeiros itens (18,5% dos itens) representam 79,6% do valor que está investido no estoque e são classificados como A. Outros 15 itens (27,8% dos itens) representam 15,2% do valor investido em estoque e são classificados como B. Finalmente, os demais itens (29; 53,7% dos itens) representam apenas 5,18% do valor investido em estoque.

Quadro 5.3   Curva ABC a partir do valor de cada item em estoque.

				FATURAMENTO		
	DESCRIÇÃO	**QTDE.**	**CUSTO UNIT.**	**FINANCEIRO**	**PORCENTAGEM (%)**	**CLASSIF.**
1	MOBIL SUP+A3:A47ER 1000 20W	1.201	8,69	10.440,99	15,75	
2	SELENIA SN 5W30 LT	654	14,10	9.223,09	13,91	
3	F1 MASTERPLUS15W40LT	556	11,34	6.302,96	9,51	
4	PETRONAS SYNTIUM 20W50LT	359	13,59	4.880,10	7,36	
5	PETRONAS SPRINTA 4T LT	507	8,15	4.131,72	6,23	79,65%
6	GALÃO DE 5 LITROS	142	27,26	3.871,30	5,84	
7	STP ANTIRUST (ROSA)	408	9,06	3.696,97	5,58	
8	REDUX32 18"	361	9,96	3.597,12	5,43	
9	PETRONAS URANIA 1000 CH4	465	7,25	3.369,52	5,08	
10	AIR 1 ARLA 32 BD20LT	454	7,24	3.286,22	4,96	

CONTINUA >>

>> CONTINUAÇÃO

				FATURAMENTO		
	DESCRIÇÃO	**QTDE.**	**CUSTO UNIT.**	**FINANCEIRO**	**PORCENTAGEM (%)**	**CLASSIF.**
11	SELENIA SN 5W40 LT	702	2,25	1.579,51	2,38	
12	STP FUEL INJECTOR	61	17,44	1.064,11	1,61	
13	REDUX32 20"	62	14,07	872,34	1,32	
14	LUBRAX ALTA RODAGEM	52	15,94	828,93	1,25	
15	LUBRAX ESS 2T 500ML	128	5,67	725,76	1,09	
16	REDUX32 22"	81	8,15	660,15	1,00	
17	REDUX32 19"	63	10,40	655,09	0,99	
18	PETRONAS GI M ATF 10W LT	79	7,66	604,82	0,91	15,17%
19	REDUX32 21"	78	6,49	505,99	0,76	
20	REDUX32 16"	80	5,73	458,40	0,69	
21	LUBRIMOTORS ATF 500ML	63	7,24	456,31	0,69	
22	RADNAQ DOT3 200ML	66	6,51	429,39	0,65	
23	REDUX32 23"	100	4,13	413,00	0,62	
24	CASTROL STIHL 8017	112	3,65	409,30	0,62	
25	RADNAQ DOT4 500ML	62	6,33	392,61	0,59	
26	RADNAQ DOT3 500ML	50	6,35	317,61	0,48	
27	REDUX32 17"	28	9,88	276,72	0,42	
28	LUBRAX MOTO 2	22	12,04	264,79	0,40	
29	LUBRAX DT 200ML	36	7,22	259,95	0,39	
30	SKIM JET CRISTAL 50ML	32	7,65	244,80	0,37	
31	STP ANTIRUST (VERDE)	31	7,23	224,07	0,34	
32	FLUIDO ATF RADNAQ 500ML	31	7,04	218,34	0,33	5,18%
33	STP DIESEL FUEL TREATMENT	10	17,47	174,69	0,26	
34	VS MAX15W40 LT	58	2,98	172,63	0,26	
35	LUBRAX NAUTICA 500ML	17	8,00	135,96	0,21	
36	LUBRAX GL5 SAE90 LT	17	7,82	132,96	0,20	
37	RADNAQ DOT4 200ML	28	4,34	121,38	0,18	

CONTINUA >>

>> CONTINUAÇÃO

	DESCRIÇÃO	QTDE.	CUSTO UNIT.	FINANCEIRO	PORCENTAGEM (%)	CLASSIF.
				FATURAMENTO		
38	LUBRAX TRM5 140 LT	3	39,98	119,94	0,18	
39	REDUX32 13"	3	32,40	97,20	0,15	
40	REDUX32 15"	21	4,52	94,91	0,14	
41	QUEROSENE JACARE 900	3	23,90	71,70	0,11	
42	PETRONAS SYNTIUM 800 15W40LT	2	34,90	69,80	0,11	
43	GRAXA PETRONAS ALFA 2K 500GR	7	9,53	66,71	0,10	
44	TKM1 T2419	2	33,23	66,46	0,10	
45	TKM1 T2824	2	32,48	64,96	0,10	
46	TKM1 T2215	9	6,54	58,83	0,09	5,18%
47	TKM1 T2617	1	34,90	34,90	0,05	
48	TKM1 T2616	24	1,44	34,59	0,05	
49	AUTO IMPACT TRAS T15	3	11,31	33,94	0,05	
50	REDUX32 P HYB 26"	1	24,50	24,50	0,04	
51	REDUX32 P TOTALCLIP HYB 18" 9 E	1	23,90	23,90	0,04	
52	REDUX32 P HYB 18"	2	6,15	12,31	0,02	
53	REDUX32 14	1	11,15	11,15	0,02	
54	REDUX32 28	1	7,29	7,29	0,01	
	Faturamento total			66.292,68		

A partir dos Quadros 5.2 e 5.3, foi possível exemplificar o mecanismo que deve ser utilizado para classificação dos itens no estoque de uma empresa. No entanto, no momento de selecionar qual das metodologias utilizar para classificar os itens em estoque de uma empresa, devem-se analisar o contexto da empresa e as características de seus produtos, fornecedores etc.

Contudo, é válido destacar que, se a empresa utilizar as duas maneiras de classificação ao mesmo tempo, ela terá, por um lado, condições de saber quais são os itens que mais contribuem para a receita da empresa, fazendo a classificação a partir do faturamento, e, por outro lado, terá melhor condições de analisar o estoque dos itens, quando fizer a classificação por meio da representatividade financeira dos produtos em estoque.

Possivelmente, ao se utilizarem essas duas maneiras para classificar os itens em estoque, será percebido pela empresa que nem sempre os itens classificados em cada uma das categorias por uma metodologia terão a mesma classificação pela outra metodologia. Vale então destacar que esse cruzamento de informações possibilita que o gestor tome conhecimento, por exemplo, de que o estoque de um item muito importante para o faturamento da empresa está abaixo do esperado. Com essa informação, o gestor poderá aumentar o estoque daquele produto para evitar que vendas sejam perdidas. Por outro lado, o gestor também pode identificar que produtos pouco representativos para o faturamento da empresa estejam com os estoques muito altos, desnecessariamente.

Por meio do Quadro 5.4 é possível encontrar situações como essas que foram relatadas. Nesse quadro, a classificação dos itens se deu pela representatividade financeira dos itens no estoque, mas as cores de identificação dos itens são oriundas da classificação pela representatividade no faturamento. Ou seja, fez-se um cruzamento das informações utilizando os dois modos de classificação dos itens em estoque. A partir da análise dos dados, é possível identificar o segundo produto "PETRONAS GI M ATF 10W LT" com um estoque de 654 unidades, representando R$ 9.223,09 do estoque, mas que é categorizado pela classificação referente à importância no faturamento como sendo de classe B. Isso pode mostrar ao gestor que o estoque desse item deve estar acima do esperado, pois sua representatividade no faturamento não é elevada. Ressalvam-se, nesse caso, produtos que possam ser importados, ou até mesmo que tenham o tempo entre a compra e a entrega muito elevado. Nesses casos, a análise deve levar esses pontos em consideração.

Ainda analisando o Quadro 5.4, é possível identificar o penúltimo item "STP NAQ DOT4 500ML", que, pela classificação de importância no faturamento, é classificado como A, mas que está com o estoque baixíssimo (pouca representatividade financeira do estoque – classificação C. Nesse caso, é possível presumir que a empresa está correndo sério risco de perder venda do produto. Porém, cabe destacar que pode ser um item de fácil e rápida aquisição, o que possibilita que a empresa trabalhe com o nível de estoque mais baixo. Por isso a importância de o gestor conhecer os itens de uma maneira individualizada, pois terá condições de gerenciá-los adequadamente.

Sendo assim, é possível afirmar que a classificação dos itens no estoque é importante, mas também é importante que os casos excepcionais sejam analisados separadamente. Sempre haverá exceções que necessitarão de atenção especial.

Quadro 5.4 **Classificação pela representatividade em estoque** *versus* **pela representatividade no faturamento.**

				FATURAMENTO		
	DESCRIÇÃO	**QTDE.**	**CUSTO UNIT.**	**FINANCEIRO**	**PORCENTAGEM (%)**	**CLASSIF.**
1	MOBIL SUPER 1000 20W	1.201	8,69	10.440,99	15,75	79,65%
2	**PETRONAS GI M ATF 10W LT**	**654**	**14,10**	**9.223,09**	**13,91**	

CONTINUA >>

>> CONTINUAÇÃO

| | DESCRIÇÃO | QTDE. | CUSTO UNIT. | FATURAMENTO | | CLASSIF. |
				FINANCEIRO	PORCENTAGEM (%)	
3	F1 MASTERPLUS15W40LT	556	11,34	6.302,96	9,51	79,65%
4	SELENIA SN 5W30 LT	359	13,59	4.880,10	7,36	
5	PETRONAS SYNTIUM 20W50LT	507	8,15	4.131,72	6,23	
6	AIR 1 ARLA 32 BD20LT	142	27,26	3.871,30	5,84	
7	PETRONAS SPRINTA 4T LT	408	9,06	3.696,97	5,58	
8	PETRONAS URANIA 1000 CH4	361	9,96	3.597,12	5,43	
9	REDUX32 18"	465	7,25	3.369,52	5,08	
10	**LUBRAX ESS 2T 500ML**	**454**	**7,24**	**3.286,22**	**4,96**	
11	**LUBRAX DT 200ML**	**702**	**2,25**	**1.579,51**	**2,38**	15,17%
12	STP FUEL INJECTOR	61	17,44	1.064,11	1,61	
13	CASTROL STIHL 8017	62	14,07	872,34	1,32	
14	SELENIA SN 5W40 LT	52	15,94	828,93	1,25	
15	**RADNAQ DOT3 500ML**	**128**	**5,67**	**725,76**	**1,09**	
16	**VS MAX15W40 LT**	**81**	**8,15**	**660,15**	**1,00**	
17	LUBRAX ALTA RODAGEM	63	10,40	655,09	0,99	
18	REDUX32 16"	79	7,66	604,82	0,91	
19	REDUX32 20"	78	6,49	505,99	0,76	
20	LUBRIMOTORS ATF 500ML	80	5,73	458,40	0,69	
21	REDUX32 22"	63	7,24	456,31	0,69	
22	REDUX32 19"	66	6,51	429,39	0,65	
23	RADNAQ DOT3 200ML	100	4,13	413,00	0,62	
24	**GALAO DE 5 LITROS**	**112**	**3,65**	**409,30**	**0,62**	
25	REDUX32 21"	62	6,33	392,61	0,59	
26	REDUX32 17"	50	6,35	317,61	0,48	5,18%
27	LUBRAX GL5 SAE90 LT	28	9,88	276,72	0,42	
28	STP ANTIRUST (VERDE	22	12,04	264,79	0,40	

CONTINUA >>

>> CONTINUAÇÃO

	DESCRIÇÃO	QTDE.	CUSTO UNIT.	FATURAMENTO		
				FINANCEIRO	PORCENTAGEM (%)	CLASSIF.
29	REDUX32 15"	36	7,22	259,95	0,39	
30	LUBRAX NAUTICA 500ML	32	7,65	244,80	0,37	
31	REDUX32 13"	31	7,23	224,07	0,34	
32	REDUX32 14	31	7,04	218,34	0,33	
33	STP DIESEL FUEL TREATMENT	10	17,47	174,69	0,26	
34	LUBRAX MOTO 2	58	2,98	172,63	0,26	
35	GRAXA PETRONAS ALFA 2K 500GR	17	8,00	135,96	0,21	
36	QUEROSENE JACARE 900	17	7,82	132,96	0,20	
37	RADNAQ DOT4 200ML	28	4,34	121,38	0,18	
38	TKM1 T2824	3	39,98	119,94	0,18	
39	TKM1 T2419	3	32,40	97,20	0,15	
40	FLUIDO ATF RADNAQ 500ML	21	4,52	94,91	0,14	
41	REDUX32 P HYB 26"	3	23,90	71,70	0,11	5,18%
42	TKM1 T2215	2	34,90	69,80	0,11	
43	LUBRAX TRM5 140 LT	7	9,53	66,71	0,10	
44	TKM1 T2617	2	33,23	66,46	0,10	
45	REDUX32 P TOTALCLIP HYB 18" 9 E	2	32,48	64,96	0,10	
46	**REDUX32 23"**	**9**	**6,54**	**58,83**	**0,09**	
47	TKM1 T2616	1	34,90	34,90	0,05	
48	SKIM JET CRISTAL 50ML	24	1,44	34,59	0,05	
49	PETRONAS SYNTIUM 800 15W40LT	3	11,31	33,94	0,05	
50	AUTO IMPACT TRAS T15	1	24,50	24,50	0,04	
51	REDUX32 P HYB 18"	1	23,90	23,90	0,04	
52	**RADNAQ DOT4 500ML**	**2**	**6,15**	**12,31**	**0,02**	
53	**STP ANTIRUST (ROSA)**	**1**	**11,15**	**11,15**	**0,02**	
54	REDUX32 28	1	7,29	7,29	0,01	
	Faturamento total			66.292,68		

Para finalizar, destaca-se que a classificação dos itens de estoque contribuirá para que o gestor tenha condições de analisar e gerenciar os itens de modo a gerar o melhor resultado para a empresa.

Com a classificação a partir da representatividade financeira dos itens, o gestor consegue identificar quais são os itens que interferem mais na NCG da empresa. Sendo assim, ele sabe que, se gerenciar de uma maneira mais efetiva o estoque dos produtos A, a influência na NCG será mais efetiva.

Por outro lado, classificando os itens pelo faturamento, o gestor terá condições de identificar quais são os itens (principalmente os classificados como A) que ele necessita acompanhar para evitar que haja perda nas vendas, que podem ser internas ou externas.

A seguir, será apresentado e discutido o lote econômico de compra (LEC).

5.4 Lote econômico de compra

O LEC tem como objetivo identificar a quantidade ótima a ser comprada em cada pedido. A quantidade ótima será aquela que minimiza os custos totais, que são compreendidos pelo custo do pedido e o custo de estocagem, conforme pode ser observado na Figura 5.2.

Figura 5.2 Lote econômico de compra.

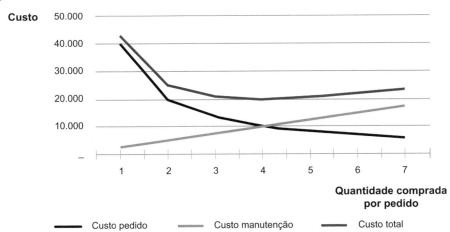

No sentido de deixar mais evidentes esses conceitos, imagine uma empresa que compra todos os dias uma determinada mercadoria. Essa empresa demandará recursos diários da equipe de compra, principalmente o tempo. No entanto, o fato de a empresa comprar diariamente possibilitará que ela trabalhe com um volume de estoque pequeno daquele produto. Agindo assim, a empresa tenderá a ter um custo alto de compra e um custo baixo de estoques daquele produto específico.

Por outro lado, se a empresa fizer compras muito espaçadas e de volumes maiores, ela reduzirá o gasto de recursos da equipe de compra com relação àquele produto, mas, em contrapartida, elevará o custo de estocagem e o custo financeiro referente ao recurso que ficará empatado no estoque (custo de oportunidade).

Sendo assim, conforme pode ser observado na Figura 5.2, para que a empresa possa ter o menor custo total possível com a compra de determinado produto, ela necessita identificar a quantidade ideal a ser comprada, de modo que o custo de pedido e o custo de manutenção do produto em estoque sejam iguais.

Ressalta-se que, para que o LEC possa ser utilizado, conforme a metodologia orienta, supõe-se: demanda constante, recebimento instantâneo, inexistência de desconto para compras maiores, preços constantes, inexistência de risco, custos de estocagem e de pedido, e análise independente dos estoques. Neste livro, optou-se por apresentar a lógica do LEC, mas não aprofundar no método, pois, devido à necessidade de considerar as premissas aqui apresentadas, a aplicação prática da metodologia fica limitada.

Por outro lado, a lógica que está por traz do LEC pode ser usada em diversas outras situações. Por exemplo: imagine uma empresa que importa insumos para sua indústria. Nesse processo de importação, para que o custo de transporte unitário seja o menor possível, é necessário que a empresa tenha que comprar a quantidade suficiente para completar a carga de um contêiner. Por outro lado, fazendo dessa maneira, a empresa pode gerar um volume grande de estoque que aumentará o custo de manutenção (custo de estocagem e custo de oportunidade). Sendo assim, para que a empresa possa tomar a melhor decisão, ela precisa "colocar na balança" e analisar o quanto comprar, sempre analisando o custo unitário de transporte de um lado e o custo de manutenção do estoque de outro lado.

Outro exemplo que pode ser utilizado para explicar a lógica do LEC é o caso de uma empresa que tem uma loja de sorvete (Sorvete Gelado) em uma cidade do interior, mas que compra o sorvete de uma fábrica localizada na capital do estado, que está distante aproximadamente 250 km. Nesse exemplo, a loja é responsável pelo transporte do sorvete. Como se trata de um produto que precisa ser transportado em veículos com refrigeração adequada, a loja de sorvete tem uma camionete que é utilizada para o translado do produto a ser comercializado.

Analisando essa situação, imagine que a loja esteja com estoque baixo de produtos. Ela precisa enviar a camionete até a capital da cidade para buscar mais sorvetes a serem comercializados. A primeira ideia que vem à cabeça é o fato de a empresa aproveitar a viagem e levar o máximo possível de mercadoria. Agindo assim, ela terá o menor custo de transporte por litro de sorvete. Portanto, por outro lado, para tomar essa decisão a empresa precisa analisar a demanda do produto pelos próximos dias/meses. Se a tendência futura for de grande volume de vendas, pois está em uma época quente, o produto ficará pouco tempo em estoque, e pode ser que aproveitar a viagem seja a melhor alternativa naquele momento.

Por outro lado, imagine que a tendência do clima para os próximos dias/meses seja esfriar. Nesse caso, se a empresa Sorvete Gelado aproveitar ao máximo a viagem e transportar o máximo de produtos possível, ela reduzirá o custo do transporte por litro de sorvete, mas aumentará o custo de estocagem, pois esse produto ficará em estoque por meses, consumindo energia elétrica e incorrendo no custo de oportunidade do dinheiro.

Sendo assim, para que a empresa tome a decisão adequada do volume a ser transportado, ela precisa analisar o custo do transporte e o custo da estocagem por litro de sorvete, por exemplo. O volume ideal a ser transportado será aquele que minimiza o somatório dos dois custos (custos totais), conforme pode ser observado na Figura 5.2.

Na sequência, será apresentado e discutido o tema "gestão do Contas a Receber".

CAPÍTULO 6

Gestão de Contas a Receber

De uma maneira muito simples, é possível dizer que a conta Contas a Receber ou Clientes representa um recurso que a empresa está "emprestando" aos seus clientes. No entanto, não se trata de um empréstimo em moeda, e sim de um empréstimo devido ao fato de o cliente estar comprando da empresa, possibilitando que a sua atividade operacional ocorra. De outra maneira, é possível dizer que o crédito consiste em um empréstimo, porém oriundo da atividade operacional da empresa. Para finalizar, o que ocorre na prática é o fato de a empresa entregar seu produto/serviço aos clientes perante uma promessa de pagamento futuro.

Sendo assim, é possível dizer que, no relacionamento entre as empresas e entre as empresas e seus clientes consumidores finais, a concessão de crédito seja um fator que, muitas vezes, pode ser determinante para que a transação ocorra. O fato de haver o crédito para pagamento futuro geralmente interfere na decisão de comprar ou não um produto/serviço.

Quando analisado pela perspectiva de uma empresa compradora, como já mencionado, esse crédito vai influenciar diretamente na Necessidade de Capital de Giro (NCG) da empresa cliente. Assim, o fato de receber o crédito do fornecedor contribui para que a empresa possa também conceder crédito aos clientes, fazendo, com isso, que a "roda da economia possa girar". No relacionamento entre empresas e consumidores finais, a concessão de crédito também influencia diretamente, pois em muitos casos os consumidores somente conseguem adquirir bens se for por meio de pagamento parcelado, o que, na perspectiva da empresa, representa concessão de crédito.

Para minimizar o risco de não recebimento, a empresa precisa gerenciar a carteira de Contas a Receber. Para esse gerenciamento, os gestores precisam acompanhar diariamente a situação da conta. Esse acompanhamento diário geralmente é conhecido como conciliação do Contas a Receber. A partir da conciliação, é possível identificar diariamente quais contas estão vencendo, quais clientes pagaram, mas, principalmente, quais clientes não pagaram suas contas no devido vencimento. Essa identificação deve ser diária, sempre no dia seguinte ao vencimento. A partir do momento em que se tem conhecimento de quais contas não foram recebidas, a empresa precisa decidir qual procedimento utilizar. Para isso, é indicado que se tenha na empresa a definição prévia de uma política de cobrança.

Por exemplo, a empresa pode definir que no dia seguinte ao vencimento ela não entrará em contato com o cliente. Aguardará mais 3 dias, com a expectativa de que o cliente irá pagar nesse período. Caso o recebimento não ocorra, a empresa poderá entrar em contato com o cliente e lembrá-lo da conta que está em aberto, pois pode ser que ele tenha se perdido e acabou se esquecendo. A partir desse momento, a empresa precisará ter um critério definido de como efetuar a cobrança. Ao definir esse critério, a empresa precisa lembrar que é indicado classificar os clientes em perfis diferentes, além de utilizar mecanismos distintos de cobrança para cada perfil de clientes.

Ainda no contexto da cobrança, os pagamentos dos clientes podem ser divididos em pagamento antecipado, pagamento na data do vencimento, pagamento com atraso, pagamento com renegociação e, finalmente, o não pagamento. Já no que se refere ao comportamento dos clientes com relação ao pagamento, podem ser considerados adimplentes (pagamentos em dia), inadimplentes (pagamento atrasado em até 30 dias) e insolventes (clientes que estejam em fase de renegociação ou que não pagam).

Ao refletir sobre a influência que o Contas a Receber exerce sobre o Capital de Giro e sobre o Fluxo de Caixa da empresa, é possível afirmar que a concessão de crédito aos clientes tem relação direta com a quantidade de recursos que são necessários para "bancar" o Capital de Giro da empresa. Quando a empresa concede muito crédito aos clientes por meio de prazos extensos para pagamento, por exemplo, a demanda por recursos na conta Contas a Receber será grande. Sendo assim, a empresa que tem esse posicionamento de concessão de crédito aos clientes precisará se organizar para conseguir prazos extensos com seus fornecedores também, ou, caso contrário, terá uma NCG vultuosa.

Nos casos em que há um planejamento prévio e os gestores já haviam identificado previamente a situação e já estavam preparados, não há problemas maiores. No entanto, quando os gestores decidem por conceder prazos extensos para que seus clientes paguem suas compras, mas que não tenham analisado previamente a influência que essa decisão geraria no Capital de Giro da empresa, provavelmente passarão por dificuldades financeiras, necessitando buscar recursos às pressas junto às instituições financeiras, além do risco de não haver recursos suficientes para que a empresa honre com os seus compromissos. No extremo, essa falta de recursos pode levar a empresa à falência.

Já no que se refere à influência do Contas a Receber ao Fluxo de Caixa, explicando novamente o que foi apresentado anteriormente, mas agora em outras palavras, como o prazo para os clientes pagarem ficou maior, mesmo que eles paguem em dia, a entrada do recurso no caixa da empresa ocorrerá em datas mais distantes, o que levará a uma extensão do ciclo financeiro (ou de caixa), além da possibilidade de haver falta de recursos, conforme relatado.

No entanto, outra influência que o Contas a Receber pode gerar no Fluxo de Caixa das empresas está relacionada ao não recebimento nos vencimentos. Quando o cliente deixa de pagar suas contas no devido vencimento, gera uma ruptura na entrada de caixa programada, ou seja, naquela entrada de caixa que a empresa estava considerando como certa. Quando isso ocorre, a depender da programação financeira da empresa, do seu saldo de caixa e do volume que não fora recebido, o saldo de caixa poderá ficar negativo. Isso significa que a empresa não terá condições para honrar com seus compromissos. Em situações como essas, a empresa acaba sendo forçada a buscar recursos, às pressas, junto às instituições financeiras. Como se trata de empréstimos "caros", a empresa poderá incorrer em gastos financeiros que não haviam sido planejados, comprometendo, assim, seus resultados.

Por outro lado, quando essa situação se torna comum – ou seja, quando muitos clientes deixam de pagar suas contas nos respectivos vencimentos, ou poucos clientes importantes deixam de pagar suas contas nos vencimentos –, a empresa pode entrar em uma condição de incerteza financeira pelo fato de não poder contar com as entradas de caixa programadas a partir do recebimento dos clientes. Caso chegue a essa situação, é certo que a empresa e seus gestores passarão por momentos difíceis. Precisarão "tomar as rédeas" da situação e diminuir as incertezas. Para isso, uma opção seria entrarem em contato diretamente com os clientes que estão atrasando seus pagamentos e verificarem o que está ocorrendo e como podem resolver o problema. Sabe-se que nem sempre essa situação é de fácil resolução. Assim, demandará muita criatividade dos gestores a busca da melhor alternativa para a empresa.

Para que as empresas possam diminuir a probabilidade de passarem por situações como essas que foram relatadas, elas devem adotar critérios para definir a quem irão conceder crédito. Analisar previamente os clientes, antes de lhes conceder crédito, parece ser a melhor alternativa às empresas para evitarem, ou pelo menos diminuírem, a inadimplência. Como vimos, a inadimplência dos clientes pode gerar uma crise financeira na empresa, podendo, inclusive, levá-la à falência. Essa situação de não recebimento dos clientes é conhecida como "risco de crédito".

Então, para que o risco de crédito seja minimizado, evitando-se, assim, os "maus pagadores", a empresa deve ter políticas definidas que deverão ser seguidas no momento de conceder crédito a um cliente. Destaca-se que, para analisar um cliente, algumas informações são relevantes, como informações cadastrais (p. ex., identificação da empresa, informações dos sócios, dos gestores e da atividade que exerce, quando se trata de empresa), comerciais e bancárias, além das informações financeiras (p. ex., Demonstrativos Contábeis e Financeiros, quando se tratar de empresas, ou Comprovante de Renda, quando se tratar de pessoas físicas).

Atualmente, por meio dos serviços oferecidos pelo Serviço de Proteção ao Crédito (SPC), Serasa, entre outros, é possível captar informações dos clientes, identificando seus comportamentos de pagamentos e condições para tal.

Além disso, as empresas podem utilizar modelos matemáticos que possam, a partir de uma infinidade de informações, mapear o comportamento dos clientes, fazendo, inclusive, projeções futuras. Por meio desses modelos, os clientes podem ser categorizados em *ratings*, condizentes com seus perfis. Essa categorização contribui com os gestores no momento de definirem o volume de crédito que pode ser concedido a cada cliente.

Uma outra maneira, muito tradicional, que sempre foi utilizada no momento de analisar a concessão de crédito aos clientes é a análise dos 5 C's de Crédito: Caráter (o cliente tem ou não intenção de pagar), Capital (situação patrimonial do cliente), Capacidade (desempenho econômico do cliente), Condição (quão vulnerável à influência de fatores externos) e Colateral (qualidade das garantias apresentadas pelos clientes).

Finalmente, cabe comentar sobre o risco de haver nas empresas um conflito entre as áreas de vendas e financeira, no que se refere à gestão do crédito. Esse conflito pode ocorrer porque os colaboradores têm interesses e perspectivas distintas. Enquanto a área de vendas tem como objetivo vender e aumentar o faturamento da empresa, o financeiro tem como objetivo reduzir as perdas oriundas do não recebimento, ou perdas de crédito. Essa tensão também pode influenciar no Capital de Giro. Para reduzirem a influência desse atrito, os gestores precisam ter conhecimento sobre, mas, além disso, criar regras claras, evitando que haja personificação entre os colaboradores. Cada uma das partes precisa conhecer e respeitar os motivos apresentados pelo outro lado.

Caso a gestão do Contas a Receber de sua empresa não esteja organizada, acesse por meio do QR Code a seguir uma planilha eletrônica para auxiliá-lo nessa atividade de organizar o seu Contas a Receber.

Acesse a planilha para organizar a gestão do Contas a Receber.

uqr.to/1wddy

CAPÍTULO 7

Gestão de Contas a Pagar

Ao iniciar a discussão sobre gestão do Contas a Pagar, é primordial comentar o que representa a conta Contas a Pagar (ou Fornecedores) em uma empresa. De uma maneira bem simples, é possível dizer que o Contas a Pagar ou Fornecedores representa um valor que os fornecedores "emprestam" para a empresa, por determinado período. Esse recurso "emprestado" representa, na prática, o crédito que o fornecedor está concedendo para a empresa.

Como foi comentado no tópico sobre Gestão do Contas a Receber, a concessão de crédito entre empresas, quando há transações comerciais, é comum e serve como um incentivo para que a transação ocorra. Para a empresa que está recebendo o crédito, esse recurso, que geralmente representa uma fonte de recurso não oneroso (sem custo financeiro), contribui com a gestão do Capital de Giro como um todo, pois reduz a NCG da empresa.

No que se refere à gestão do Contas a Pagar, o primeiro passo deve ser o lançamento de todos os valores a pagar no Fluxo de Caixa da empresa. Ao efetuar os lançamentos nas respectivas datas de vencimento, haverá na empresa o controle do Contas a Pagar e o controle do Fluxo de Caixa, que, por sinal, é o controle mais importante de ser realizado no dia a dia das empresas, conforme já foi comentado.

A partir desse lançamento, cabe aos gestores efetuar os pagamentos de cada uma das contas em seus respectivos vencimentos. Portanto, caso a empresa se encontre em uma situação em que não tem recursos para honrar todos os vencimentos de uma data em específico, ou seja, fique com seu saldo de caixa negativo, o gestor deverá analisar as contas que precisam ser pagas e optar por pagar aquelas que tenham maiores ônus para a empresa. Nesse caso, a palavra "ônus" não significa exclusivamente custo financeiro. Atrelado ao custo financeiro, o gestor também deve analisar se o não pagamento de uma conta irá incorrer em outros custos que não sejam financeiros, por exemplo, prejudicar a imagem da empresa frente a um fornecedor, ou outras questões de relevância para a empresa.

Para finalizar esse tópico sobre gestão do Contas a Pagar, destaca-se outro ponto importante a ser analisado na execução dos pagamentos, que é a conferência de que aquela conta que está sendo paga representa efetivamente um produto/serviço que foi entregue à empresa, verificando ainda se os valores, os prazos e a quantidade estão em conformidade com o que fora negociado.

Esse ponto está sendo destacado devido à possibilidade de haver erros no valor, no prazo para pagamento ou, até mesmo, na quantidade comprada. Caso não exista na empresa um mecanismo de conferência do que foi negociado na compra com o que foi entregue, pode ser que aquelas contas que estão sendo pagas estejam com informações divergentes do que foi comprado inicialmente. Apesar de o destaque focar apenas "possíveis erros", ressalta-se também que pode haver fornecedores, que, agindo de má-fé, troquem valores para ver se a empresa identifica. Não sendo identificado, o fornecedor pode repetir as divergências em outras transações.

Para que esse problema seja minimizado, é indicado que a empresa crie um mecanismo de registro de tudo o que foi comprado, colocando valor, prazo para pagamento e quantidade adquirida. Esse registro deve ser acessado pelo colaborador que estiver recebendo a mercadoria, que deverá conferir todas as informações. Além disso, com o objetivo de dar mais confiabilidade ao controle, a mesma conferência pode ser feita, por outro colaborador, no momento de pagamento da nota fiscal. Com esse simples processo de controle, mesmo que sem a existência de um sistema robusto, é possível gerar economias interessantes para a empresa.

A partir de todo o conteúdo apresentado sobre o gerenciamento do Capital de Giro da empresa, o gestor conseguirá entender a dinâmica de cada uma das contas e tomar decisões que sejam relevantes e condizentes com o objetivo e com a condição em que a empresa se encontra no momento.

Caso a gestão do Contas a Pagar de sua empresa não esteja organizada, acesse por meio do QR Code a seguir uma planilha eletrônica que disponibilizei como material complementar do livro para auxiliá-lo nessa atividade de organizar o seu Contas a Pagar.

Acesse a planilha para organizar a gestão do Contas a Pagar.

uqr.to/1wde2

MÓDULO 3

A Importância da Precificação para os Resultados da Empresa

Em meio à complexidade do ambiente empresarial, a precificação adequada de produtos e serviços emerge como um dos pontos centrais para o sucesso organizacional. Neste módulo, mergulharemos nos conceitos fundamentais relacionados à precificação, destacando sua grande importância para a melhoria dos resultados das empresas.

Ao longo deste módulo, exploraremos os princípios e as estratégias que fundamentam uma precificação eficaz, possibilitando que as decisões sejam informadas e adequadas à formação de preços.

Começaremos explorando a relação direta existente entre a precificação e os resultados das empresas. Analisaremos como uma precificação bem elaborada pode não apenas impulsionar a rentabilidade, mas também fortalecer a posição competitiva e sustentável da empresa no mercado.

Em seguida, trabalharemos na identificação e na mensuração dos custos fixos e variáveis, adotando uma abordagem abrangente que contempla tanto os custos quanto as despesas associadas às operações empresariais. Compreenderemos como a correta avaliação desses elementos é essencial para uma precificação precisa e alinhada com os objetivos estratégicos da empresa.

Continuando, exploraremos o conceito de ponto de equilíbrio contábil e econômico, fornecendo a compreensão de como determinar o nível de vendas necessário para cobrir todos os custos e despesas e alcançar a tão almejada lucratividade.

Por fim, abordaremos como calcular os tributos pelo regime tributário do Simples Nacional, pois conhecer o valor correto que deverá ser recolhido de tributos é primordial para os resultados positivos de qualquer negócio.

Ao final deste módulo, você estará munido com o conhecimento e as ferramentas necessárias para implementar estratégias de precificação eficazes, maximizando os resultados e fortalecendo a posição competitiva de sua empresa no mercado.

CAPÍTULO 8
Precificação para o Resultado das Empresas

Ao refletir sobre precificação, o gestor de uma empresa pode se questionar: "Qual o objetivo da precificação?", "Para que eu preciso pensar sobre isso?".

Ao responder a esses questionamentos, é possível afirmar que a precificação é uma atividade crucial para qualquer empresa, independentemente do seu tamanho ou setor de atuação. Embora possa parecer uma tarefa simples à primeira vista, a precificação é um elemento estratégico que tem um impacto significativo nos resultados e no sucesso de uma empresa.

Trata-se do processo de determinar o preço correto para os produtos ou serviços oferecidos por uma organização, ou seja, o objetivo da precificação é identificar o preço de venda ideal para o produto ou serviço. É por meio da precificação de seus produtos ou serviços que uma empresa pode otimizar seus resultados, adaptar-se à competitividade do mercado, criar suas estratégias de posicionamento, assim como tomar decisões baseadas em informações.

Porém, ao refletir sobre o preço de venda ideal a ser praticado por uma empresa em seus produtos ou serviços, é necessário que o gestor conheça o contexto em que sua empresa se encontra. Entre os diferentes contextos, serão destacados o contexto em que o vendedor consegue definir o preço de venda de seu produto ou serviço, e o contexto em que o preço é definido pelo mercado e pelos concorrentes.

O primeiro caso destacado, no qual o **vendedor consegue definir o preço de venda** de seu produto ou serviço, ocorre quando há no mercado muita demanda e pouca oferta do produto ou serviço oferecido pela empresa. Nesses casos, em função da escassez, os clientes não terão margem para negociação e serão forçados a pagar os preços que estiverem sendo cobrados. Esses casos ocorrem quando os produtos ou serviços têm diferenciação e geram valor aos clientes.

Quando a empresa se encontra nesse cenário, ela consegue trabalhar melhor o preço de venda de seus produtos ou serviços. Sendo assim, o preço de venda a ser praticado pela empresa deve ser suficiente para pagar todos os custos do produto ou serviço e ainda proporcionar lucro.

Para exemplificar esse cenário, vamos imaginar uma padaria que fornece um produto com altíssimo valor agregado. Aquela padaria cujo produto todos sabem que é excelente. Em casos como esse, mesmo sabendo que estão pagando mais caro pelo produto, os clientes saem satisfeitos, pois sabem que irão consumir um produto diferenciado. Voltando a falar dos preços, essa padaria em questão consegue colocar o preço no produto que ela vende sem se preocupar com o preço praticado pelos concorrentes.

Essa mesma abordagem também pode ser utilizada para os serviços. Se uma empresa tem atendimento diferenciado, com respeito ao cliente, com insumos de qualidade, entre outros diferenciais, ela terá maior valor agregado e, consequentemente, poderá trabalhar com preços acima dos preços praticados pelos concorrentes.

Portanto, ao colocar o preço nos produtos ou serviços, é necessário que a empresa conheça o custo de cada um dos produtos ou serviços que ela vende, pois, caso o preço de venda seja menor que o custo de produção ou de prestação do serviço, a empresa terá prejuízo.

No entanto, quando a empresa obtém, no final do período, um resultado positivo, ou seja, um lucro, ela ainda precisa analisar se esse lucro é suficiente para pagar o custo de oportunidade e ainda obter lucro econômico.

Para facilitar o entendimento, a seguir irei diferenciar o **lucro contábil** do **lucro econômico**. Vamos lá.

- **Lucro Contábil:** preço de venda é suficiente para pagar os custos de produção ou da prestação de serviço e ainda há sobra de recurso, que é denominado "lucro". Para calcular o lucro contábil usa-se o Demonstrativo de Resultado (DR), que é um demonstrativo contábil, que irei explicar no Capítulo 15 deste livro.

- **Lucro Econômico:** preço de venda é suficiente para gerar lucro contábil e este lucro é maior que o custo de oportunidade do capital investido na empresa, ou, em outras palavras, maior que o lucro mínimo que era esperado que a empresa proporcionasse.

Para auxiliar no entendimento, vejam o exemplo:

Como avaliar se o lucro mensal de R$ 10.000,00 que foi obtido por uma empresa está bom ou não?

Observe que o simples fato de sabermos que uma empresa teve um lucro de R$ 10.000,00 no mês não diz muito. Para analisarmos se esse lucro está bom ou não, é necessário levarmos em consideração o custo de oportunidade da empresa. Ou seja, devemos analisar o quanto de recurso está investido nessa empresa e qual seria o lucro mínimo esperado para remunerar esse recurso, que, nesse caso, representaria o custo de oportunidade.

Imaginando que a empresa que gerou um lucro contábil de R$ 10.000,00 seja um pequeno comércio de frutas que funciona na garagem do proprietário e que dispõe de uma estrutura pequena e muito simples, tendemos a acreditar que o lucro proporcionado seja ótimo. Provavelmente maior que o lucro mínimo esperado pelo proprietário. Nesse caso, esse lucro gerará valor ao proprietário. No Capítulo 23, abordaremos o Valor Econômico Agregado (EVA) e discutiremos melhor os conceitos de criar e destruir valor.

No entanto, se o lucro de R$ 10.000,00 vier de um posto de combustíveis muito bem montado, moderno, que funciona na avenida principal da cidade, em um terreno grande e com toda a infraestrutura adequada para a melhor experiência do cliente e que tenha um investimento mínimo de R$ 2.000.000,00, tendemos a acreditar que o lucro proporcionado seja muito pequeno. Nesse caso, provavelmente o lucro mínimo esperado seja muito maior que R$ 10.000,00. Nesse caso, haverá destruição de valor ao (ou para o) proprietário.

Resumindo, o fato de uma empresa obter lucro contábil em um período não significa necessariamente que ela está gerando valor aos proprietários. Haverá geração de valor apenas quando o lucro contábil for maior que o custo de oportunidade. Se o lucro contábil for menor que o custo de oportunidade, concluímos que a empresa está destruindo valor.

Retomando, caso a empresa se encontre na situação mais comum do mercado, que é aquela na qual **o preço dos produtos ou serviços é estipulado pelo mercado e pela concorrência**, torna-se mais relevante ao gestor **gerenciar os custos** de produção. Esse gerenciamento dos custos de produção é importante, pois somente oferecendo produtos ou serviços que tenham custos menores que **o preço de venda praticado pelo mercado**, a empresa obterá resultado positivo. Ainda, cabe lembrar que esse resultado (lucro contábil) deve ser suficiente também para honrar os custos de oportunidade.

Assim, para calcular o custo de um produto ou serviço, é **indicado separar** os custos em custos fixos e custos variáveis. Entende-se como **custos fixos** aqueles que não variam em função da quantidade vendida de produto ou de serviços. Por exemplo, o valor do aluguel do ponto comercial de uma farmácia e o salário dos colaboradores que não recebem comissão serão fixos, mesmo que haja na empresa uma variação do volume vendido. Já os **custos variáveis** são aqueles que variam de acordo com a quantidade produzida, comercializada ou o serviço prestado. Retomando o exemplo da farmácia, são variáveis os custos de compra dos medicamentos ou dos produtos vendidos. A seguir, esses conceitos serão detalhados e explicados por meio de exemplos.

Retomando o contexto do mercado definindo os preços, outro ponto que também merece destaque está relacionado com a **competição por preço**. Como geralmente o mercado "define" os preços de vendas dos produtos ou serviços, é comum vermos algumas empresas competindo por preço. Ou seja, já que o preço do meu produto ou serviço no mercado é de X reais, por que não colocar o preço de venda do meu produto ou serviço inferior a esse valor, pois assim eu conseguiria entrar com meu produto ou serviço no mercado?

No entanto, **apesar de esta abordagem ser muito comum, ela é perigosa**, pois, a partir dessa estratégia, os concorrentes podem pensar da mesma maneira e, com isso, o **preço de venda médio** do produto ou serviço pode **diminuir**. Se isso ocorre, todos os vendedores saem perdendo, pois a partir do momento em que os clientes associarem àquele produto ou serviço um determinado preço, fica cada vez mais difícil aumentá-lo. Isso ocorre conosco. Quando nos acostumamos a pagar um determinado preço a um produto ou serviço e o preço dele aumenta, muitas vezes, acabamos buscando outro produto substituto.

Por outro lado, mesmo que os concorrentes não sigam essa estratégia e mantenham seus preços "elevados", seu produto ou serviço corre o risco de ficar conhecido como o produto ou serviço "barato". Os clientes podem até gostar do seu atendimento, do seu produto ou serviço, mas podem associá-lo ao produto ou serviço "bom" e "barato". O problema é que, mesmo depois que você conseguir ganhar mercado, como o preço de seu produto ou serviço ficará "ancorado", ou seja, ficará com aquela referência de ser "barato", você terá dificuldade em aumentar os preços de venda. Os clientes tenderão a buscar os produtos substitutos ou dos concorrentes.

Nesse contexto, podemos presumir que exista uma **dualidade na precificação**:

- por um lado, colocar preço mais baixo com a intenção de entrar no mercado com o produto ou serviço gera uma dificuldade em aumentar o preço de venda depois;
- por outro lado, para entrar no mercado com um preço adequado, é necessário mostrar o valor do produto ou serviço aos clientes. Nesse caso, o foco não deve ficar no preço, e sim nos benefícios e nos diferenciais que você oferece ao cliente.

Além dessas abordagens apresentadas, três questões precisam ser destacadas:

- **Margem** *versus* **Giro:** o resultado das empresas pode vir em função de uma **elevada margem** de rentabilidade por unidade de produto ou serviço vendido, ou em **função do giro**, que representa a quantidade de produtos ou serviços que foram vendidos. Ou seja, a empresa pode ganhar muito em cada produto ou serviço vendido, mas vender pouco, ou ganhar pouco em cada produto ou serviço vendido, mas vender muito. Como exemplo, podemos pensar no mercado de vestuário. Algumas empresas no mercado trabalham com produtos populares, ou seja, vendem muitas unidades a preços de venda menores. Essas empresas estão ganhando no volume, ou no **giro**. Por outro lado, há empresas que trabalham com produtos conhecidos popularmente como "produtos de marca", que são aqueles com preços mais elevados. Nesse caso, a empresa trabalha vendendo menos unidades, mas ganhando mais por unidade vendida, ou seja, ganha na **margem**. O indicado é que a empresa trabalhe essas perspectivas a partir do contexto no qual ela está inserida, mas sempre atenta a esses quesitos. O que não pode acontecer de modo algum é a empresa calcular errado o custo do seu produto ou serviço e praticar um preço de venda inferior a esse custo. Agindo assim, ela perderá dinheiro a cada unidade vendida.
- Outro ponto importante, e que precisa ser abordado, é o fato de a empresa estar buscando **aumentar o seu valor de mercado**, ou, mais precisamente, o valor do *Equity*. De maneira bem resumida, *Equity* representa o valor de mercado "pertencente aos sócios" de uma empresa. Mesmo empresas que não tenham resultados positivos no curto prazo podem, a partir de outras perspectivas, aumentar o seu valor de mercado. Um exemplo é o Nubank. Mesmo tendo prejuízo por algum tempo, seu valor de mercado aumentou, pois na visão dos investidores, a empresa estava gerando valor por outros meios, por exemplo, com o aumento da carteira de clientes. Nesse caso, a ideia é que essa carteira de clientes, por exemplo, pudesse, no futuro, ser relevante para a geração de resultados financeiros do banco. Ou seja, mesmo que o resultado financeiro da empresa seja negativo em um período, não significa que ela possa estar criando meios de aumentar sua rentabilidade futura. Isso pode ser entendido como investimento de longo prazo.

- Finalmente, abordarei outra perspectiva, mais comum às **empresas da nova economia**, que é a **busca por escalabilidade**. Essa abordagem é mais comum e viável para as empresas que trabalham com prestação de serviços. Imagine que o serviço que a empresa está trabalhando em dado momento esteja gerando prejuízo financeiro, pois o custo de prestação daquele serviço está superior ao preço de venda praticado. Quando analisamos uma situação como essa com a perspectiva de curto prazo, concluímos que não é interessante para a empresa aquele serviço. No entanto, essa situação ainda pode ser interessante à empresa, caso ela esteja criando meios tecnológicos para reduzir o custo da prestação do serviço à medida que o número de clientes aumenta. Ou seja, a empresa está criando uma ferramenta tecnológica que dará condições para o atendimento de um número grande de clientes, sendo cada vez menor o custo variável por cliente. Com essa estratégia, à medida que o número de clientes do serviço aumentar, o custo marginal[1] do serviço aumentará em uma proporção inferior à receita, gerando, assim, o efeito da escalabilidade. A rentabilidade de uma empresa com essa abordagem aumentará de modo exponencial à medida que aumentar o número de clientes.

Na sequência, serão abordados os temas "Identificação e mensuração dos Custos Fixos"; "Identificação e mensuração dos Custos Variáveis" e "Ponto de Equilíbrio Contábil e Econômico".

---

1   Custo marginal é o custo que a empresa terá para atender mais um cliente. Esse custo pode ser alto ou baixo, a depender da característica da empresa. Empresas tradicionais tendem a ter custos mais elevados, pois terão que pagar colaboradores para executarem os serviços adicionais. Já as empresas que utilizam ferramentas tecnológicas terão custos menores, pois o serviço será executado quase que em sua totalidade pela ferramenta tecnológica.

CAPÍTULO 9

Identificação e Mensuração dos Custos Fixos

Conforme comentado anteriormente, os custos fixos são aqueles custos que **não variam em função da quantidade vendida** de produto ou de serviços prestados. Por exemplo, o valor do aluguel do ponto comercial de uma farmácia e o salário dos colaboradores que não recebem comissão serão fixos, mesmo que haja na empresa uma variação do volume vendido. No entanto, cabe ressaltar que esse valor será fixo dentro de uma margem de variação das vendas. Para explicar esse aspecto, utilizarei do exemplo a seguir.

Exemplo: imagine uma farmácia que trabalha em um ponto comercial de 60 m² em uma cidade do interior do Brasil e que tem sempre dois atendentes no balcão e um colaborador no caixa. Nesse caso, o aluguel e o salários dos colaboradores são custos fixos. Ainda em critério de suposição, considere que essa farmácia consiga atender, ao mesmo tempo, no máximo oito clientes, pois quando há nove ou mais clientes sendo atendidos ao mesmo tempo, o espaço fica apertado e o número de funcionários torna-se insuficiente.

Se considerarmos que o número de clientes dentro da farmácia está crescendo, e que geralmente há mais de 12 clientes ao mesmo tempo sendo atendidos, os proprietários deverão aumentar o espaço da farmácia e contratar mais colaboradores para atendimento e para trabalharem no caixa. Sendo assim, apesar de os custos de aluguel e salário de colaboradores ser considerado fixo, nesse caso, com o aumento do espaço e com o aumento do número de colaboradores, esses custos aumentaram; portanto, isso somente ocorreu porque houve com essa farmácia um grande aumento no número de clientes. Podemos entender que ela mudou de "patamar".

Por outro lado, caso a variação das vendas e do número de clientes não fosse muito grande, a farmácia não necessitaria aumentar a área do ponto de venda nem o número de funcionários. Resumindo, dentro de um patamar de número de clientes, ou até mesmo, de faturamento, o custo de aluguel e de salário dos funcionários não aumenta. Por isso consideramos como sendo custos fixos.

Para que os gestores possam identificar e mensurar os custos fixos, é necessário que listem todos os gastos da empresa e verifiquem quais não variam em função de uma variação das vendas. Esses custos que não variam geralmente são os custos fixos.

Para auxiliá-lo nessa atividade de identificar e mensurar os custos fixos, acesse por meio do QR Code a seguir uma planilha eletrônica que disponibilizei como material complementar do livro.

Acesse a planilha para identificar e mensurar os custos fixos e os custos variáveis, além de calcular os pontos de equilíbrio contábil e econômico, assuntos que serão tratados nos Capítulos 10 e 11, respectivamente.

uqr.to/1wde4

Após identificarem os custos fixos, é indicado que os gestores acompanhem esses gastos e, sempre que possível, busquem reduzi-los. Lembre-se de que, para uma empresa obter ou aumentar seu lucro, ela deve aumentar as receitas ou reduzir os gastos.

Ao gerenciar os custos dos produtos ou dos serviços, é necessário que o gestor tenha clareza de que os custos fixos precisam ser "pagos" pelos produtos ou serviços vendidos pela empresa, para então gerar lucro aos proprietários. Alocar os custos fixos aos produtos ou aos serviços nem sempre é fácil. Geralmente, essa alocação de custos é utilizada quando a empresa precisa conhecer com precisão os custos dos produtos ou dos serviços a serem vendidos. Essa alocação de custos é conhecida como **custeio por absorção**. A seguir, apresento uma breve explanação sobre essa alocação, mas cabe destacar que se trata de uma questão que precisa ser muito bem analisada pela empresa:

- Situação 1: **A empresa trabalha com um único produto ou serviço:** quando a empresa trabalha com **um único produto ou serviço**, fica fácil, pois esse produto ou serviço deverá pagar todo o custo fixo da empresa. Para calcular o custo fixo unitário, nesse caso, basta dividir o custo fixo pelo número de produtos ou de serviços vendidos.

- Situação 2: **A empresa trabalha com mais de um produto ou serviço, mas não tem critério para alocação dos custos fixos:** quando a empresa trabalha com **mais produtos ou serviços**, ela precisa, de alguma maneira, **alocar o custo fixo** a cada um dos produtos ou serviços. A maneira mais comum e mais fácil para fazer essa alocação é criar um **critério único (arbitrário)** para todos os custos fixos. Essa abordagem é conhecida como **rateio**. Pega-se o custo fixo e divide-se entre os produtos a partir de um critério qualquer, estipulado. Imagine o exemplo de dividir o custo fixo da empresa entre os produtos a partir do quanto cada produto representa no faturamento da empresa. Ao se fazer essa divisão, não está sendo levado em consideração o quanto cada um dos produtos utilizou da estrutura fixa da empresa.

- Situação 3: **A empresa trabalha com mais de um produto ou serviço, mas tem critério para alocação dos custos fixos:** quando a empresa trabalha com mais de um produto ou serviço, é indicado que ela identifique qual deve ser o melhor critério a ser utilizado para cada um dos custos fixos. Esse critério é conhecido como **direcionador de custos**. Para trabalhar com os direcionadores de custos, a empresa precisa analisar como os diferentes produtos ou serviços utilizam cada um dos custos fixos da empresa. Para isso, a empresa deverá separar os custos fixos e identificar critérios que sejam mais adequados para a correta adequação desses custos. Como nem sempre é possível identificar direcionadores para todos os custos, a empresa pode identificar critérios para alocar os custos mais representativos. Para os demais custos, a empresa pode somá-los em uma conta denominada "Custos Fixos Gerais", e, para esse grupo, criar um critério arbitrário, mas que pelo menos "faça sentido". Para explicar melhor essa etapa, utilizarei dos seguintes exemplos:

- A alocação do **aluguel** deve ser dirigida aos produtos ou serviços a partir da área que cada produto ou serviço utiliza na empresa. Fazendo dessa maneira, o produto ou serviço que demanda uma área maior irá pagar mais que o produto ou serviço que demanda uma área menor, independentemente da quantidade produzida e vendida, do faturamento etc.

- A alocação da energia elétrica pode ser orientada pela demanda de máquinas de cada produto ou serviço. Para que isso possa ser implementado, a empresa precisa saber o quanto de energia cada máquina da empresa consome, assim como o tempo que cada produto ou serviço utiliza de cada uma das máquinas. Como geralmente essas informações não existem nas empresas, a alocação da energia elétrica fica comprometida e acaba sendo considerada como Custos Fixos Gerais. Nesse caso, ela será alocada aos produtos de acordo com algum critério utilizado para alocar os custos dessa conta.

- A alocação da mão de obra pode ser orientada pelo tempo despendido dos colaboradores a cada produto ou serviço. Nesse caso, pode ser necessário que a empresa segmente os colaboradores por remuneração recebida, pois, fazendo dessa maneira, a alocação será mais justa. Caso contrário, um produto ou serviço que utiliza muitas horas de um colaborador que recebe um salário menor será prejudicado, quando comparado com outro produto ou serviço que demanda a mesma quantidade de horas, mas de um colaborador que recebe um salário maior.

Além dessa abordagem de alocar os custos fixos aos produtos, que deve ser utilizada quando a empresa precisa conhecer com precisão os custos dos produtos ou serviços, há outra abordagem para trabalhar com a gestão dos custos, que é conhecida como **custeio variável**.

Nesse caso, em vez de a empresa alocar os custos fixos aos produtos e aos serviços, ela trabalha com o conceito da margem de contribuição, que é calculada a partir da diferença entre o preço de venda dos produtos ou serviços e o custo variável desses produtos ou serviços. Essa abordagem será explicada no Capítulo 11 deste livro.

CAPÍTULO 10
Identificação e Mensuração dos Custos Variáveis

Custos variáveis são aqueles custos que **variam de acordo com a quantidade vendida de produtos ou serviços**. Os custos variáveis são fáceis de mensurar e identificar a partir da variação das vendas dos produtos ou serviços. De algum modo, podemos entender que os custos variáveis são aqueles custos diretos relacionados aos produtos e/ou aos serviços.

Retomando o exemplo da farmácia, variáveis são os custos de compra dos medicamentos ou dos produtos vendidos. Se a farmácia vende cinco unidades de um medicamento que custou R$ 30,00 por unidade, ela terá um custo variável de R$ 150,00. Agora, se a farmácia vender 10 unidades desse mesmo medicamento em um dia, ela terá agora um custo de R$ 300,00.

Esse mesmo raciocínio pode ser usado por uma empresa que presta serviço. Os gastos com insumos, e até mesmo com a remuneração dos colaboradores, quando estes recebem por serviço prestado, aumentarão à medida que o número de serviços prestados aumentar.

O somatório dos custos fixos e dos custos variáveis representa os custos totais de uma empresa. Na Tabela 10.1 eu diferencio as despesas variáveis, os custos variáveis e os custos e despesas fixos.

Tabela 10.1 **Exemplos de despesas e custos variáveis e custos e despesas fixas em uma farmácia.**

Despesas variáveis	Custos variáveis	Custos/despesas fixas
Taxas de cartões	Valor pago pelos medicamentos vendidos	Aluguel do espaço físico da farmácia
Comissão paga aos colaboradores (quando houver)	Valor pago pelos produtos de higiene ou outros produtos vendidos	Salários e encargos dos colaboradores
		Energia elétrica, telefone, água e Internet

A classificação de alguns custos pode variar a depender da característica da empresa, ou, até mesmo, do critério gerencial utilizado. Por exemplo, os gastos com pessoal podem ser classificados como custo fixo, quando não há um critério fácil para mesurar e identificar o trabalho do colaborador no produto ou no serviço, ao passo que também pode ser classificado como custo variável, quando há mensuração e identificação do custo aos produtos ou aos serviços.

Resumindo, a diferenciação entre custos fixos e custos variáveis pode variar de uma empresa para outra. Cada um deve identificar qual a melhor maneira para classificar os custos em sua empresa.

Para auxiliá-lo na atividade de identificar e mensurar os custos variáveis, acesse por meio do QR Code a seguir uma planilha eletrônica que disponibilizei como material complementar do livro.

uqr.to/1wde6

Acesse a planilha para identificar e mensurar os custos fixos e os custos variáveis, além de calcular os pontos de equilíbrio contábil e econômico, assunto que será tratado no Capítulo 11.

Pontos de Equilíbrio Contábil e Econômico

A partir da devida classificação dos custos em uma empresa, o próximo passo é o cálculo da **Margem de Contribuição**. Essa margem é importante para a gestão financeira de uma empresa, pois ajuda a determinar a viabilidade e a lucratividade de produtos ou serviços. Ela representa a diferença entre a receita total gerada por um item vendido e os custos variáveis associados a esse item, conforme a Equação 20.

Equação 20

$$\text{Margem de Contribuição} = \text{Preço de venda} - \text{Custos Variáveis}$$

Conforme consta na Equação 20, para calcularmos a Margem de Contribuição, devemos subtrair os custos variáveis (p. ex., matéria-prima, mão de obra direta e despesas de produção variáveis) do preço de venda do produto ou serviço.

A Margem de Contribuição dos produtos ou serviços da empresa será utilizada para pagar os custos fixos e depois compor o lucro. Além disso, trata-se de uma métrica crucial, pois fornece informações sobre a eficiência operacional de um negócio e ajuda na tomada de decisões estratégicas.

Quando a Margem de Contribuição é positiva, significa que o produto ou serviço está gerando recursos para cobrir os custos fixos e, posteriormente, gerar lucro. Por outro lado, uma Margem de Contribuição negativa indica que o produto ou serviço está gerando prejuízo ao negócio.

Resumindo, a Margem de Contribuição é uma ferramenta importante e que pode ser utilizada para avaliar a rentabilidade dos produtos ou serviços de uma empresa, contribuindo, assim, com melhores decisões financeiras, além de contribuir com o planejamento das estratégias de precificação e de produção.

Além disso, a Margem de Contribuição também pode ser usada para determinar o **ponto de equilíbrio** de uma empresa, que, na prática, significa determinar o nível de vendas necessário para cobrir todos os custos (fixos e variáveis) e começar a gerar lucro, e, consequentemente, gerar rentabilidade para os seus proprietários.

Quando abordamos o termo "lucro", conforme comentado anteriormente, é importante diferenciar o lucro contábil do lucro econômico. Relembrando, lucro contábil representa o lucro quando o preço de venda é suficiente para pagar todos os custos de produção ou da prestação de serviço e ainda há sobra de recurso. Já o lucro econômico é calculado quando o preço de venda é suficiente para gerar lucro contábil e esse lucro é maior que o custo de oportunidade do capital que está investido na empresa. Quando o lucro econômico é positivo, dizemos que a empresa está gerando valor aos proprietários. Por outro lado, quando é negativo, dizemos que está destruindo valor. Esses conceitos serão abordados com mais detalhes no Capítulo 23 deste livro.

Partindo desses termos, podemos também diferenciar na empresa o ponto de equilíbrio contábil do ponto de equilíbrio econômico, conforme demonstrado na Figura 11.1.

Figura 11.1 Representação dos pontos de equilíbrio contábil e econômico de uma empresa.

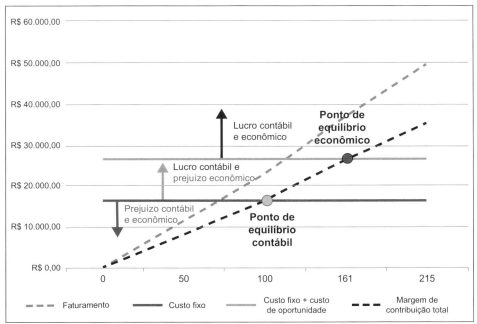

Conforme observado na Figura 11.1, abaixo do Ponto de Equilíbrio Contábil a empresa trabalha no prejuízo, pois a Margem de Contrbuição é menor que os custos fixos. Do Ponto de Equilíbrio Contábil até a linha do Custo Fixo somado ao Custo de Oportunidade, a empresa trabalha com Lucro Contábil Positivo, mas com Lucro Econômico Negativo, ou seja, a empresa tem Lucro Contábil e Prejuízo Econômico. Quando a Margem de Contribuição total se iguala ao somatório do Custo Fixo mais Custo de Oportunidade, a empresa chega no Ponto de Equilíbrio Econômico. A partir desse ponto de equilíbrio, a empresa passa a ter Lucro Contábil e Lucro Econômico positivos.

Para calcularmos o Ponto de Equilíbrio Contábil de uma empresa, devemos dividir os custos fixos pela Margem de Contribuição unitária, conforme pode ser observado na Equação 21.

Equação 21

$$\text{Ponto de Equilíbrio} = \frac{\text{Custos Fixos}}{\text{Margem de Contribuição unitária}}$$

110 | **CAPÍTULO 11** Pontos de Equilíbrio Contábil e Econômico

A seguir, eu apresento um exemplo no qual foi calculado o Ponto de Equilíbrio Contábil tanto em faturamento quando em quantidade vendida em um posto de combustíveis. As informações referentes ao negócio estão apresentadas no Quadro 11.1.

Quadro 11.1   Informações do posto de combustíveis.

Produtos – Gasolina, etanol e diesel	
Litros vendidos	223.000
Preço de venda	R$ 6,10
Receita total	R$ 1.360.300,00
Custo variável (unit.)	R$ 4,85
Custo variável (total)	R$ 1.081.550,00
Margem de Contribuição (unit.)	R$ 1,25
Margem de Contribuição (total)	R$ 278.750,00
Custos fixos	R$ 180.000,00
Resultado operacional	R$ 98.750,00
Ponto de Equilíbrio Contábil (R$)	**R$ 878.400,00**
Ponto de Equilíbrio (quantidade)	**144.000**

Conforme pode ser observado no Quadro 11.1, esse posto de combustíveis apresenta:

- receita total de R$ 1.360.300,00 (resultado da multiplicação da quantidade vendida pelo preço de venda);
- custo variável total de R$ 1.081.550,00 (resultado da multiplicação do custo variável unitário pelo volume vendido);
- a Margem de Contribuição de R$ 1,25 por litro, totalizando R$ 278.750,00 (resultado da Margem de Contribuição unitária vezes a quantidade de litros de combustíveis vendidos);
- a Margem de Contribuição total de R$ 278.750,00 (resultado da multiplicação da quantidade de litros de combustíveis vendidos e da Margem de Contribuição unitária);
- custo fixo total de R$ 180.000,00;
- resultado operacional de R$ 98.750,00 (resultado da subtração entre margem de contribuição total e custos fixos);
- o Ponto de Equilíbrio Contábil em quantidade igual a 144.000 litros de combustíveis (resultado da divisão entre custo fixo e margem de contribuição unitária);
- o Ponto de Equilíbrio Contábil em faturamento igual a R$ 878.400,00 (resultado da multiplicação do ponto de equilíbrio em quantidade pelo preço de venda).

A partir do cálculo do Ponto de Equilíbrio, os gestores conhecem a situação atual da empresa, o que lhes possibilita o estabelecimento de metas e de ações para a melhoria dos resultados empresariais. Para calcular o Ponto de Equilíbrio Econômico, basta somar, aos custos fixos, o custo de oportunidade da empresa e, posteriormente, dividir pela margem de contribuição unitária.

Para auxiliá-lo nessa atividade de calcular o Ponto de Equilíbrio Contábil e o Ponto de Equilíbrio Econômico, acesse por meio do QR Code a seguir uma planilha eletrônica que disponibilizei como material complementar do livro.

Acesse a planilha para identificar e mensurar os custos fixos e os custos variáveis, além de calcular os pontos de Equilíbrio Contábil e Econômico.

uqr.to/1wde7

Com os conceitos apresentados neste capítulo, os gestores terão condições de entender a dinâmica dos custos da empresa, separando-os em custos fixos e custos variáveis, bem como calcular a Margem de Contribuição e o Ponto de Equilíbrio.

ATIVIDADE MÃO NA MASSA — Precificação

A partir do conteúdo que já foi apresentado neste livro, resolva os exercícios de fixação a seguir. Após resolver os exercícios, você poderá acessar uma videoaula em que eu corrijo cada exercício, explicando-os. Essa videoaula estará disponível a partir do QR Code localizado logo após a lista de exercícios.

Exercício 1

Identifique se cada um dos seguintes custos é, mais provavelmente, um custo fixo ou um custo variável.

Mão de obra de montagem industrial: _____ .

Motorista em uma transportadora: _____ .

Custo do material usado na produção: _____ .

Aluguel: _____ .

Energia elétrica (fábrica com controle de consumo de energia nas máquinas): _____ .

Energia elétrica em um estabelecimento comercial de tecidos: _____ .

Custo com combustível em uma empresa aérea: _____ .

112 | **CAPÍTULO 11** Pontos de Equilíbrio Contábil e Econômico

Exercício 2

A empresa Café Industrial está interessada em estimar os custos de produção fixos e variáveis com base nos dados de outubro. A partir de sua própria avaliação, o gerente de fábrica classificou os custos em fixos, variáveis, parcialmente fixos e parcialmente variáveis.

Unidades produzidas		Custo ($)	
Outubro	1.000	101.600	Comportamento dos custos
Detalhes dos custos			
Material		42.000,00	Variável
Mão de obra direta		15.000,00	Variável
Depreciação		8.000,00	Fixo
Telefone		200,00	Fixo
Despesas com água, energia elétrica e gás		4.000,00	20% Fixos
Salários da Supervisão		20.000,00	80% Fixos
Conserto de equipamentos		6.000,00	10% Fixos
Materiais diretos		400,00	Variável
Manutenção da fábrica		6.000,00	90% Fixos
TOTAL		**101.600,00**	

Considere que o restante dos custos com "Despesas com água, energia elétrica e gás", "Salários da Supervisão", "Conserto de equipamentos" e "Manutenção da fábrica" são variáveis. Com base nessas informações, determine:

a. Os custos fixos mensais e o custo variável por unidade produzida.

b. Com base na resposta do item *a*, qual sua estimativa do custo total incremental gerado pela produção de 200 unidades adicionais?

Exercício 3

A empresa Produtos Fabricados Ltda. fabrica dois produtos, X e Y. No mês de maio/X2, a produção foi de 500 unidades de X e 300 unidades de Y. O custo da matéria-prima é de $ 50,00 por quilo, e o custo da mão de obra é de $ 13,00 por hora.

Produto	Matéria-prima	Mão de obra (variável)
X	3 kg/un.	4 h/un.
Y	5 kg/un.	2 h/un.

Os custos fixos de fabricação totalizaram, nesse mês, $ 212.500,00 e são referentes às seguintes atividades:

- Manusear materiais = $ 40.000,00.
- Programar a produção = $ 75.000,00.
- Inspecionar produtos = $ 30.000,00.
- Expedir produtos aos clientes = $ 67.500,00.

Para apropriar os custos das atividades aos produtos, são utilizados os seguintes direcionadores de atividades:

Atividades	Direcionador
Manusear materiais	Peso da matéria-prima
Programar a produção	Horas de programação (produto X = 32 h; Y = 64 h)
Inspecionar produtos	Lotes inspecionados (produto X = 6 lotes; Y = 10 lotes)
Expedir	Número de expedições (produto X = 12 expedições; Y = 15 expedições)
Y	2 h/un.

Pede-se:

Calcule o custo total e o custo unitário de cada produto empregando os direcionadores de custos para alocar os custos aos produtos.

Exercício 4

Uma empresa fabrica os produtos P1, P2 e P3. No mês de março/X2, seus custos variáveis foram:

Produtos	Quantidade	Matéria-prima	Mão de obra direta (variável)
P1	1.100 u	$ 150,00/u	$ 190,00/u
P2	3.500 u	$ 70,00/u	$ 120,00/u

Produtos	Quantidade	Matéria-prima	Mão de obra direta (variável)
P3	780 u	$ 270,00/u	$ 110,00/u

Os custos fixos da empresa neste mês foram de $ 60.930,00. Assumindo que o preço de venda dos produtos P1, P2 e P3 sejam de $ 800,00, R$ 500,00 e $ 820,00, respectivamente, calcule:

a. A Margem de Contribuição de cada produto.

b. A Margem de Contribuição ponderada (para isso, usar a quantidade como peso).

c. O Ponto de Equilíbrio Contábil.

d. O Ponto de Equilíbrio Econômico, assumindo que o custo de oportunidade da empresa seja de R$ 28.950,00.

Acesse a videoaula de correção da "Atividade mão na massa – Precificação".

uqr.to/1wdef

CAPÍTULO 12
Cálculo dos Tributos no Regime do Simples Nacional

Neste capítulo, abordarei a importância de conhecer a tributação do Simples Nacional no momento de precificar e faturar produtos e/ou serviços. Essa informação é importante, pois os tributos incidem sobre o preço de venda de seu produto e/ou serviço e terão que ser pagos por meio do recolhimento de um DAS (Documento de Arrecadação do Simples Nacional) ao Governo Federal.

Infelizmente, é muito comum gestores de empresas tributadas pelo Simples Nacional desconhecerem qual o percentual exato de tributos que incidirá sobre o preço de venda de seu produto e/ou serviço. Com isso, eles acabam perdendo dinheiro quando consideram um percentual inferior ao que realmente terão que pagar, ou, por outro lado, perdendo vendas quando consideram um percentual maior do que aquele que deverão pagar.

No entanto, antes de adentrar na explicação do Simples Nacional, é importante destacar que, no Brasil, em 2023, existiam três principais regimes tributários que as empresas podem adotar para calcular e pagar seus impostos de acordo com suas características e porte.[2] São eles:

- **Simples Nacional:** trata-se de um regime tributário simplificado e voltado para micro e pequenas empresas (MPEs). Ele permite que essas empresas paguem diversos tributos de maneira unificada em uma única guia, o que facilita o cumprimento de suas obrigações fiscais. Os principais impostos abrangidos pelo Simples Nacional são: Imposto de Renda Pessoa Jurídica (IRPJ), Contribuição Social sobre o Lucro Líquido (CSLL), Imposto sobre Circulação de Mercadorias e Serviços (ICMS), Imposto sobre Serviços (ISS), entre outros. As alíquotas variam de acordo com o faturamento e com a atividade exercida pela empresa – quanto maior o faturamento, maior a alíquota a ser aplicada.

- **Lucro Presumido:** é um regime tributário mais complexo que o Simples Nacional, mas ainda assim apresenta uma simplificação em relação ao Lucro Real. É voltado para empresas com faturamento anual abaixo de determinado limite. Nesse regime, a base de cálculo do Imposto de Renda e da CSLL é estimada com base em percentuais previamente definidos pela legislação, que variam de acordo com o tipo de atividade da empresa. Assim, a empresa não precisa apurar o lucro efetivo, e sim o lucro presumido.

- **Lucro Real:** é o regime tributário mais complexo e detalhado, sendo obrigatório para empresas com faturamento anual acima de certo limite e opcional para as demais. Nesse regime, a empresa deve apurar o lucro líquido de forma contábil, considerando todas as receitas e despesas, seguindo rigorosamente as normas contábeis e fiscais. Os impostos devidos são calculados com base no lucro

---

[1] Exceto o Simples Nacional, os demais regimes de tributação serão alterados pela Lei Complementar nº 214 de 16/01/2025. Como o livro aborda apenas o Simples Nacional e como a referida lei entrará em vigor somente em 2027, e com pleno funcionamento somente a partir de 2033, optou-se por manter esses regimes que ainda serão utilizados pelas empresas durante esse período de transição.

líquido efetivo, o que pode levar a variações significativas nos valores pagos em relação aos regimes anteriores. Esse regime é mais indicado para empresas que têm margens de lucro baixas ou prejuízo contábil.

Em resumo, o Simples Nacional é uma opção simplificada para MPEs, o Lucro Presumido é uma alternativa intermediária e simplificada para empresas com faturamento abaixo de determinado limite e o Lucro Real é o regime mais complexo, mas que oferece maior precisão no cálculo dos impostos para empresas com faturamento elevado ou situações contábeis específicas.

A escolha do regime tributário mais adequado para cada empresa depende de diversos fatores, como o porte da empresa, a atividade exercida, o faturamento anual e a estrutura contábil. É recomendável que as empresas busquem a orientação de um Contador para fazer a escolha mais adequada ao seu perfil e às suas necessidades. Cabe ressaltar que um planejamento tributário adequado pode ser muito benéfico à empresa.

No que se refere ao cálculo do tributo a ser recolhido pelo Regime do Simples Nacional, o primeiro passo é verificar se a empresa está enquadrada nesse regime de tributação, pois nem todas as empresas podem aderir ao Simples Nacional. Existem limites de faturamento anual e atividades econômicas específicas que podem ser enquadradas nesse regime. Após verificar se sua empresa atende aos requisitos e caso ainda não esteja enquadrada neste regime de tributação, sendo vantajoso, solicite ao seu Contador a adesão de sua empresa.

Estando a empresa enquadrada no Simples Nacional, o gestor deverá certificar-se sobre a alíquota a ser considerada no momento de precificar os produtos e/ou serviços. Identificar a alíquota é importante, pois o Simples Nacional tem quadros com alíquotas progressivas, que variam conforme a faixa de faturamento anual da empresa, além de haver alíquotas diferentes a depender da atividade econômica da empresa (CNAE).

De acordo com a Lei Complementar nº 155, de 27 de outubro de 2016 (Brasil, 2016), o enquadramento das faixas de faturamento será definido pelo somatório do faturamento da empresa nos últimos 12 meses, conforme apresentado no Quadro 12.1.

Quadro 12.1 Faixas de faturamento do Simples Nacional.

Faixa de faturamento	Receita Bruta em 12 Meses (em R$)
1ª faixa	Até 180.000,00
2ª faixa	De 180.000,01 a 360.000,00
3ª faixa	De 360.000,01 a 720.000,00
4ª faixa	De 720.000,01 a 1.800.000,00
5ª faixa	De 1.800.000,01 a 3.600.000,00
6ª faixa	De 3.600.000,01 a 4.800.000,00

Fonte: adaptado de Brasil (2016).

Já o enquadramento pela atividade econômica da empresa irá depender do Anexo do Simples Nacional a que a sua atividade econômica esteja relacionada. Detalhando melhor essa questão, no Simples Nacional há cinco Anexos, que têm como objetivo agrupar atividades econômicas que sejam "semelhantes" e definir quais são as alíquotas que serão utilizadas para o recolhimento dos tributos de cada um desses "grupos de atividades econômicas".

No entanto, cabe destacar que uma mesma empresa pode exercer diferentes atividades econômicas. Isso pode ser verificado por meio do cartão do CNPJ. Sendo assim, caso a empresa tenha atividades econômicas relacionadas a mais de um Anexo do Simples Nacional, a alíquota que incidirá sobre o faturamento dependerá da atividade que estiver vinculada ao faturamento de determinada nota fiscal. Antes de explicar melhor a identificação da alíquota correta que incidirá sobre determinado faturamento, preciso apresentar as principais atividades que estão relacionadas a cada um dos Anexos do Simples Nacional. De maneira resumida, essas são as principais atividades relacionadas a cada um dos Anexos:

- **Anexo I –** Comércios ou lojas em geral;
- **Anexo II –** Fábricas e Indústrias;
- **Anexo III –** Empresas que prestam serviços de instalação, manutenção e demais reparos. Além disso, agências de viagens, academias, empresas de medicina, odontologia, bem como laboratórios e escritórios contábeis;
- **Anexo IV –** Empresas que fornecem serviços advocatícios, serviços de limpeza, serviços de construção de imóveis, obras e vigilância;
- **Anexo V –** Empresas que dispõem de serviços relacionados a: auditoria, engenharia, tecnologia, publicidade e jornalismo.

Para cada um dos Anexos listados, há um grupo específico de alíquotas progressivas, que irão variar de acordo com a faixa de faturamento na qual a empresa se enquadra, conforme apresentado no Quadro 12.2.

Quadro 12.2 Alíquotas progressivas por Anexo do Simples Nacional.

Faixa de faturamento	Alíquotas progressivas				
	Anexo I	Anexo II	Anexo III	Anexo IV	Anexo V
1ª faixa	4,00%	4,50%	6,00%	4,50%	15,50%
2ª faixa	7,30%	7,80%	11,20%	9,00%	18,00%
3ª faixa	9,50%	10,00%	13,50%	10,20%	19,50%
4ª faixa	10,70%	11,20%	16,00%	14,00%	20,50%
5ª faixa	14,30%	14,70%	21,00%	22,00%	23,00%
6ª faixa	19,00%	30,00%	33,00%	33,00%	30,50%

Fonte: adaptado de Brasil (2016).

118 | **CAPÍTULO 12** Cálculo dos Tributos no Regime do "Simples Nacional"

Conforme apresentado no Quadro 12.2, as alíquotas variam de um Anexo para o outro, mas, principalmente, aumentam à medida que a faixa de faturamento da empresa aumenta. Além disso, as alíquotas das três primeiras faixas de faturamento do Anexo V são muito maiores que as demais. Portanto, as empresas enquadradas neste anexo e que têm uma relação entre a folha de pagamento (inclusive pró-labore) e o faturamento nos últimos 12 meses igual ou superior a 28% poderão usufruir do benefício conhecido como "Fator R", que autoriza o recolhimento dos tributos pelas alíquotas do Anexo III.

Para explicar o cálculo do tributo a ser recolhido, utilizarei um exemplo fictício. Nesse exemplo, considerei o caso de uma empresa que tem faturamento mensal médio de até R$ 15.000,00, que totaliza anualmente até R$ 180.000,00, referindo-se à primeira faixa de faturamento. Após identificar a faixa de faturamento da empresa, é necessário identificar a qual Anexo do Simples Nacional sua atividade está relacionada. Para essa identificação, conforme comentado, deve-se analisar o CNAE que a empresa está utilizando no faturamento. A seguir, são apresentadas as alíquotas da primeira faixa de faturamento de cada um dos Anexos e a principal atividade a que se referem:

- Alíquota de 4% (primeira faixa de faturamento) se a empresa atuar no Setor Comercial (Anexo I do Simples Nacional).

- Alíquota de 4,5% (primeira faixa de faturamento) se a empresa atuar no Setor Industrial (Anexo II do Simples Nacional).

- Alíquota de 6% (primeira faixa de faturamento) se a empresa atuar como Prestadora de Serviços (p. ex., serviços de instalação, de reparos e de manutenção, agências de viagens, escritórios de contabilidade, academias, laboratórios, empresas de medicina e odontologia) (Anexo III do Simples Nacional).

- Alíquota de 4,5% (primeira faixa de faturamento) se a empresa atuar como Prestadora de Serviços (p. ex., serviço de limpeza, vigilância, obras, construção de imóveis e serviços advocatícios) (Anexo IV do Simples Nacional).

- Alíquota de 15,5% (primeira faixa de faturamento) se a empresa atuar em Serviços de auditoria, jornalismo, tecnologia, publicidade, engenharia, entre outros (Anexo V do Simples Nacional) e não estiver usufruindo do benefício do Fator R.

De acordo com as alíquotas listadas, você pode calcular o valor do imposto a ser recolhido pela empresa. Isso é feito multiplicando a alíquota pela receita bruta mensal da empresa, quando o faturamento mensal estiver condizente com a primeira faixa de faturamento. Por exemplo, se a alíquota for 4,5% (Anexo II) e a receita bruta do mês for R$ 10.000,00, o cálculo será: R$ 10.000 × 4,5% = R$ 450.

Por outro lado, caso a empresa não esteja na primeira faixa de faturamento, para calcular o tributo a ser recolhido, não basta multiplicar essas alíquotas nominais pelo valor do faturamento. Para essa situação, é necessário calcular a alíquota efetiva, que será a alíquota incidente sobre o faturamento para cálculo do tributo a ser recolhido. Para o cálculo dessa alíquota efetiva, deve-se utilizar a Equação 22.

Equação 22

$$\text{Alíquota efetiva} = \frac{\text{RBT12} * \text{Alíquota} - \text{PD}}{\text{RBT12}}$$

Em que:

RBT12 = receita bruta acumulada nos 12 meses anteriores ao período de apuração;

Alíquota = alíquota nominal constante dos Anexos I a V do Simples Nacional;

PD = parcela a deduzir constante dos Anexos I a V do Simples Nacional.

Considerando a situação de o faturamento da empresa ser superior à 1ª faixa, ou seja, estar na 2ª faixa de faturamento ou além, explicarei utilizando também um exemplo fictício, no qual o faturamento médio mensal será de R$ 20.000,00, representando um faturamento anual de R$ 240.000,00. Para critério de exemplo, essa empresa estará enquadrada no Anexo II do Simples Nacional. Com o objetivo de auxiliar na visualização dos cálculos, vou colocar na sequência, por meio do Quadro 12.3, as informações do Anexo II do Simples Nacional.

Quadro 12.3   Anexo II do Simples Nacional.

	Receita Bruta em 12 Meses (em R$)	Alíquota nominal	Valor a deduzir (em R$)
1ª faixa	Até 180.000,00	4,50%	–
2ª faixa	De 180.000,01 a 360.000,00	7,80%	5.940,00
3ª faixa	De 360.000,01 a 720.000,00	10,00%	13.860,00
4ª faixa	De 720.000,01 a 1.800.000,00	11,20%	22.500,00
5ª faixa	De 1.800.000,01 a 3.600.000,00	14,70%	85.500,00
6ª faixa	De 3.600.000,01 a 4.800.000,00	30,00%	720.000,00

Fonte: adaptado de Brasil (2016).

Como vimos por meio da Equação 22, para calcular a alíquota efetiva é necessário multiplicar o faturamento anual pela alíquota da faixa de faturamento e depois reduzir o "Valor a Deduzir". Nesse caso, como o faturamento está na 2ª faixa, a alíquota nominal é de 7,8% e o Valor a Deduzir é de R$ 5.940,00. O resultado encontrado deve ser dividido pelo faturamento anual. Sendo assim, vamos ao cálculo:

$$\text{Alíquota efetiva} = \frac{\$240.000 \times 7,8\% - \$5.940}{\$240.000} = 5,325\%$$

Após calcular a alíquota efetiva, basta multiplicar o faturamento mensal pela alíquota efetiva para calcular o tributo a ser recolhido:

$$\text{Tributo a ser recolhido} = \text{R\$ } 20.000,00 \times 5,325\% = \text{R\$ } 1.065,00$$

Esses cálculos dos valores a serem recolhidos de tributos pelo regime do Simples Nacional também podem ser realizados por meio de uma planilha eletrônica que disponibilizei como material complementar do livro e que pode ser acessada pelo QR Code a seguir.

Acesse a planilha para calcular o tributo a ser recolhido pelo regime do Simples Nacional.

uqr.to/1wdeh

Se uma mesma empresa tiver atividades econômicas diferentes e que estejam relacionadas a anexos diferentes do Simples Nacional, ao efetuar o faturamento, ela deverá identificar a qual Anexo do Simples Nacional aquele faturamento está relacionado e, então, calcular o valor do tributo a ser recolhido. Nesse caso, o valor anual a ser considerado deve ser o faturamento total da empresa, incluindo todos os faturamentos referentes às diferentes atividades econômicas que a empresa tenha. Já o tributo a ser recolhido deve ser calculado separadamente, por nota fiscal ou por Anexo do Simples Nacional.

Finalmente, lembre-se de que é fundamental manter a contabilidade da sua empresa em dia e contar com o auxílio de um Contador a fim de garantir o correto cálculo e pagamento dos tributos no regime do Simples Nacional, já que ele envolve algumas particularidades e exige o cumprimento de obrigações acessórias.

ATIVIDADE MÃO NA MASSA — Regime do Simples Nacional

A partir do conteúdo que já foi apresentado neste livro, resolva os exercícios de fixação a seguir. Após resolver os exercícios, você poderá acessar uma videoaula em que eu corrijo cada exercício, explicando-os. Essa videoaula estará disponível a partir do QR Code localizado logo após a lista de exercícios.

Exercício 1

Uma empresa do ramo de construção civil trabalha com o comércio varejista de materiais de construção (CNAE – 4744-0/99) e com a fabricação de tijolos de barro

(CNAE – 2342-7/02). Considerando que essa empresa tem como faturamento dos últimos 12 meses o valor de R$ 1.325.450,00, calcule o valor do imposto pelo Simples Nacional que ela terá que pagar devido aos seguintes faturamentos:

- Comercialização de mercadorias no valor de R$ 25.000,00
- Venda de tijolos no valor de R$ 16.800,00.

Exercício 2

A empresa Máquinas Modernas trabalha fabricando e instalando equipamentos para o segmento de fábricas de móveis. Sendo assim, uma parte do seu faturamento refere-se à venda do equipamento (Anexo II do Simples Nacional) e a outra parte, à instalação (Anexo III do Simples Nacional). O faturamento dessa empresa nos últimos 12 meses foi de R$ 542.650,00. Calcule o valor do imposto que a Máquinas Modernas deverá recolher pelo regime do Simples Nacional referente a um faturamento de R$ 62.000,00; desse valor, R$ 42.000,00 refere-se à venda do equipamento e o restante (R$ 20.000,00), ao serviço de instalação. Ou seja, a empresa emitirá duas notas fiscais, uma como venda de equipamento e a outra como serviço de instalação.

Acesse a videoaula da correção da "Atividade mão na massa – Regime do Simples Nacional".

uqr.to/1wdf8

MÓDULO 4

Decisões Empresariais e os Demonstrativos Contábeis

Neste módulo, discutiremos as decisões empresariais embasadas, destacando a importância de uma abordagem fundamentada e estruturada para orientar o seu processo decisório. Utilizando como exemplo um modelo aplicável a postos de combustíveis, exploraremos como você pode registrar e mensurar as transações do dia a dia de sua empresa, garantindo uma base sólida para tomadas de decisões estratégicas.

Inicialmente, examinaremos em detalhes a importância do registro e da mensuração precisa das transações empresariais, destacando sua relevância na avaliação do desempenho e na identificação de oportunidades de melhoria.

Em seguida, exploraremos diversos grupos de métricas que podem ser utilizadas pelas empresas para avaliar seu desempenho operacional e financeiro. Desde indicadores de eficiência operacional até métricas de rentabilidade e liquidez, forneceremos uma visão ampla das principais métricas que podem ser utilizadas para monitorar e avaliar o desempenho empresarial.

Posteriormente, apresentaremos, de maneira concisa e acessível, os principais demonstrativos contábeis: o Balanço Patrimonial, o Demonstrativo de Resultado e o Demonstrativo de Fluxo de Caixa. Exploraremos a função e a estrutura de cada demonstrativo, destacando sua importância na análise da saúde financeira e no acompanhamento do desempenho empresarial.

Já no Módulo 5, daremos continuidade à nossa jornada explorando os principais meios utilizados para analisar a saúde financeira e os resultados empresariais. Destacaremos como os demonstrativos contábeis, discutidos anteriormente, fornecem a base para essas análises, capacitando-o a avaliar o desempenho financeiro de sua empresa de maneira informada e estruturada.

Ao final deste módulo, espera-se que você esteja munido com o conhecimento e as ferramentas necessárias para embasar suas decisões empresariais em dados sólidos e objetivos.

CAPÍTULO 13
A Importância do Embasamento nas Decisões Empresariais

É muito comum vermos empresários desconsiderando a necessidade de informações gerenciais e tomando decisões pelo *feeling* ou pela experiência adquirida no negócio. Além disso, também costumamos ouvir uma frase muito comum na qual muitos empresários dizem "eu gerencio meu negócio dessa maneira já há muitos anos e até agora está dando certo".

Ao vermos situações como essas, precisamos entender que, na perspectiva desses gestores, eles estão corretos, pois, na maioria das vezes, tudo que têm foi construído a partir desse seu modo de gerir o negócio. No entanto, para auxiliá-los, precisamos mostrar que, a partir da grande disponibilidade de dados e das diversas técnicas para analisá-los, é possível gerarmos informações úteis que poderão validar, acredito que na maioria dos casos, as decisões que o gestor tomaria se estivesse utilizando apenas o *feeling* ou sua experiência.

Por outro lado, pode haver situações em que as informações oriundas dos dados indiquem decisões diferentes, ou, até mesmo, contrárias às que estão sendo pensadas/imaginadas pelos gestores. Quando ocorrer essa divergência, é indicado que as decisões sejam analisadas com mais detalhes, sempre buscando a harmonia do processo decisório empresarial.

Sendo assim, podemos afirmar que os dados e as métricas devem ser utilizados pelos gestores no sentido de tornarem as decisões das empresas cada vez mais efetivas para a geração de resultados. Além disso, é importante destacar que a utilização de métricas para geração de informações para o processo decisório também é relevante para possibilitar longevidade às empresas, pois é muito comum vermos empresas passarem por dificuldades e até mesmo fecharem suas portas quando seus fundadores se afastam do negócio.

Ou seja, a elaboração de um *dashboard* (painel de controle) com alguns indicadores relevantes para o negócio é fundamental para que as decisões sejam mais acertadas e para que a empresa possa se perpetuar, mesmo sem a presença e/ou a experiência dos seus fundadores por perto.

No entanto, para que sejam gerados dados nas empresas, é necessário que haja controle. Nesse sentido, cabe destacar que somente mensurando e registrando tudo que acontece na empresa será possível analisar os dados e gerar informações.

Infelizmente, sobretudo nas micro e pequenas empresas (MPEs), ainda ocorrem situações em que os gestores desconsideram, como exemplo, a importância de registrar os gastos em que a empresa incorre. Quando isso ocorre, esses gestores não conseguem nem mesmo saber se a empresa está gerando lucro ou prejuízo; não conseguem calcular os custos dos produtos/serviços; não conseguem saber se a empresa terá caixa suficiente para honrar seus compromissos no futuro próximo, entre outras questões que são muito relevantes para o processo de tomada de decisão da empresa.

Sendo assim, destaco que as empresas que não mensuram e não registram suas atividades, antes de conseguirem utilizar as métricas relevantes ao processo de tomada de decisão, precisam criar processos internos e procedimentos para executarem essas atividades de mensuração e registro.

Somente depois de haver procedimentos e processos internos que possibilitem mensuração das atividades e seus respectivos registros será possível elaborar e gerenciar as métricas diversas dentro da empresa.

Como a elaboração de processos internos e de procedimentos para mensuração e registro das atividades não é clara para todos, ou seja, muitos gestores às vezes não sabem por onde iniciar, irei mostrar, de maneira resumida, por meio de um exemplo aplicado aos postos de combustíveis, como o gestor pode, a partir dos dados da empresa, gerar informações importantes para o processo de tomada de decisões.

A primeira informação que o gestor precisa conhecer com detalhes são as **Receitas** do posto. Elas devem ser analisadas a partir da sua natureza, quantidade e evolução. Ou seja, o gestor precisa conhecer a composição da Receita por produtos e serviços comercializados no posto.

Veja um exemplo de como essas informações podem ser organizadas em grupos e subgrupos:

- Receita com combustíveis
  - Etanol
  - Gasolina comum
  - Gasolina aditivada
  - Diesel

- Receita com lubrificantes/filtros
  - Por tipo/marca

- Serviço de troca de óleo no posto
- Receita com acessórios
  - Palhetas
  - Aditivos etc.

- Receita com loja de conveniência
  - Bebidas
  - Salgados etc.

Ao analisar as **Receitas** do posto de maneira segmentada, o gestor consegue identificar os produtos que vendem mais e os produtos que são vendidos em menores quantidades. A partir dessas informações, também é possível ao gestor analisar o

Tempo Médio de Estocagem dos produtos e o Giro do Estoque, e, até mesmo, calcular e gerenciar a Necessidade de Capital de Giro (NCG), possibilitando, inclusive, a redução da quantidade de recursos que estão aplicados no Capital de Giro da empresa.

O outro grupo de contas que precisa ser acompanhando de perto, com utilização de uma "lupa", são os **Gastos**. Para que possa mensurar e analisar os gastos, é indicado separá-los por grupos e por subgrupos de contas. Assim, é possível conhecer o quanto se gasta em cada um destes grupos e subgrupos, analisando, inclusive, a sua evolução no tempo.

A seguir, exemplifico alguns grupos de gastos e seus respectivos subgrupos que são comuns aos postos de combustíveis.

- Gastos com Pessoal
  - Salários e encargos
  - 13º salário
  - Impostos (INSS e FGTS)
  - Equipamentos de Proteção Individual (EPIs)
  - Benefícios
  - Vale-alimentação
  - Treinamento
  - Exames diversos

- Gastos com promoção e propaganda
  - Brindes
  - Bonificação a clientes
  - Propaganda em jornais, rádios e redes sociais
  - Confecção de *folders*, cartazes etc.

- Gastos gerais
  - Produtos de limpeza em geral
  - Telefone
  - Água
  - Energia elétrica
  - Serviços de terceiros, por exemplo, Consultoria
  - Aluguel
  - Depreciação

- Impostos
  - Municipais

- Estaduais
- Federais

- Gastos bancários/financeiros
  - Juros
  - Taxas bancárias
  - Despesas com cartão

- Gastos para operacionalização da loja de conveniência
- Gastos com obras e manutenção (quando houver)

Com essa classificação dos gastos da empresa em grupos e subgrupos, o gestor consegue ter clareza das informações ao analisar e mensurar os gastos de cada um dos grupos e dos subgrupos. Com isso, é possível identificar se há tendência de aumento, redução ou manutenção dos gastos em cada um dos grupos e subgrupos, o que possibilita uma gestão mais adequada ao contexto do posto. Esses gastos também podem ser classificados em custos variáveis e custos fixos, possibilitando um leque de análises gerenciais, conforme visto no conteúdo do Módulo 3.

A partir dessa organização das informações de Receitas e de Gastos, o gestor consegue conhecer e analisar as contas de **Resultado** do posto, que representa o maior interesse dos gestores e/ou proprietários.

Analisando o Resultado, o gestor identificará se precisa trabalhar para aumentar as receitas, diminuir os gastos ou combinar essas duas estratégias, para que o resultado futuro a ser proporcionado pelo posto possa ser maior e, consequentemente, **gerar valor**[1] aos sócios/proprietários.

Na sequência, abordarei, de maneira resumida, as diferentes métricas que podem ser utilizadas na gestão das empresas.

13.1 Métricas e as decisões empresariais

Assumindo que já há na empresa a cultura e os procedimentos necessários para geração de dados que possibilita elaboração e gerenciamento das métricas, irei abordar, neste subtópico, as diferentes métricas e indicadores que podem ser utilizados no gerenciamento diário de uma empresa.

Atualmente, é possível que sejam utilizadas métricas que possibilitam à empresa uma gestão holística, abordando suas diversas perspectivas. Irei aqui elencar algumas dessas perspectivas que podem ser gerenciadas, citando alguns exemplos de indicadores a serem analisados.

---

[1] Esse conceito será detalhado no Capítulo 23 deste livro.

- Métricas operacionais (dependem do negócio/segmento)
  - Tempo necessário para produzir um produto ou prestar um serviço
  - Quantidade de insumos necessários para o produto/serviço
  - Produtividade de uma máquina ou de um colaborador

- Métricas relacionadas aos clientes
  - Satisfação: sem cliente, a empresa não existe
  - *Ticket* médio por cliente
  - Taxa de cancelamento
  - Custo de aquisição e manutenção de clientes
  - Taxa de novos clientes

- Métricas relacionadas aos colaboradores
  - Satisfação no trabalho
  - Custo da folha de pagamento (p. ex., salários, benefícios)
  - Produtividade dos colaboradores
  - Taxa de absenteísmo (falta ao trabalho)
  - Taxa de adoecimento dos colaboradores
  - Taxa de *turnover* (taxa de rotatividade de colaboradores)

- Métricas de inovação
  - Inovação incremental: alterações no produto/serviço atual
  - Inovação disruptiva: alteração no modelo de negócio, no conceito do negócio. Por exemplo, Netflix: inicialmente começou enviando DVDs aos clientes pelos correios (inovação incremental), mas depois criou o serviço de *streaming* que conhecemos hoje (inovação disruptiva)

- Métricas Econômico/Financeiras (**foco deste livro**)
  - Tendência/Evolução (Análise Horizontal)
  - Composição (Análise Vertical)
  - Indicadores de Lucratividade
  - Indicadores de Liquidez
  - Indicadores de Endividamento
  - Indicadores de Rentabilidade
  - Valor Econômico Agregado (EVA)

Para que seja possível o entendimento dessas métricas econômico/financeiras, é necessário conhecer e entender os três principais Demonstrativos Contábeis/Financeiros, que são o Balanço Patrimonial, o Demonstrativo do Resultado (DR) e Demonstrativo do Fluxo de Caixa (DFC), os quais serão tratados na sequência.

Mas, afinal de contas, o que são as Demonstrações Contábeis?

Elas são uma representação estruturada da posição patrimonial e financeira e do desempenho de uma empresa. A partir da informação acerca da posição patrimonial e financeira, do desempenho e dos Fluxos de Caixa da empresa, os demonstrativos se tornam úteis a muitos usuários em suas avaliações e tomada de decisões econômicas.

CAPÍTULO 14
Apresentação do Balanço Patrimonial

O Balanço Patrimonial é um dos principais demonstrativos contábeis e tem como objetivo demonstrar a estrutura financeira de uma empresa em dado momento. Ele pode ser visto como uma fotografia da empresa, pois trata-se de um demonstrativo estático que demonstra um momento específico da empresa.

Em sua composição, é dividido em duas colunas, sendo a coluna da esquerda denominada "Ativo" e a coluna da direita composta do Passivo somado ao Patrimônio Líquido. De maneira genérica, é possível dizer que o lado do Ativo representa a distribuição em que o dinheiro da empresa está alocado naquele momento, enquanto o lado do Passivo somado ao Patrimônio Líquido representa as fontes (origens) dos recursos que estão disponibilizados na empresa.

Os Ativos da empresa representam seus bens e direitos que têm valor econômico. As contas que compõem os Ativos da empresa são disponibilizadas na ordem de liquidez (capacidade de virar dinheiro), sendo a conta superior a mais líquida. O Ativo é dividido em Ativo Circulante e Ativo Não Circulante. No Ativo Circulante estão as contas que representam investimentos financeiros, a conta Caixa, e as contas relacionadas à operação da empresa – Estoques e Contas a Receber (Clientes), principalmente. Já no Ativo Não Circulante estão as contas de médio e longo prazos, aquelas que representam investimentos feitos pela empresa, principalmente em ativos "fixos" e/ou permanentes.

Já os Passivos da empresa representam as obrigações financeiras a terceiros que a empresa tem. Eles também são dispostos no Balanço Patrimonial a partir da liquidez, sendo as primeiras contas aquelas que devem ser quitadas com menor prazo e as últimas as que têm maiores prazos para pagamento. Seguindo essa lógica, o Passivo também é dividido em Passivo Circulante, contas que devem ser quitadas em até 1 ano, e Passivo Não Circulante, contas que têm prazos para pagamento superiores a 1 ano.

Já o Patrimônio Líquido representa os recursos dos sócios que estão aplicados na empresa. As duas principais contas são Capital Social, que representa o quanto de dinheiro os sócios aportaram à empresa, e a conta Lucros ou Prejuízos Acumulados, que representa, de fato, os lucros ou os prejuízos que foram acumulados pela empresa ao longo dos anos.

No Quadro 14.1, é possível visualizar um exemplo de Balanço Patrimonial simplificado que contém informações de 3 anos: 20X0, 20X1 e 20X2.

Quadro 14.1   Exemplo de Balanço Patrimonial.

Ativo	20X2	20X1	20X0
ATIVO CIRCULANTE	**503.335**	**652.987**	**434.541**
Caixa	46.884	23.547	12.870
Bancos	47.200	10.000	2.000

CONTINUA >>

>> CONTINUAÇÃO

Ativo	20X2	20X1	20X0
ATIVO CIRCULANTE	**503.335**	**652.987**	**434.541**
Clientes	92.886	189.120	130.523
Estoque de produto acabado	150.000	165.000	120.462
Estoque de matéria-prima	120.000	189.000	110.796
Estoque de embalagem	46.365	76.320	57.890
Ativo Não Circulante	1.255.000	1.261.600	1.265.930
Máquinas	236.000	239.500	241.620
Prédios e instalações	544.000	547.100	549.310
Terrenos	475.000	475.000	475.000
TOTAL	**1.758.335**	**1.914.587**	**1.700.471**

Passivo	20X2	20X1	20X0
PASSIVO CIRCULANTE	**512.296**	**651.635**	**343.755**
Fornecedores	254.383	224.230	172.560
Salários a pagar	15.800	13.400	10.891
Imposto a pagar	12.113	10.590	9.583
Empréstimos e financiamentos a curto prazo	230.000	403.415	150.721
PASSIVO NÃO CIRCULANTE	**185.740**	**248.230**	**371.821**
Financiamentos a longo prazo	185.740	248.230	371.821
Empréstimos a longo prazo			
PATRIMÔNIO LÍQUIDO	**1.060.299**	**1.014.722**	**984.895**
Capital Social	800.000	800.000	800.000
TOTAL	**1.758.335**	**1.914.587**	**1.700.471**

Para finalizar, é necessário reforçar que o Balanço Patrimonial é uma ferramenta fundamental para avaliar a saúde financeira de uma empresa. A partir da análise da evolução desse demonstrativo, é possível identificar situações relevantes sobre a situação da empresa. Além disso, quando combinado com o DR, próximo demonstrativo a ser abordado, é possível calcular diversos indicadores que, juntos, darão condições para uma análise bem completa e profunda sobre a situação econômico-financeira da empresa, possibilitando aos gestores, decisões mais acertadas.

Além disso, o Balanço Patrimonial é essencial para que investidores possam usá-lo na hora de avaliar o valor da empresa, enquanto os credores podem utilizá-lo para identificar a capacidade de pagamento da empresa. Cabe destacar que esse demonstrativo já foi abordado de modo superficial no Capítulo 4. Naquela ocasião, o foco foi dado às contas do Ativo e do Passivo Circulante, separando-os em dois grupos de contas, Financeiro e Operacional.

Para que possa preencher e analisar cada um dos demonstrativos contábeis de sua empresa (apresentados nos Capítulos 14 a 16), e analisá-los pelas métricas que serão apresentadas nos Capítulos 17 a 24, você poderá utilizar a planilha eletrônica que disponibilizei como material complementar do livro e que pode ser acessada pelo QR Code a seguir.

Acesse a planilha para preencher e analisar os demonstrativos contábeis de sua empresa. Essa planilha contempla o conteúdo dos Capítulos 14 a 24.

uqr.to/1wdf9

ATIVIDADE MÃO NA MASSA — Balanço Patrimonial

Utilizando a planilha eletrônica disponibilizada como material complementar deste livro, na aba do Balanço Patrimonial, preencha o demonstrativo com informações de alguma empresa a que tenha acesso. Caso não disponha de informações de uma empresa para preencher, suponha os valores, colocando-os de maneira aleatória.

Observação: somente para que possa entender os próximos passos, no Capítulo 15 faremos a mesma atividade, mas, nesse caso, para o DR. Como a planilha está toda indexada, a partir dessas informações, teremos como analisar o Demonstrativo de Fluxo de Caixa, assunto do Capítulo 16. Além disso, por meio dessas informações, já utilizando a planilha que será disponibilizada no Módulo 5 (Capítulo 17 em diante), teremos como analisar os demonstrativos e os indicadores que serão abordados nos capítulos do Módulo 5.

Após resolver o exercício, você poderá acessar uma videoaula em que faço a correção, explicando-o. Essa videoaula estará disponível a partir do seguinte QR Code:

Acesse a videoaula com a correção da "Atividade mão na massa – Balanço Patrimonial".

uqr.to/1wdfa

CAPÍTULO 15 — Apresentação do Demonstrativo de Resultado

O Demonstrativo de Resultado (DR), também conhecido como "Demonstração de Resultado do Exercício" (DRE), tem como objetivo principal apresentar e explicar o resultado das operações da empresa em determinado período, geralmente anual. Em essência, esse demonstrativo identifica, a partir da Receita de Vendas deduzida dos Custos e das Despesas, os diversos Resultados que a empresa proporciona.

Sendo assim, a composição do DR geralmente é dividida em diversas seções, que incluem:

- **Receita de vendas ou faturamento:** descreve o valor total das vendas realizadas pela empresa durante o período em questão. A partir de um detalhamento, é possível identificar a receita por grupos ou subgrupos de produtos ou serviços. No caso das empresas optantes pelo Simples Nacional, os tributos incluídos a serem recolhidos devem ser calculados sobre a receita bruta da empresa.

- **Custos e despesas operacionais:** representam todos os custos e despesas associados à produção e à operação da empresa, incluindo custo dos produtos vendidos e despesas operacionais. Geralmente, os custos dos produtos são compostos de custo de mão de obra, custo de matéria-prima, além dos custos indiretos de fabricação, custos com água, energia elétrica, aluguel, tributos, entre outros, que podem variar a depender da natureza das operações da empresa. Já as despesas operacionais são compostas basicamente de despesas administrativas e despesas de vendas.

- **Lucro bruto:** é calculado subtraindo os custos dos produtos vendidos da receita de vendas. Representa o resultado da empresa antes de serem pagas as despesas operacionais e as despesas financeiras.

- **Lucro operacional:** é obtido após a dedução das despesas operacionais, das despesas de vendas e administrativas. Esse resultado é importante para a empresa, pois evidencia o desempenho da operação da empresa, excluindo despesas financeiras e outros fatores extraordinários. Quando o Lucro Operacional de uma empresa ou de um produto ou serviço é positivo, significa que aquele negócio está proporcionando resultado positivo. Por outro lado, caso o Lucro Operacional seja negativo, significa que a empresa, produto ou serviço não está gerando adequado resultado financeiro. Quando isso ocorre, exclusivamente para o caso de produtos ou serviços, é necessário que o gestor analise também a Margem de Contribuição. Quanto mais profunda e ampla for a análise, melhores decisões serão tomadas.

- **Resultado financeiro:** representa a diferença entre as receitas financeiras e as despesas financeiras. Receitas financeiras são os valores dos juros recebidos pela empresa de seus clientes que efetuaram pagamentos em atraso, somados aos valores recebidos pela empresa como rendimentos financeiros, quando a

134 | **CAPÍTULO 15** Apresentação do Demonstrativo de Resultado

empresa possui recursos aplicados em instituições financeiras ou no mercado financeiro. Já as despesas financeiras representam o valor pago pela empresa com despesas financeiras aos fornecedores, quando há pagamentos em atraso, e às instituições financeiras, quando há empréstimos e financiamentos contraídos pela empresa.

- **Lucro Líquido:** o Lucro Líquido é a última linha do DR e representa o lucro ou prejuízo total da empresa após todas as deduções, incluindo impostos e despesas financeiras.

Por meio do Quadro 15.1, é possível visualizar um DR simplificado, com informações referentes aos anos 20X0, 20X1 e 20X2.

Quadro 15.1 Exemplo de Demonstrativo de Resultado.

	20X2	20X1	20X0
Receita Bruta	512.454	423.870	298.750
(–) Deduções sobre as receitas (Simples Nacional)	–30.747	–25.432	–17.925
(=) Receita Líquida	481.707	398.438	280.825
(–) Custo Produto Vendido (CPV)	–267.468	–239.781	–189.720
(=) Lucro bruto	**214.239**	**158.657**	**91.105**
(–) Despesas de vendas	–62.744	–58.790	–30.921
(–) Despesas administrativas	–25.088	–23.540	–15.320
(=) Lucro operacional	**126.407**	**76.327**	**44.864**
(=/–) Resultado financeiro	–25.564	–31.890	–17.463
(=/–) Outras receitas e despesas	0	250	562
(=) Lucro líquido do período	**100.843**	**44.687**	**27.963**

No DR representado no Quadro 15.1, optou-se por deduzir da Receita Bruta de Vendas os tributos a serem recolhidos pelo regime do Simples Nacional, sendo considerada uma alíquota de 6%.

Conforme pode ser observado, o DR fornece uma visão clara do desempenho da empresa, permitindo que os interessados avaliem o resultado operacional e a capacidade da empresa ou do produto/serviço de gerar lucro.

Além disso, a partir de uma comparação desse demonstrativo com os de anos diferentes ou até mesmo com outras empresas do mesmo segmento, é possível identificar muitas informações relevantes. Além disso, conforme será aprofundado no próximo Módulo, a combinação desse demonstrativo com o Balanço Patrimonial proporcionará o cálculo de diversos indicadores e uma análise bem completa da saúde econômico-financeira da empresa.

Para que você possa preencher e analisar cada um dos demonstrativos contábeis de sua empresa, demonstrativos estes apresentados nos Capítulos 14 a 16, e analisá-los pelas métricas que serão apresentadas nos Capítulos 17 a 24, você poderá utilizar a planilha eletrônica que disponibilizei como material complementar do livro e que pode ser acessada pelo QR Code a seguir.

Acesse a planilha para preencher e analisar os demonstrativos contábeis de sua empresa. Essa planilha contempla o conteúdo dos Capítulos 14 a 24.

uqr.to/1wdfd

ATIVIDADE MÃO NA MASSA — Demonstrativo de Resultado

Continuando a atividade que consta no Capítulo 14, utilizando a "Planilha para atividade mão na massa – Capítulos 14 e 15", disponibilizada como material complementar deste livro, na aba do Demonstrativo de Resultado, preencha o demonstrativo com informações da empresa mencionada na atividade do Capítulo 14. Caso não tenha utilizado informações de uma empresa para preencher, suponha os valores, colocando-os de maneira aleatória.

Observação: somente para que possamos entender os próximos passos, a partir do preenchimento do Balanço Patrimonial e do DR, e como a planilha está toda indexada, teremos como analisar o Demonstrativo de Fluxo de Caixa, assunto do Capítulo 16. Além disso, por meio dessas informações, já utilizando a planilha que será disponibilizada no Módulo 5 (Capítulo 17 em diante), teremos como analisar os demonstrativos e os indicadores que serão abordados nos Capítulos do Módulo 5.

Após resolver o exercício, você poderá acessar uma videoaula em que faço a correção, explicando-o. Essa videoaula estará disponível a partir do seguinte QR Code:

Acesse a videoaula da correção da "Atividade mão na massa – Demonstrativo de Resultado".

uqr.to/1wdfg

Apresentação do Demonstrativo do Fluxo de Caixa

CAPÍTULO 16

Antes de iniciarmos a apresentação do Demonstrativo de Fluxo de Caixa (DFC), é necessário voltarmos ao conteúdo do Capítulo 2, sobre a Gestão do Fluxo de Caixa. Como vimos, gerenciar o Fluxo de Caixa diariamente é primordial para que o gestor consiga acompanhar o caixa da empresa e antecipar situações de falta de caixa ou identificar situações de excesso de caixa, proporcionando, com isso, uma melhor aplicação dos recursos. Para que essa gestão possa ser efetiva, nós vimos a importância de utilizar uma ferramenta que possibilite o lançamento diário das transações financeiras atuais, planejadas e/ou programadas.

Enquanto a ferramenta utilizada para acompanhar o dia a dia do caixa da empresa possibilita informações precisas a todo tempo, quando há controle adequado desses lançamentos, o DFC tratado nesse capítulo não possibilita a mesma informação. O demonstrativo tratado aqui é o Demonstrativo de Fluxo de Caixa Indireto. Ele é indireto, pois as informações para seu preenchimento são oriundas do Balanço Patrimonial.

Como o Balanço Patrimonial é emitido periodicamente, esse DFC também será periódico e evidenciará a variação ocorrida na empresa no intervalo entre os dois Balanços Patrimoniais analisados. Para sua elaboração, deve-se analisar a variação das contas do Balanço Patrimonial de um período para o outro. Além disso, a fim de extrair as informações do Balanço Patrimonial para o adequado preenchimento do DFC, deve-se classificá-lo em contas de Investimento, contas de Financiamento e contas Operacionais, conforme apresentado nas três categorias:

- Fluxo de Caixa das **Atividades Operacionais**: é relacionado à produção e à entrega de bens e serviços. As **entradas de caixa** incluem o recebimento à vista de bens e serviços e das contas a receber; as **saídas de caixa** envolvem os pagamentos efetuados a fornecedores, matéria-prima, salários, serviços, impostos e taxas.

Exemplos em contas de Ativo:

- compra de mercadoria (estoque) à vista – aplicação de caixa;
- venda de produto/serviço à vista – geração de caixa.

Exemplos em contas de Passivo:

- recebimento de prazo para pagar o fornecedor: geração de caixa (observe que, nesse caso, não há entrada de dinheiro em espécie na empresa, mas o fato de não precisar pagar o fornecedor no ato da compra subentende que ele "emprestou" o dinheiro referente àquela compra à empresa. Por isso, consideramos como geração de caixa);
- pagamento de "Impostos a pagar": aplicação de caixa.

- Fluxo de Caixa das **Atividades de Financiamento**: são as atividades referentes a empréstimos e financiamentos. As entradas de caixa estão relacionadas ao recurso que entra por meio de empréstimos, financiamentos ou pelos lucros gerados pela empresa e não distribuídos aos acionistas. Já as saídas de caixa estão relacionadas aos pagamentos de empréstimos e financiamentos aos credores.

Exemplos:

- ✦ pagamento de empréstimo: aplicação de caixa;
- ✦ lucro gerado pela empresa e não distribuído aos sócios: geração de caixa.

- Fluxo de Caixa das **Atividades de Investimento**: são as atividades referentes a investimentos relacionados ao aumento ou à diminuição dos ativos de longo prazo utilizados na produção de bens e/ou serviços.

Exemplos:

- ✦ venda à vista de uma máquina em desuso: geração de caixa;
- ✦ aquisição e pagamento à vista de um equipamento: aplicação de caixa.

A partir dessa explicação, é possível analisar o Balanço Patrimonial representado no Quadro 16.1.

Quadro 16.1 **Balanço Patrimonial a ser utilizado na elaboração do Demonstrativo de Fluxo de Caixa Indireto.**

Ativo	20X2	20X1	20X0
Ativo Circulante	**503.335**	**652.987**	**434.541**
Caixa	46.884	23.547	12.870
Bancos	47.200	10.000	2.000
Clientes	92.886	189.120	130.523
Estoque de produto acabado	150.000	165.000	120.462
Estoque de matéria-prima	120.000	189.000	110.796
Estoque de embalagem	46.365	76.320	57.890
Ativo Não Circulante	**1.255.000**	**1.261.600**	**1.265.930**
Máquinas	236.000	239.500	241.620
Prédios e instalações	544.000	547.100	549.310
Terrenos	475.000	475.000	475.000
TOTAL	**1.758.335**	**1.914.587**	**1.700.471**

CONTINUA >>

CAPÍTULO 16 Apresentação do Demonstrativo do Fluxo de Caixa

>> CONTINUAÇÃO

Passivo	20X2	20X1	20X0
Passivo Circulante	**512.296**	**651.635**	**343.755**
Fornecedores	254.383	224.230	172.560
Salários a pagar	15.800	13.400	10.891
Imposto a pagar	12.113	10.590	9.583
Empréstimos e financiamentos a curto prazo	230.000	403.415	150.721
Passivo Não Circulante	**185.740**	**248.230**	**371.821**
Financiamentos a longo prazo	185.740	248.230	371.821
Empréstimos a longo prazo			
Patrimônio Líquido	**1.060.299**	**1.014.722**	**984.895**
Capital Social	800.000	800.000	800.000
Lucros ou prejuízos acumulados	260.299	214.722	184.895
TOTAL	**1.758.335**	**1.914.587**	**1.700.471**

Conforme pode ser observado no Balanço Patrimonial representado no Quadro 16.1, as contas relacionadas às **atividades operacionais** envolvem contas do Ativo e do Passivo Circulantes. As contas relacionadas às **atividades de financiamento** envolvem contas do Passivo e o Patrimônio Líquido. Já as contas relacionadas às **atividades de investimento** envolvem contas do Ativo Não Circulante. A variação das contas Caixa e Bancos, que representam as contas de Ativo "disponíveis" da empresa, ocorrerá como resultado das variações das demais contas listadas anteriormente.

A partir da análise da variação de cada uma das contas do ano 20X0 para o ano 20X1 e do ano 20X1 para 20X2, é possível elaborar o DFC representado no Quadro 16.2.

Quadro 16.2 Demonstrativo de Fluxo de Caixa.

Atividades Operacionais		
ATIVO	**20X1/20X2**	**20X0/20X1**
Clientes	96.234	−58.597
Estoque de produto acabado	15.000	−44.538
Estoque de matéria-prima	69.000	−78.204
Estoque de embalagem	29.955	−18.430
RESULTADO ATIVO	**210.189**	**−199.769**

CONTINUA >>

>> CONTINUAÇÃO

Atividades Operacionais		
PASSIVO	**20X1/20X2**	**20X0/20X1**
Fornecedores	30.153	51.670
Salários a pagar	2.400	2.509
Imposto a pagar	1.523	1.007
RESULTADO PASSIVO	**34.076**	**55.186**
RESULTADO AT. OPERACIONAIS	**244.265**	**-144.583**

Atividades de Investimento		
ATIVO NÃO CIRCULANTE	**20X1/20X2**	**20X0/20X1**
Máquinas	3.500	2.120
Prédios e instalações	3.100	2.210
Terrenos	0	0
RESULTADO AT. OPERACIONAIS	**6.600**	**4.330**

Atividades de Financiamento		
PASSIVO	**20X1/20X2**	**20X0/20X1**
Passivo Circulante	**-173.415**	**252.694**
Empréstimos e financiamentos a curto prazo	-173.415	252.694
Passivo Não Circulante	**-62.490**	**-123.591**
Financiamentos a longo prazo	-62.490	-123.591
Empréstimos a longo prazo	0	0
Patrimônio Líquido	**45.577**	**29.827**
Capital Social	0	0
Lucros ou prejuízos acumulados	45.577	29.827
RESULTADO AT. FINANCIAMENTO	**-190.328**	**158.930**
RESULTADO DO CAIXA	**60.537**	**18.677**

Conforme pode ser observado no DFC representado no Quadro 16.2, as contas estão separadas de acordo com as atividades, sendo: Operacionais, de Financiamento

140 | CAPÍTULO 16 Apresentação do Demonstrativo do Fluxo de Caixa

e de Investimento. Considerando as variações "20X0/20X1" e "20X1/20X2", para cada uma das atividades, há o resultado da variação do caixa das respectivas atividades, de um ano para o outro.

Por exemplo, analisando as atividades operacionais de "20X0/20X1" é possível verificar que houve uma demanda por caixa no valor de R$ 144.583 (resultado de caixa dessa atividade ficou negativo); as contas de Ativo demandaram R$ 199.769 (resultado do caixa negativo) e as contas de Passivo geraram R$ 55.186 (resultado do caixa positivo). Ou seja, a empresa colocou mais dinheiro nas contas Clientes e Estoques de 20X0 para 20X1 (demanda por caixa), e, por sua vez, pegou mais dinheiro emprestado em 20X1 comparado ao ano 20X0 (geração de caixa). Já de 20X1 para 20X2, a empresa diminuiu a quantidade de dinheiro aplicado nas contas Clientes e Estoques, gerando R$ 210.189, e ainda aumentou seu endividamento com Fornecedores, Salários a pagar e Impostos a pagar, o que gerou mais R$ 34.076 de caixa. Sendo assim, de 20X1 para 20X2 a empresa, por meio das atividades operacionais, obteve um total de R$ 244.265 para o seu caixa (geração de caixa).

Essas mesmas análises podem ser feitas para as atividades de investimento e de financiamento. Ao final, após analisar todas as contas referentes ao intervalo 20X0-20X1, é possível verificar que a empresa aumentou a quantidade de dinheiro em caixa em R$ 18.677. Isso pode ser observado quando os resultados de cada uma das atividades são somados. Vamos aos cálculos:

- Atividade Operacional demandou –R$ 144.583 (resultado negativo)
- Atividade de Investimento gerou R$ 4.330 (resultado positivo)
- Atividade de Financiamento gerou R$ 158.930 (resultado positivo)
- RESULTADO: –R$ 144.583 + R$ 4.330 + R$ 158.930 = R$ 18.677 (geração de caixa)

Esse resultado de R$ 18.677 como variação do caixa de 20X0 para 20X1 pode ser confirmado quando analisamos a variação do **Caixa**, que variou de R$ 12.870 para R$ 23.547, aumentando R$ 10.677, e a conta **Bancos**, que variou de R$ 2.000 para R$ 10.000, aumentando R$ 8.000. Somando esses resultados, chegamos exatamente ao valor da variação identificada a partir das outras contas, que foi um aumento de Caixa e Bancos de R$ 18.677, conforme pode ser observado na última linha do Quadro 16.2.

A análise desse demonstrativo será retomada no Capítulo 24, no qual irei explicar novamente as variações ocorridas no DFC, porém analisando o intervalo entre 20X1 e 20X2. Nesse período, é percebido um aumento das contas Caixa e Bancos de R$ 60.537.

Conforme apresentado, o DFC (Indireto) é uma ferramenta importante para analisar a saúde econômico-financeira de uma empresa e identificar as tendências das contas, principalmente do caixa. Além disso, esse demonstrativo, junto aos outros demonstrativos e com as diversas outras análises da empresa, contribui para que o gestor da empresa possa tomar decisões estratégicas.

Para que possa preencher e analisar cada um dos demonstrativos contábeis de sua empresa, demonstrativos estes que estão sendo apresentados nos Capítulos 14 a 16, e analisá-los pelas métricas que serão apresentadas nos Capítulos 17 a 24, você poderá utilizar a planilha eletrônica que disponibilizei como material complementar do livro e que pode ser acessada pelo QR Code a seguir.

Acesse a planilha para preencher e analisar os demonstrativos contábeis de sua empresa. Essa planilha contempla o conteúdo dos Capítulos 14 a 24.

uqr.to/1wdfk

No próximo Módulo irei, principalmente a partir do Balanço Patrimonial e do Demonstrativo de Resultado, apresentar, explicar e exemplificar um conjunto de indicadores que contribuem para o processo de tomada de decisão das empresas.

MÓDULO 5

Análise da Empresa para o Processo de Tomada de Decisão

Neste módulo, avançaremos além da simples compreensão dos demonstrativos contábeis, explorando as principais técnicas e ferramentas utilizadas para realizar uma análise financeira profunda e abrangente. Baseando-nos nos princípios estabelecidos nos demonstrativos contábeis apresentados nos capítulos do Módulo 4, exploraremos como essas técnicas podem ser aplicadas para compreender a saúde econômico-financeira e os resultados de uma empresa.

Antes de prosseguirmos, é essencial reforçar a importância da organização dos registros financeiros da empresa, incluindo a padronização de lançamentos e a criação de um plano de contas adequado. Ao cumprir com esse "dever de casa", você obterá *insights* valiosos para orientar o seu processo de tomada de decisão.

Assumindo que a empresa está registrando suas atividades de maneira organizada e seguindo padrões específicos, nos aprofundaremos em diversas técnicas e ferramentas que podem ser utilizadas para análise financeira. Entre elas, destacam-se:

- análise de tendência do Balanço Patrimonial e do Demonstrativo de Resultado (DR);
- análise de composição do Balanço Patrimonial;
- análise de Lucratividade – Margens;
- indicadores de Liquidez;
- indicadores de Endividamento;
- indicadores de Rentabilidade;
- Valor Econômico Agregado (EVA);
- análise do Demonstrativo do Fluxo de Caixa a partir das atividades (operacionais, investimento e financiamento).

Essas técnicas fornecem uma visão abrangente do desempenho financeiro da empresa e podem ser utilizadas em conjunto para uma análise mais completa e precisa. Recomenda-se que a empresa, de acordo com sua realidade e objetivos, selecione os indicadores mais relevantes para monitoramento diário, representando os indicadores-chave (KPIs) da empresa.

Esses indicadores selecionados podem ser apresentados por meio de um *dashboard* (Painel de Controle), permitindo que você acompanhe de perto o desempenho financeiro da empresa e tome decisões informadas e estratégicas com base em dados sólidos e objetivos.

Ao final deste módulo, espera-se que você esteja familiarizado com uma variedade de técnicas e ferramentas para análise financeira avançada, e seja capaz de realizar avaliações detalhadas da saúde econômico-financeira de sua empresa e tomar decisões orientadas por dados que impulsionem o sucesso e a sustentabilidade organizacional.

CAPÍTULO 17
Análise de Tendência do Balanço Patrimonial e do Demonstrativo de Resultado

A análise de tendência, também conhecida como "análise horizontal de demonstrativos contábeis", é uma ferramenta importante para avaliar e comparar o desempenho econômico e financeiro de uma empresa ao longo do tempo.

Por meio dessa análise, comparam-se os valores de cada uma das contas específicas dos demonstrativos contábeis entre os períodos analisados, que geralmente são anos. Como o próprio nome da análise diz, é possível analisar a tendência dos valores para cada uma das contas dos demonstrativos, ou seja, analisar se os valores da conta estão aumentando, diminuindo ou mantendo-se constantes.

Após analisar a tendência dos valores de cada uma das contas dos demonstrativos, junto à análise de outros indicadores, e conhecendo a realidade e o contexto em que a empresa está inserida, é possível presumir situações e propor ajustes à empresa.

Para realizar uma análise horizontal (tendência), algumas etapas são necessárias, tais como:

- Obter os demonstrativos contábeis da empresa para os anos em que se pretende analisar.
- Calcular as variações em termos percentuais para cada item (ou conta) ao longo do período de análise. Para efetuar essa análise, é indicado que o primeiro ano a ser analisado seja considerado como ano de referência. Os valores dos demais anos serão todos divididos pelo valor do primeiro ano e multiplicados por 100. Fazendo essa divisão, será possível identificar se os valores das contas estão aumentando ou diminuindo, tendo sempre o primeiro ano da análise como referência.
- Analisar as variações percentuais. Se os valores dos anos seguintes forem superiores a 100%, isso significa que houve um aumento no valor daquela conta. Já se os resultados forem inferiores a 100%, significa que houve uma redução do valor da conta.
- Identificar as tendências. Analisar os resultados buscando pelas tendências ao longo do tempo. Isso pode ajudar a identificar padrões de crescimento, estagnação ou declínio.
- Compreender as causas. Analisar a empresa buscando entender as razões por trás das variações observadas. Essas variações podem ser resultado de mudanças na estratégia da empresa, condições econômicas, políticas de gestão ou outros fatores.
- Comunicar os resultados. Por meio de relatório ou apresentação que resuma suas descobertas de maneira clara e objetiva, os gestores precisam tomar conhecimento dos resultados para que as principais ações possam ser tomadas, quando este for o objetivo da análise.

Além desse contexto interno, objetivamente para o processo de tomada de decisão da empresa, a análise horizontal também é uma ferramenta valiosa para acionistas, investidores e credores, pois ajuda a avaliar a evolução do desempenho econômico-financeiro da empresa ao longo do tempo.

Com o objetivo de demonstrar como fazer os cálculos e analisar os resultados, apresento um exemplo, por meio do Quadro 17.1, em que analiso o Balanço Patrimonial de uma empresa fictícia.

Quadro 17.1 Análise de tendência do Balanço Patrimonial (20X0 a 20X2).

Ativo	20X2		20X1		20X0	
Ativo Circulante	**503.335**	**116%**	**652.987**	**150%**	**434.541**	**100%**
Caixa	46.884	364%	23.547	183%	12.870	100%
Bancos	47.200	2360%	10.000	500%	2.000	100%
Clientes	92.886	71%	189.120	145%	130.523	100%
Estoque de produto acabado	150.000	125%	165.000	137%	120.462	100%
Estoque de matéria-prima	120.000	108%	189.000	171%	110.796	100%
Estoque de embalagem	46.365	80%	76.320	132%	57.890	100%
Ativo Não Circulante	**1.255.000**	**99%**	**1.261.600**	**100%**	**1.265.930**	**100%**
Máquinas	236.000	98%	239.500	99%	241.620	100%
Prédios e instalações	544.000	99%	547.100	100%	549.310	100%
Terrenos	475.000	100%	475.000	100%	475.000	100%
Total	**1.758.335**	**103%**	**1.914.587**	**113%**	**1.700.471**	**100%**

Passivo	20X2		20X1		20X0	
Passivo Circulante	**512.296**	**149%**	**651.635**	**190%**	**343.755**	**100%**
Fornecedores	254.383	147%	224.230	130%	172.560	100%
Salários a pagar	15.800	145%	13.400	123%	10.891	100%
Imposto a pagar	12.113	126%	10.590	111%	9.583	100%

CONTINUA >>

>> CONTINUAÇÃO

Passivo	20X2		20X1		20X0	
Empréstimos e financiamentos a curto prazo	230.000	153%	403.415	268%	150.721	100%
Passivo Não Circulante	**185.740**	**50%**	**248.230**	**67%**	**371.821**	**100%**
Financiamentos a longo prazo	185.740	50%	248.230	67%	371.821	100%
Empréstimos a longo prazo	0		0		0	100%
Patrimônio Líquido	**1.060.299**	**108%**	**1.014.722**	**103%**	**984.895**	**100%**
Capital Social	800.000	100%	800.000	100%	800.000	100%
Lucros ou prejuízos acumulados	260.299	141%	214.722	116%	184.895	100%
Total	**1.758.335**	**103%**	**1.914.587**	**113%**	**1.700.471**	**100%**

No Balanço Patrimonial apresentado no Quadro 17.1, constam três anos a serem analisados: o ano 20X0, disposto à direita; o ano 20X1, no meio; e o ano 20X2, à esquerda. Os valores do ano 20X0 foram considerados como base. Assim, os valores de cada uma das contas dos outros anos foram divididos pelos valores de 20X0 e depois multiplicados por 100. Fazendo assim, o primeiro ano representa 100% para todas as contas.

Para facilitar, irei detalhar como foi o cálculo da análise para o Ativo Circulante. O valor dessa conta em 20X0 era de R$ 434.541 e representou, na análise, 100%. Pegando o valor da mesma conta de 20X1, que foi de R$ 652.987, e dividindo por R$ 434.541 e depois multiplicando por 100, obtém-se o resultado de 150%. Fazendo o mesmo cálculo com o valor do ano 20X2, que foi de R$ 503.335, obtém-se 116%. Assim, é possível afirmar que o Ativo Circulante da empresa aumentou 50% de 20X0 para 20X1 e depois reduziu em 20X2, representando 116% do valor de 20X0. Ou seja, o Ativo Circulante teve uma tendência de crescimento de 20X0 para 20X1 e depois baixou de 20X1 para 20X2, ano em que o valor ainda ficou 16% maior que o valor de 20X0.

Se analisarmos a conta Clientes, podemos perceber que houve um aumento de 45% de 20X0 para 20X1 e depois uma queda expressiva de 20X1 para 20X2. O valor de 20X2 representa apenas 71% do valor de 20X0. Se relacionamos essa análise com a gestão do Capital de Giro, vemos que a empresa aumentou a quantidade de dinheiro dela na mão dos clientes de 20X0 para 20X1, e que, depois, talvez em função de um ajuste na estratégia de prazo aos clientes, reduziu esse valor para o ano de 20X2. Assim, é possível relacionarmos as diferentes análises para entendermos com mais profundidade e amplitude a realidade econômico-financeira da empresa.

Finalmente, irei analisar também a tendência da conta Passivo Não Circulante. Analisando essa conta, observamos que há uma tendência de queda entre os anos analisados.

148 | **CAPÍTULO 17** Análise de Tendência do Balanço Patrimonial e do Demonstrativo de Resultado

O valor da conta em 20X1 representa 67% do valor de 20X0. Já em 20X2, o valor da conta representa apenas 50% do valor de 20X0. Assim, constatamos que a empresa está reduzindo as dívidas de longo prazo, o que pode ser resultado de uma estratégia dela.

Ao analisarmos a tendência do Demonstrativo de Resultado (DR), devemos fazer os mesmos cálculos, conforme pode ser observado no Quadro 17.2.

Quadro 17.2   Análise de tendência do Demonstrativo de Resultado (20X0 a 20X2).

	20X2		20X1		20X0	
Receita Bruta	512.454	172%	423.870	142%	298.750	100%
(–) Deduções sobre as Receitas	**–30.747**	**172%**	**–25.432**	**142%**	**–17.925**	100%
(=) Receita Líquida	481.707	172%	398.438	142%	280.825	**100%**
(–) Custo Produto Vendido (CPV)	–267.468	141%	–239.781	126%	–189.720	100%
(=) Lucro bruto	**214.239**	**235%**	**158.657**	**174%**	**91.105**	**100%**
(–) Despesas de vendas	–62.744	203%	–58.790	190%	–30.921	100%
(–) Despesas administrativas	–25.088	164%	–23.540	154%	–15.320	100%
(=) Lucro operacional	**126.407**	**282%**	**76.327**	**170%**	**44.864**	**100%**
(=/–) Resultado financeiro	–25.564	146%	–31.890	183%	–17.463	100%
(=/–) Outras receitas e despesas	0	0%	250	44%	562	100%
(=) Lucro líquido do período	**100.843**	**361%**	**44.687**	**160%**	**27.963**	**100%**

Analisando a tendência das contas do DR de 20X0 para 20X1 e depois para 20X2, é possível percebermos uma tendência de crescimento entre os anos. Chamo a atenção para que, apesar de a Receita Bruta ter aumentado de 100 para 172% entre 20X0 e 20X2, quando analisamos a lucratividade, observamos que os lucros da empresa aumentaram proporcionalmente mais. O Lucro Líquido aumentou de 100 para 361% nesse período.

Dessa informação é possível constatar que, à medida que a empresa aumenta as suas vendas, o lucro por unidade vendida também aumenta. Muito provavelmente, ela está conseguindo dividir seus custos fixos por mais unidades, reduzindo, assim, o custo fixo unitário. Também pode ser que o fato de estar vendendo mais esteja lhe dando condições de comprar os insumos em maior quantidade, e, por sua vez, com preços unitários menores. Nesse caso, o custo variável unitário estaria reduzindo.

Para que possa preencher e analisar cada um dos demonstrativos contábeis de sua empresa, demonstrativos estes que serão apresentados nos Capítulos 14 a 16, e analisá-los pelas métricas que serão apresentadas nos Capítulos 17 a 24, você poderá utilizar a planilha eletrônica que disponibilizei como material complementar do livro e que pode ser acessada pelo QR Code a seguir.

Acesse a planilha para preencher e analisar os demonstrativos contábeis de sua empresa. Essa planilha contempla o conteúdo dos Capítulos 14 a 24.

uqr.to/1wdfl

CAPÍTULO 18 — Análise de Composição do Balanço Patrimonial

A análise de composição ou análise vertical de demonstrativos contábeis é uma técnica importante da contabilidade e da gestão financeira, pois nos permite avaliar a estrutura e a composição dos demonstrativos financeiros de uma empresa em determinado período.

Por meio dessa técnica, analisamos a distribuição proporcional de cada uma das contas do Balanço Patrimonial em relação a um valor base, em que geralmente é usado o Ativo ou o Passivo Total. Ou seja, a análise é realizada de maneira percentual, permitindo que sejam identificadas as parcelas relativas de cada conta em relação ao Ativo ou ao Passivo Total.

Para realizar a análise, deve-se dividir o valor de cada conta pelo valor do Ativo ou o Passivo Total e depois multiplicar por 100. **Essa análise permite identificar a importância relativa de cada conta em relação ao total** e avaliar a estrutura financeira da empresa.

Além de analisar a estrutura do Balanço Patrimonial atual da empresa, a análise de composição (ou vertical) também pode ser usada para comparar diferentes períodos contábeis. Essa comparação nos permite analisar a tendência da estrutura das contas entre os períodos. Nesse caso, a análise de tendência não representa a variação de apenas uma conta, como fizemos na análise de tendência discutida no capítulo anterior, e sim a variação da representação da conta dividida pelo valor base (Ativo ou Passivo Total).

Outra opção de análise é fazer comparações dos resultados com empresas do mesmo setor, haja visto que se trata de valores percentuais. Isso ajuda a identificar mudanças ao longo do tempo e a entender como a empresa se compara às suas concorrentes.

A análise de composição (vertical) fornece informações valiosas sobre a estrutura financeira de uma empresa, destacando quais itens têm maior peso em relação ao Ativo ou Passivo Total. Isso ajuda os investidores, credores, gerentes e analistas a identificar tendências e tomar melhores decisões. Por exemplo, uma empresa que tenha alto percentual de Ativo Não Circulante em relação ao Ativo Total pode enfrentar desafios para honrar com seus compromissos em dia. Isso tem relação com a liquidez da empresa, tema a ser tratado nos próximos capítulos.

Para facilitar o entendimento, apresento um exemplo da análise de composição realizada no Balanço Patrimonial de uma empresa fictícia, conforme consta no Quadro 18.1.

Quadro 18.1 Análise de composição do Balanço Patrimonial (20X0 a 20X2).

Ativo	20X2		20X1		20X0	
Ativo Circulante	**503.335**	**29%**	**652.987**	**34%**	**434.541**	**26%**
Caixa	46.884	3%	23.547	1%	12.870	1%
Bancos	47.200	3%	10.000	1%	2.000	0%
Clientes	92.886	5%	189.120	10%	130.523	8%
Estoque de produto acabado	150.000	9%	165.000	9%	120.462	7%
Estoque de matéria-prima	120.000	7%	189.000	10%	110.796	7%
Estoque de embalagem	46.365	3%	76.320	4%	57.890	3%
Ativo Não Circulante	**1.255.000**	**71%**	**1.261.600**	**66%**	**1.265.930**	**74%**
Máquinas	236.000	13%	239.500	13%	241.620	14%
Prédios e instalações	544.000	31%	547.100	29%	549.310	32%
Terrenos	475.000	27%	475.000	25%	475.000	28%
Total	**1.758.335**	**100%**	**1.914.587**	**100%**	**1.700.471**	**100%**

Passivo	20X2		20X1		20X0	
Passivo Circulante	**512.296**	**29%**	**651.635**	**34%**	**343.755**	**20%**
Fornecedores	254.383	**14%**	224.230	**12%**	172.560	**10%**
Salários a pagar	15.800	**1%**	13.400	**1%**	10.891	**1%**
Imposto a pagar	12.113	**1%**	10.590	**1%**	9.583	**1%**
Empréstimos e financiamentos a curto prazo	230.000	**13%**	403.415	**21%**	150.721	**9%**
Passivo Não Circulante	**185.740**	**11%**	**248.230**	**13%**	**371.821**	**22%**
Financiamentos a longo prazo	185.740	**11%**	248.230	**13%**	371.821	**22%**
Empréstimos a longo prazo	0	**0%**	0	**0%**	0	**0%**
Patrimônio Líquido	**1.060.299**	**60%**	**1.014.722**	**53%**	**984.895**	**58%**
Capital Social	800.000	**45%**	800.000	**42%**	800.000	**47%**
Lucros ou prejuízos acumulados	260.299	**15%**	214.722	**11%**	184.895	**11%**
Total	**1.758.335**	**100%**	**1.914.587**	**100%**	**1.700.471**	**100%**

A análise de composição é realizada para cada um dos períodos. Por exemplo, analisando o Ativo do ano 20X0, deve-se dividir o valor de cada uma das contas pelo Ativo Total. Por exemplo, ao dividir o Ativo Circulante deste ano (R$ 434.541) pelo Ativo Total (R$ 1.700.471) e depois multiplicando por 100, chega-se ao valor de 26%. Isso evidencia que o Ativo Circulante neste ano representa 26% do Ativo Total. Já o Ativo Não Circulante representa 74% do Ativo Total. Assim, por meio dessa análise, é possível identificar quanto cada conta representa do Ativo Total.

Ao analisarmos a representatividade percentual de cada uma das contas entre os anos, conseguimos entender a tendência dessa representatividade. Por exemplo, analisando a representatividade da conta Caixa é possível perceber que de 20X0 para 20X1 não houve variação, e o Caixa representou nesses dois anos o mesmo 1% do Ativo Total. Portanto, em 20X2 o Caixa passou a representar 3% do Ativo Total. Como o valor absoluto do Ativo Total aumentou, é possível constatar que o valor do Caixa aumentou mais que o proporcional ao Ativo Total.

Já analisando as contas de Passivo, é possível perceber que a representatividade da conta Fornecedores aumentou de 10% em 20X0 para 12% em 20X1 e 14% em 20X2. Isso evidencia que a empresa está conseguindo se financiar mais com o recurso de Fornecedores, que, conforme vimos nos Capítulos 3 e 4, é uma fonte de recurso operacional, interessante para a empresa, por geralmente não ter custo financeiro.

Mais importante que analisar cada uma das contas, é identificar quais são as contas que têm maior representatividade e analisá-las com mais detalhes. Na sequência, vou apresentar a análise de lucratividade, que, na prática, assemelha-se muito à análise de composição, mas é utilizada especificamente no Demonstrativo de Resultados (DR).

Para que possa preencher e analisar cada um dos demonstrativos contábeis de sua empresa, demonstrativos estes apresentados nos Capítulos 14 a 16, e analisá-los pelas métricas que serão apresentadas nos Capítulos 17 a 24, você poderá utilizar a planilha eletrônica que disponibilizei como material complementar do livro e que pode ser acessada pelo QR Code a seguir.

Acesse a planilha para preencher e analisar os demonstrativos contábeis de sua empresa. Essa planilha contempla o conteúdo dos Capítulos 14 a 24.

uqr.to/1wdfm

19 Análise da Lucratividade ou Margens

CAPÍTULO 19

Conforme comentado, a análise de lucratividade ou margens se assemelha muito à análise de composição, pois o objetivo é analisar a representatividade percentual das contas tendo a Receita como valor base. Portanto, essa análise é exclusiva do Demonstrativo de Resultado (DR) e sempre utilizamos como valor base a Receita Total. Ou seja, o objetivo é analisar quanto cada conta do Demonstrativo de Resultado representa da Receita Total.

Por meio dessa análise, é possível **avaliar a capacidade de uma empresa em gerar lucro a partir de suas operações**. Por exemplo, quando dividimos o Lucro Líquido do período pela Receita do período, identificamos o percentual de Lucro Líquido que a empresa está proporcionando a partir da Receita Total. Essa informação também é conhecida como margem líquida. Essa mesma análise deve ser feita para o Lucro Bruto e para o Lucro Operacional.

Por outro lado, essa análise também nos permite analisar os resultados da empresa pela perspectiva dos custos. Ou seja, quanto o custo e as despesas estão representando do faturamento.

Cabe destacar que a lucratividade é uma medida relevante para acionistas, investidores, credores e gestores, pois reflete a capacidade de uma empresa não apenas de gerar receita, mas também de administrar, eficazmente, seus custos e suas despesas.

Além de analisar a lucratividade em apenas um período, é importante comparar os indicadores de diferentes períodos e comparar os resultados ao longo do tempo. Isso pode revelar tendências e fornecer *insights* sobre a saúde econômico-financeira da empresa. Também é útil comparar os números com os de empresas do mesmo setor para avaliar o desempenho relativo.

Para auxiliar no entendimento da análise de lucratividade, será utilizado o DR de uma empresa fictícia, que está representado no Quadro 19.1.

Quadro 19.1 **Análise de lucratividade por meio do Demonstrativo de Resultado (20X0 a 20X2).**

	20X2		20X1		20X0	
Receita Bruta	512.454	100%	423.870	100%	298.750	100%
(–) Deduções sobre as Receitas	**–30.747**	**–6%**	**–25.432**	**–6%**	**–17.925**	**–6%**
(=) Receita Líquida	481.707	94%	398.438	94%	280.825	94%
(–) Custo Produto Vendido (CPV)	–267.468	–52%	–239.781	–57%	–189.720	–64%

CONTINUA »

>> CONTINUAÇÃO

	20X2		20X1		20X0	
(=) Lucro bruto	**214.239**	**42%**	**158.657**	**37%**	**91.105**	**30%**
(–) Despesas de vendas	–62.744	–12%	–58.790	–14%	–30.921	–10%
(–) Despesas administrativas	–25.088	–5%	–23.540	–6%	–15.320	–5%
(=) Lucro operacional	**126.407**	**25%**	**76.327**	**18%**	**44.864**	**15%**
(=/–) Resultado financeiro	–25.564	–5%	–31.890	–8%	–17.463	–6%
(=/–) Outras receitas e despesas	0	0%	250	0%	562	0%
(=) Lucro líquido do período	**100.843**	**20%**	**44.687**	**11%**	**27.963**	**9%**

Conforme pode ser observado no Quadro 19.1, os valores de cada uma das contas foram divididos pela Receita Total, sempre em um mesmo ano. Por exemplo, o Lucro Bruto de 20X0 (R$ 91.105) foi dividido pela Receita Bruta do mesmo ano (R$ 298.750) e depois multiplicado por 100. Como resultado, obteve-se 30%, que, na prática, representa que 30% da Receita foi convertida em Lucro Bruto pela empresa, neste ano. Nesse caso, se analisarmos as informações desse ano (20X0), percebemos que, da Receita Total, 6% são Deduções sobre as Receitas (nesse caso, estamos considerando que a empresa é tributada pelo Simples Nacional e paga uma alíquota de 6%), e o Custo do Produto Vendido (CPV) ou o Custo da Mercadoria Vendida (CMV) representaram 64% do total da Receita.

Ainda analisando o ano de 20X0, é possível identificar que as Despesas de vendas e administrativas representaram 10 e 5% da Receita total, respectivamente. Já o Lucro Operacional e o Lucro Líquido representaram 15 e 9% da Receita total, respectivamente; o Resultado financeiro[1] da empresa foi negativo e representou 6% da Receita total.

Por outro lado, ao analisarmos os três anos representados pelo DR (Quadro 19.1), é possível identificar que a lucratividade da empresa está aumentando com o passar do tempo. Esse aumento pode ser percebido no Lucro Bruto, no Lucro Operacional e no Lucro Líquido.

Essa análise da lucratividade também pode ser feita por meio do Quadro 19.2, no qual estão apresentados apenas os indicadores de Margem da empresa para os anos analisados.

---

[1] Significa que a empresa pagou mais juros (despesa financeira) do que recebeu. Por isso, o resultado ficou negativo. Se em um período a empresa receber mais juros do que pagar, o resultado será positivo.

Quadro 19.2   Análise de Lucratividade (20X0 a 20X2).

Indicadores	20X2	20X1	20X0
Margem Bruta	42%	37%	30%
Margem Operacional	25%	18%	15%
Margem Líquida	20%	11%	9%

Analisando a lucratividade por meio da Margem Líquida, é possível constatar que o Lucro Líquido da empresa a partir da Receita aumentou de 9% em 20X0 para 11% em 20X1 e depois para 20% em 20X2. Isso evidencia que para cada R$ 100,00 de faturamento a empresa lucrou R$ 9,00 em 20X0, R$ 11,00 em 20X1 e R$ 20,00 em 20X2. Assim, é possível constatar que a empresa está mais eficiente, ou seja, seus produtos estão custando menos com o passar do tempo.

Para que possa preencher e analisar cada um dos demonstrativos contábeis de sua empresa, demonstrativos estes apresentados nos Capítulos 14 a 16, e analisá-los pelas métricas que serão apresentadas nos Capítulos 17 a 24, você poderá utilizar a planilha eletrônica que disponibilizei como material complementar do livro e que pode ser acessada pelo QR Code a seguir.

uqr.to/1wdfn

Acesse a planilha para preencher e analisar os demonstrativos contábeis de sua empresa. Essa planilha contempla o conteúdo dos Capítulos 14 a 24.

CAPÍTULO 20 — Análise da Liquidez

A análise de liquidez de empresas é uma parte essencial da análise financeira que **se concentra na capacidade de uma empresa em honrar com seus compromissos financeiros de curto prazo**.

Ao analisarmos a liquidez, buscamos entender o quanto a empresa é capaz de transformar seus ativos em dinheiro rapidamente para atender a suas obrigações de curto prazo, como pagamento de fornecedores, empréstimos de curto prazo e despesas operacionais. Existem várias métricas e indicadores que podem ser usados para avaliar a liquidez de uma empresa, e os mais comuns e que serão abordados neste livro são o índice de Liquidez Corrente, o índice de Liquidez Seca e o índice de Liquidez Imediata.

O **índice de Liquidez Corrente** mede a capacidade de uma empresa de cumprir suas obrigações de curto prazo usando Ativos Circulantes, que incluem Caixa, Contas a Receber e Estoque. Para calcular esse indicador deve-se utilizar a Equação 23.

Equação 23

$$\text{Índice de Liquidez Corrente} = \frac{\text{Ativo Circulante}}{\text{Passivo Circulante}} \times 100$$

Se o índice de Liquidez Corrente de uma empresa é superior a 100%, indica que a empresa tem Ativos Circulantes suficientes para cobrir suas obrigações de curto prazo (Passivo Circulante). No entanto, se o indicador é muito elevado, pode indicar que a empresa não está investindo eficientemente seus recursos. Já o índice igual a 80% representa que, do total de obrigações de curto prazo (Passivo Circulante), a empresa dispõe de apenas 80% desse valor em Ativos de curto prazo (Ativo Circulante). Isso pode representar que a empresa está passando ou pode passar por dificuldades financeiras para honrar com seus compromissos de curto prazo.

O **índice de Liquidez Seca** é semelhante ao índice de Liquidez Corrente, mas exclui do numerador (Ativo Circulante) o valor do Estoque, pois o Estoque pode ser menos líquido do que outros Ativos Circulantes, haja visto que ainda precisa ser vendido e depois recebido. A depender do Prazo Médio de Estoque (PME) e do Prazo Médio de Recebimento (PMR) da empresa, a transformação desse Ativo em dinheiro pode demorar. No entanto, a depender da realidade da empresa, esse período também pode ser pequeno. Por isso a importância de analisar a empresa tendo como pano de fundo a sua realidade e o seu contexto. Para calcular esse indicador, deve-se utilizar a Equação 24:

Equação 24

$$\text{Índice de Liquidez Seca} = \frac{\text{Ativo Circulante} - \text{Estoque}}{\text{Passivo Circulante}} \times 100$$

O índice de Liquidez Seca oferece uma visão mais conservadora da capacidade da empresa de cumprir suas obrigações de curto prazo, uma vez que desconsidera o Estoque. A interpretação desse indicador é semelhante à do índice de Liquidez Corrente, no entanto, deve-se levar em consideração que a conta Estoque, que pode representar um volume expressivo de recursos que ainda pode demorar um pouco para ser transformado em dinheiro, foi excluída do cálculo.

Já para o **índice de Liquidez Imediata**, consideram-se no numerador apenas as contas em que o dinheiro da empresa já está disponível. Ou seja, consideram-se as contas em que dinheiro já está liberado para uso imediato, sendo principalmente as contas Caixa e Bancos, conforme pode ser observado na Equação 25:

Equação 25

$$\text{Índice de Liquidez Imediata} = \frac{\text{Caixa e Bancos}}{\text{Passivo Circulante}} \times 100$$

A análise desse indicador é semelhante à dos outros indicadores (Liquidez Corrente e Liquidez Seca), portanto, consideram-se como numerador para seu cálculo apenas as contas que têm liquidez imediata. Assim, o indicador de 50% significa que a empresa tem "na mão" 50% do valor das obrigações de curto prazo, que podem estar com vencimentos em até 1 ano.

Para completar a análise de liquidez, é importante relacioná-la com a análise do Capital de Giro da empresa, mais especificamente com a análise do ciclo operacional e do ciclo de caixa, pois esses indicadores medem o tempo necessário para converter vendas em dinheiro disponível. Quanto maiores os ciclos operacional e de caixa, maior devem ser os indicadores de liquidez, pois, caso contrário, pode ocorrer de a empresa não ter recursos suficientes para honrar com seus compromissos. Além disso, para analisar os indicadores de liquidez é indicado analisar a tendência de seus resultados.

A partir das informações representadas pelo Quadro 20.1, que traz o Balanço Patrimonial do período 20X0 a 20X2 de uma empresa fictícia, os indicadores de liquidez foram calculados, conforme consta no Quadro 20.2.

Quadro 20.1 Balanço Patrimonial (20X0 a 20X2).

Ativo	20X2	20X1	20X0
Ativo Circulante	**503.335**	**652.987**	**434.541**
Caixa	46.884	23.547	12.870
Bancos	47.200	10.000	2.000
Clientes	92.886	189.120	130.523
Estoque de produto acabado	150.000	165.000	120.462

CONTINUA >>

>> CONTINUAÇÃO

Ativo	20X2	20X1	20X0
Estoque de matéria-prima	120.000	189.000	110.796
Estoque de embalagem	46.365	76.320	57.890
Ativo Não Circulante	**1.255.000**	**1.261.600**	**1.265.930**
Máquinas	236.000	239.500	241.620
Prédios e instalações	544.000	547.100	549.310
Terrenos	475.000	475.000	475.000
Total	**1.758.335**	**1.914.587**	**1.700.471**

Passivo	20X2	20X1	20X0
Passivo Circulante	**512.296**	**651.635**	**343.755**
Fornecedores	254.383	224.230	172.560
Salários a pagar	15.800	13.400	10.891
Imposto a pagar	12.113	10.590	9.583
Empréstimos e financiamentos a curto prazo	230.000	403.415	150.721
Passivo Não Circulante	**185.740**	**248.230**	**371.821**
Financiamentos a longo prazo	185.740	248.230	371.821
Empréstimos a longo prazo	0	0	0
Patrimônio Líquido	**1.060.299**	**1.014.722**	**984.895**
Capital Social	800.000	800.000	800.000
Lucros ou prejuízos acumulados	260.299	214.722	184.895
Total	**1.758.335**	**1.914.587**	**1.700.471**

Apenas para recapitular, o indicador de Liquidez Corrente do ano 20X0 foi calculado dividindo-se o Ativo Circulante (R$ 434.541) pelo Passivo Circulante (R$ 343.755), ambos do Quadro 20.1, e depois multiplicando-se por 100, de que resultam 126%, conforme está representado no Quadro 20.2.

Quadro 20.2   Indicadores de Liquidez (20X0 a 20X2).

Indicadores	20X2	20X1	20X0
Liquidez Corrente	98%	100%	126%
Liquidez Seca	36%	34%	42%
Liquidez Imediata	18%	5%	4%

Ao se analisarem os indicadores de liquidez representados no Quadro 20.2, é possível perceber que o indicador de Liquidez Corrente apresenta uma tendência de redução, pois variou de 126% em 20X0 para 98% em 20X2. A Liquidez Seca também reduziu, saindo de 42% em 20X0 para 36% em 20X2. Portanto, a Liquidez Imediata apresentou um considerável aumento, variando de 4% em 20X0 para 18% em 20X2. Assim, sem levar em consideração outras análises, inclusive a análise dos ciclos operacional e financeiro, é possível afirmar que a empresa não apresenta uma situação ruim em sua liquidez. Os resultados da Liquidez Imediata evidenciam uma melhoria nesse indicador.

Para finalizar este capítulo, cabe destacar que a análise de liquidez é essencial para identificar riscos financeiros e tomar decisões sobre a gestão de Capital de Giro, a necessidade de financiamento de curto prazo e a capacidade da empresa de suportar períodos de baixa liquidez. Também é importante considerar que diferentes setores e tipos de negócios podem ter requisitos de liquidez distintos, e, portanto, a análise de liquidez deve ser realizada considerando o contexto específico de cada empresa, conforme comentando anteriormente.

Para que possa preencher e analisar cada um dos demonstrativos contábeis de sua empresa, demonstrativos estes apresentados nos Capítulos 14 a 16, e analisá-los pelas métricas que serão apresentadas nos Capítulos 17 a 24, você poderá utilizar a planilha eletrônica que disponibilizei como material complementar do livro e que pode ser acessada pelo QR Code a seguir.

uqr.to/1wdfp

Acesse a planilha para preencher e analisar os demonstrativos contábeis de sua empresa. Essa planilha contempla o conteúdo dos Capítulos 14 a 24.

Análise do Endividamento

A análise do endividamento nas empresas é **essencial para avaliar o nível de dívida de uma empresa e sua capacidade de gerenciá-la de maneira sustentável**. Conforme vimos no Capítulo 3, as empresas podem ser financiadas por recursos próprios (dos sócios) ou por recursos de terceiros, que, nesse caso, são os endividamentos. Vimos também que o custo do capital de terceiros geralmente é menor que o custo do capital próprio, pois os riscos dos credores são inferiores ao risco dos sócios. Porém, no Brasil, como a taxa de juros é elevada e há falta de recursos disponíveis para investimentos, nem sempre é possível aos empresários captar recursos com taxas de juros mais baixas.

Já no Capítulo 4, vimos que as empresas podem ter endividamentos que são operacionais (Passivo Circulante Operacional) ou financeiros (Passivo Circulante Financeiro). Geralmente, o **endividamento operacional** é saldável, pois está diretamente relacionado às atividades da empresa e não tem custo. O principal exemplo é a conta Fornecedores ou Contas a Pagar, que representa a empresa captando recursos quando dispõe de prazos para pagamento aos Fornecedores.

Por outro lado, o **endividamento financeiro** já tem um custo para a empresa, que pode ser elevado quando a empresa precisa de recursos de última hora para honrar com seus compromissos, ou pode ter taxas subsidiadas ou menores, quando a empresa está comprando equipamentos, máquinas ou outros Ativos que podem ser dados como garantia. Nesse caso, analisando a situação pela perspectiva da instituição financeira que está concedendo o recurso, quanto menor for o risco da empresa, menor tende a ser a taxa de juros dos empréstimos concedidos.

Outro ponto importante a ser analisado sobre o endividamento é a relação existente entre as condições de pagamento das parcelas (juros e amortização) e o Fluxo de Caixa da empresa. Se os empréstimos forem planejados e as condições de pagamento estiverem adequadas ao Fluxo de Caixa da empresa, ela conseguirá cumprir com os compromissos sem prejudicar sua saúde financeira. Por outro lado, se a empresa contrair dívidas com pagamentos a serem realizados em momentos em que a empresa não terá recursos, a sua situação financeira pode ficar complicada.

Sendo assim, para analisarmos a situação financeira de uma empresa, além de utilizamos os indicadores que serão apresentados e discutidos a seguir, é primordial que o endividamento da empresa seja analisado em conjunto com o Fluxo de Caixa e o Capital de Giro. Somente fazendo uma análise mais completa será possível entender a realidade da empresa e apresentar considerações sobre o seu endividamento.

Feitos todos os comentários iniciais, nos quais eu quis chamar a atenção para o fato de que, ao analisarmos uma empresa, não podemos utilizar apenas alguns indicadores sem uma compreensão da sua realidade e do contexto no qual está inserida, de agora em diante vamos tratar especificamente dos indicadores de endividamento.

Existem várias métricas e indicadores que podem ser utilizados na análise de endividamento. Entre eles, o primeiro indicador a ser apresentado será a **participação de capital de terceiros sobre capital próprio**.

Conforme vimos, capital de terceiros refere-se à utilização de recursos financeiros provenientes de fontes externas, como empréstimos e financiamentos, para financiar as operações e os investimentos de uma empresa. Por outro lado, o capital próprio representa os recursos investidos pelos acionistas e proprietários da empresa.

Ao analisarmos a participação de capital de terceiros sobre o capital próprio, identificamos quanto o capital de terceiros representa do capital próprio da empresa, naquele momento. Para calcularmos esse indicador, devemos utilizar a Equação 26.

Equação 26

$$PCTSCP = \frac{Passivo\ Circulante + Passivo\ Não\ Circulante}{Patrimônio\ Líquido} \times 100$$

Em que:

PCTSCP = Participação capital de terceiros sobre capital próprio.

Se o resultado desse indicador for igual a 100%, significa que a empresa está utilizando 50% de capital de terceiros e 50% de capital próprio. Quando o resultado for maior que 100%, significará que a empresa está utilizando mais capital de terceiros do que capital próprio. Já um resultado inferior a 100% indicará a utilização de mais recursos próprios do que recursos de terceiros. Como a análise do endividamento precisa ser relacionada com outras análises da empresa e com a realidade na qual está inserida, não há um resultado esperado para esse indicador. Seu resultado deve ser utilizado como mais uma informação a ser considerada na análise.

Seguindo a dinâmica apresentada, inicialmente serão apresentados os indicadores e, posteriormente, uma análise de cada um deles na empresa fictícia que estamos utilizando como exemplo.

O segundo indicador a ser apresentado será a **participação de capital de terceiros**, também conhecida como "alavancagem financeira". Esse indicador tem como objetivo apresentar o quanto do total dos recursos que estão sendo utilizados pela empresa (Passivo Total[1]) naquele momento é oriundo de dívidas. Para calcularmos esse indicador, devemos utilizar a Equação 27.

Equação 27

$$\frac{Participação\ Capital}{de\ Terceiros} = \frac{Passivo\ Circulante + Passivo\ Não\ Circulante}{Passivo\ Total} \times 100$$

---

[1] Entende-se como Passivo Total o Passivo somado ao Patrimônio Líquido.

162 | **CAPÍTULO 21** Análise do Endividamento

Ao analisarmos esse indicador, o resultado máximo a ser alcançado será 100%. Esse resultado indicará que a empresa está utilizando 100% de capital de terceiros e 0% de capital próprio. Obviamente, essa condição é praticamente impossível. O outro extremo seria o resultado do indicador ser 0%, significando que a empresa não tem nenhuma dívida, ou seja, 100% do capital utilizado por ela é próprio (dos sócios). Essa condição, apesar de ser difícil de encontrar, é mais provável de ocorrer. Como a análise do endividamento precisa ser relacionada com outras análises da empresa e com a realidade na qual está inserida, não há um resultado esperado para esse indicador. Seu resultado deve ser utilizado como mais uma informação a ser considerada na análise.

O próximo e último indicador de endividamento a ser apresentado será **composição do endividamento**. Por meio desse indicador, é possível analisar como estão os endividamentos da empresa. Ele evidencia como a empresa está utilizando dívidas de curto e de longo prazo. Para calcularmos esse indicador, devemos utilizar a Equação 28.

Equação 28

$$\text{Composição do Endividamento} = \frac{\text{Passivo Circulante}}{\text{Passivo Circulante} + \text{Passivo Não Circulante}} \times 100$$

Se o resultado desse indicador for 100%, significa que a empresa está utilizando apenas dívida de curto prazo, que são aquelas dívidas que precisam ser pagas no período de até 1 ano. Imaginando um cenário no qual a empresa esteja muito endividada e ainda tenha que honrar com todos os compromissos no período de até 1 ano, é possível concluir que a situação esteja complicada. Já se o resultado do indicador for igual a 10%, significa que, de todo o endividamento da empresa, apenas 10% precisam ser pagos no período de até 1 ano. Assim como nos demais indicadores de endividamento, para analisá-los é necessário relacioná-los com outros indicadores, com a realidade da empresa e com o contexto no qual está inserida.

A análise de endividamento ajuda os investidores, credores, acionistas e gestores a avaliarem os riscos financeiros de uma empresa. É importante lembrar que níveis razoáveis de endividamento podem ser benéficos para alavancar o crescimento e maximizar o retorno sobre o Patrimônio Líquido. No entanto, um nível excessivo de endividamento pode criar riscos significativos, como a incapacidade de cumprir com as obrigações de pagamento de dívidas ou o aumento das despesas de juros que afetam a lucratividade.

A seguir, utilizando o Balanço Patrimonial apresentado no Quadro 21.1, foram calculados os indicadores de endividamento que estão apresentados no Quadro 21.2.

Quadro 21.1   Balanço Patrimonial (20X0 a 20X2).

Ativo	20X2	20X1	20X0
Ativo Circulante	**503.335**	**652.987**	**434.541**
Caixa	46.884	23.547	12.870

CONTINUA ⟩⟩

>> CONTINUAÇÃO

Ativo	20X2	20X1	20X0
Bancos	47.200	10.000	2.000
Clientes	92.886	189.120	130.523
Estoque de produto acabado	150.000	165.000	120.462
Estoque de matéria-prima	120.000	189.000	110.796
Estoque de embalagem	46.365	76.320	57.890
Ativo Não Circulante	**1.255.000**	**1.261.600**	**1.265.930**
Máquinas	236.000	239.500	241.620
Prédios e instalações	544.000	547.100	549.310
Terrenos	475.000	475.000	475.000
TOTAL	**1.758.335**	**1.914.587**	**1.700.471**

Passivo	20X2	20X1	20X0
Passivo Circulante	**512.296**	**651.635**	**343.755**
Fornecedores	254.383	224.230	172.560
Salários a pagar	15.800	13.400	10.891
Imposto a pagar	12.113	10.590	9.583
Empréstimos e financiamentos a curto prazo	230.000	403.415	150.721
Passivo Não Circulante	**185.740**	**248.230**	**371.821**
Financiamentos a longo prazo	185.740	248.230	371.821
Empréstimos a longo prazo			
Patrimônio Líquido	**1.060.299**	**1.014.722**	**984.895**
Capital Social	800.000	800.000	800.000
Lucros ou prejuízos acumulados	260.299	214.722	184.895
TOTAL	**1.758.335**	**1.914.587**	**1.700.471**

CAPÍTULO 21 Análise do Endividamento

Quadro 21.2 Análise de Endividamento (20X0 a 20X2).

Indicadores	20X2	20X1	20X0
Participação de Capital de Terceiros sobre Capital Próprio	66%	89%	73%
Participação de Capital de Terceiros	40%	47%	42%
Composição do Endividamento	73%	72%	48%

Analisando o resultado do indicador **participação do capital de terceiros sobre o capital próprio** da empresa fictícia, é possível perceber que em 20X0 o resultado foi de 73%. Isso significa que a cada R$ 1,00 dos sócios investido na empresa, ela tinha como dívida R$ 0,73. O resultado desse indicador aumentou em 20X1 para 89% e depois reduziu para 66% no ano 20X2. Conforme comentado, não é possível tecer mais comentários sobre esses resultados, haja visto que precisam ser analisados em conjunto com outros indicadores e informações sobre a empresa.

No que se refere à **participação de capital de terceiros**, é possível observar também um aumento de 20X0 para 20X1, em que o resultado do indicador passou de 42 para 47%. No entanto, em 20X2, o resultado do indicador foi de 40%. Esse resultado indica que no ano de 20X2 a empresa utilizava dívidas para financiar 40% de toda a sua demanda por recursos. Ou seja, do Passivo Total, em 20X2, as dívidas representavam 40%. Também não é possível tecer comentários sobre esses resultados sem uma análise mais completa da empresa.

Já analisando a **composição do endividamento**, é possível perceber um aumento no endividamento de curto prazo no período analisado. Em 20X0, do total do endividamento utilizado pela empresa, 48% eram de dívidas de curto prazo. No ano 20X1, esse percentual passou para 72%, e em 20X2, para 73%. Isso evidencia que em 20X2 a cada R$ 1,00 de dívida que a empresa tinha, R$ 0,73 deveria ser pago no período de até 1 ano. A depender do valor do endividamento da empresa, da sua capacidade de honrar com os compromissos, da sua capacidade de gerar caixa pelas atividades operacionais, esse resultado pode ser preocupante. Portanto, analisando-o "sozinho", não é possível tecer comentários.

Para finalizar, cabe destacar que a utilização de capital de terceiros pela empresa pode ser valiosa nas mãos de gestores financeiros. Quando utilizado com discernimento e gerenciado com cautela, o endividamento pode ser um impulsionador significativo para o crescimento e a prosperidade das empresas. No entanto, a prudência na avaliação de riscos e a adaptação a condições dinâmicas do mercado são essenciais para garantir o sucesso a longo prazo da organização.

Para que você possa preencher e analisar cada um dos demonstrativos contábeis de sua empresa, demonstrativos estes apresentados nos Capítulos 14 a 16, e analisá-los pelas métricas que serão apresentadas nos Capítulos 17 a 24, você poderá utilizar a planilha eletrônica que disponibilizei como material complementar do livro e que pode ser acessada pelo QR Code a seguir.

Acesse a planilha para preencher e analisar os demonstrativos contábeis de sua empresa. Essa planilha contempla o conteúdo dos Capítulos 14 a 24.

uqr.to/1wdfs

166 | **CAPÍTULO 22** Análise da Rentabilidade

CAPÍTULO 22 — Análise da Rentabilidade

A análise de rentabilidade das empresas é de grande interesse para acionistas, investidores, gestores e analistas financeiros. Na prática, em última instância, trata-se do principal indicador, pois **evidencia o quanto de retorno que a empresa está proporcionando ao dinheiro que nela está investido**.

No entanto, é importante que se tenha clareza de que não adianta uma empresa proporcionar um rwetorno exorbitante em um período e retorno negativo em outros momentos. Sendo assim, os indicadores de rentabilidade também precisam ser analisados pela sua tendência e em conjunto com os outros indicadores, com a realidade da empresa e com o contexto no qual está inserida.

Antes de adentrar no detalhamento dos indicadores de rentabilidade, preciso diferenciar rentabilidade de lucratividade. É comum vermos esses termos tratados como sinônimos, mas, na verdade, não são. A rentabilidade está relacionada com o retorno que a empresa está proporcionando a partir do dinheiro que nela está investido. Trata-se de uma taxa de retorno sobre o investimento. Por outro lado, a lucratividade está relacionada com a capacidade que a empresa tem de gerar lucro a partir das vendas, conforme vimos no Capítulo 19 deste livro.

Existem várias métricas e indicadores que podem ser usados para a análise de rentabilidade de uma empresa. O primeiro indicador a ser apresentado e detalhado será o **retorno sobre o Ativo (ROA)**. O ROA mede a eficiência da empresa em gerar lucro a partir de seus Ativos Totais. Ou seja, representa o quanto a empresa está gerando de lucro para pagar o custo do capital de todo o dinheiro que está investido na empresa (Ativo ou Passivo Total). Para calculá-lo, devemos utilizar a Equação 29.

Equação 29

$$ROA = \frac{\text{Lucro Operacional}}{\text{Passivo Total médio}} \times 100$$

Conforme pode ser observado na Equação 29, para calcular o ROA divide-se o Lucro Operacional pelo Passivo Total médio e depois multiplica-se por 100. O Lucro Operacional é resultado das atividades operacionais da empresa e é encontrado no Demonstrativo de Resultado (DR), que tem como objetivo principal apresentar e explicar o resultado das operações da empresa em determinado período, geralmente anual. Já o Passivo Total é uma informação do Balanço Patrimonial, que tem como objetivo demonstrar a estrutura financeira de uma empresa em um dado momento. Ele pode ser visto como uma fotografia da empresa, pois trata-se de um demonstrativo estático e demonstra um momento específico da empresa.

Como estamos utilizando no cálculo do ROA uma variável do DR, que evidencia o resultado de um período de 1 ano, não seria adequado utilizarmos a informação do Balanço

Patrimonial do início do ano ou do final do ano, pois tanto um quanto o outro valor poderia tornar o resultado do indicador equivocado, principalmente se esses valores forem muito diferentes. Sendo assim, para corrigir essa possível distorção iremos dividir o Lucro Operacional pelo Passivo Total médio, ou seja, iremos considerar o Passivo Total do início do ano somado ao Passivo Total do final do ano e depois dividido por 2.

Para análise, quanto maior for o resultado do ROA, melhor. Esse indicador significa o percentual de resultado que o dinheiro investido na empresa está proporcionado para pagar os juros aos credores e a rentabilidade esperada pelos sócios. Por exemplo, se o ROA for de 35% no período de 1 ano, significa que a empresa está proporcionando um retorno de R$ 0,35 para cada R$ 1,00 investido nela. Como critério de comparação, a empresa deve utilizar o custo de oportunidade do dinheiro que está investido na empresa, ou, mais especificamente, comparar com o Custo Médio Ponderado de Capital (WACC) da empresa.

Seguindo a dinâmica apresentada, inicialmente veremos os indicadores e, posteriormente, uma análise de cada um deles na empresa fictícia que estamos utilizando como exemplo.

O outro indicador de rentabilidade a ser detalhado é o **retorno sobre o Patrimônio Líquido (ROE)**. O ROE avalia a capacidade da empresa de gerar lucro em relação ao dinheiro dos acionistas que está investido na empresa. Ou seja, representa quanto de retorno a empresa está proporcionando sobre o Patrimônio Líquido dos acionistas. Para calculá-lo, devemos utilizar a Equação 30.

Equação 30

$$ROE = \frac{Lucro\ Líquido}{Patrimônio\ Líquido\ médio} \times 100$$

Da mesma maneira que ocorre com o ROA, com o objetivo de diminuir a distorção de possíveis variações no Patrimônio Líquido no período de 1 ano, também será utilizado o Patrimônio Líquido médio para calcular o ROE.

O ROE representa o quanto a empresa está proporcionando de retorno (Lucro Líquido) para pagar o custo de oportunidade do dinheiro dos sócios que está investido na empresa. Observe que para calcular o Lucro Líquido, lá no DR, as Despesas Financeiras (Juros) já foram pagas. Sendo assim, o Lucro Líquido representa o resultado daquele período destinado aos acionistas da empresa. Assim como no caso do ROA, esse indicador deve ser analisado junto aos outros indicadores, à realidade da empresa e ao contexto no qual está inserida. Também, quanto maior o resultado do indicador, melhor para os acionistas/sócios.

O terceiro e último indicador a ser analisado é o **retorno sobre o Investimento (ROI)**. Para calcular esse indicador, é necessário calcular o valor do Investimento, que, nesse caso, será representado pelo total de recurso que está investido na empresa e que tem um custo de capital. Ou seja, iremos desconsiderar o dinheiro que está investido na empresa oriundo de suas atividades operacionais. Conforme já dito, esse dinheiro oriundo das atividades operacionais geralmente não tem custo de capital. Sendo assim, para calcularmos o ROI devemos utilizar a Equação 31.

Equação 31

$$ROI = \frac{\text{Lucro Líquido}}{\text{Passivo Total médio} - \text{Passivo Circulante Operacional médio}} \times 100$$

Assim como nos demais indicadores de rentabilidade, com o objetivo de diminuir a distorção de possíveis variações no Patrimônio Líquido e no Passivo Circulante Operacional, nesse caso também serão utilizados os valores médios do Patrimônio Líquido e do Passivo Circulante Operacional.

O ROI representa quanto de retorno a empresa está proporcionando para pagar o custo de todo o capital que nela está investido e que tem um custo de oportunidade. Ou seja, quanto de resultado a empresa está proporcionando para pagar o custo de capital efetivo da empresa.

Cabe destacar que se houver na empresa em análise custo sobre o Passivo Circulante Operacional, que é o dinheiro oriundo das atividades operacionais da empresa, é necessário considerá-lo nos cálculos do ROI. Nesse caso, o resultado do ROI será igual ao resultado do ROA. Quanto maior o resultado desse indicador, melhor para a empresa. Portanto, novamente chamo a atenção para a necessidade de analisar a empresa considerando os outros indicadores, a realidade da empresa e o seu contexto.

A seguir, serão calculados os indicadores de rentabilidade da empresa fictícia que estamos analisando. Para isso, serão utilizadas informações do Balanço Patrimonial (Quadro 22.1) e do DR (Quadro 22.2).

Quadro 22.1 Balanço Patrimonial (20X0 a 20X2).

Ativo	20X2	20X1	20X0
Ativo Circulante	**503.335**	**652.987**	**434.541**
Caixa	46.884	23.547	12.870
Bancos	47.200	10.000	2.000
Clientes	92.886	189.120	130.523
Estoque de produto acabado	150.000	165.000	120.462
Estoque de matéria-prima	120.000	189.000	110.796
Estoque de embalagem	46.365	76.320	57.890
Ativo Não Circulante	**1.255.000**	**1.261.600**	**1.265.930**
Máquinas	236.000	239.500	241.620

CONTINUA »

\>\> CONTINUAÇÃO

Ativo	20X2	20X1	20X0
Prédios e instalações	544.000	547.100	549.310
Terrenos	475.000	475.000	475.000
TOTAL	**1.758.335**	**1.914.587**	**1.700.471**

Passivo	20X2	20X1	20X0
Passivo Circulante	**512.296**	**651.635**	**343.755**
Fornecedores	254.383	224.230	172.560
Salários a pagar	15.800	13.400	10.891
Imposto a pagar	12.113	10.590	9.583
Empréstimos e financiamentos a curto prazo	230.000	403.415	150.721
Passivo Não Circulante	**185.740**	**248.230**	**371.821**
Financiamentos a longo prazo	185.740	248.230	371.821
Empréstimos a longo prazo			
Patrimônio Líquido	**1.060.299**	**1.014.722**	**984.895**
Capital Social	800.000	800.000	800.000
Lucros ou prejuízos acumulados	260.299	214.722	184.895
TOTAL	**1.758.335**	**1.914.587**	**1.700.471**

Quadro 22.2   **Demonstrativo de Resultado.**

	20X2	20X1	20X0
Receita Bruta	512.454	423.870	298.750
(–) Deduções sobre as receitas (Simples Nacional)	**–30.747**	**–25.432**	**–17.925**
(=) Receita Líquida	481.707	398.438	280.825
(–) Custo Produto Vendido (CPV)	–267.468	–239.781	–189.720
(=) Lucro bruto	**214.239**	**158.657**	**91.105**
(–) Despesas de vendas	–62.744	–58.790	–30.921
(–) Despesas administrativas	–25.088	–23.540	–15.320

CONTINUA \>\>

CAPÍTULO 22 Análise da Rentabilidade

>> CONTINUAÇÃO

	20X2	20X1	20X0
(=) Lucro operacional	**126.407**	**76.327**	**44.864**
(=/-) Resultado financeiro	-25.564	-31.890	-17.463
(=/-) Outras receitas e despesas	0	250	562
(=) Lucro líquido do período	**100.843**	**44.687**	**27.963**

Por meio das informações disponibilizadas pelos demonstrativos do Quadro 22.1 e do Quadro 22.2 foram calculados os indicadores de rentabilidade de uma empresa fictícia, conforme pode ser observado no Quadro 22.3.

Quadro 22.3 Indicadores de Rentabilidade.

Indicadores	20X2	20X1
ROA	6,9%	4,2%
ROE	9,7%	4,5%
ROI	7,6%	3,5%

ROA: retorno sobre o Ativo; **ROE:** retorno sobre o Patrimônio Líquido; **ROI:** retorno sobre o Investimento.

Como são utilizados valores médios do Balanço Patrimonial para o cálculo dos indicadores, o ROA, o ROE e o ROI foram calculados apenas para os anos 20X1 e 20X2, pois não há informação do Balanço Patrimonial referente ao período anterior ao ano 20X0 a serem consideradas como informações iniciais para esse ano, e, com isso, calcular a média.

Analisando os indicadores de rentabilidade, é possível identificar que há uma melhoria nos resultados de 20X1 para 20X2 em todos os indicadores. Essa melhoria certamente é reflexo da melhoria da lucratividade da empresa no período analisado, conforme pode ser observado nos lucros no DR e de uma manutenção dos valores do Balanço Patrimonial.

Para finalizar a explicação dos indicadores de rentabilidade e já fazendo um *link* com o assunto do capítulo seguinte (Valor Econômico Agregado), para analisarmos esses indicadores em separado é necessário sabermos qual o custo de capital da empresa. Somente com essa informação será possível tecer algum comentário sobre quão adequados estão os resultados desses indicadores.

Para que você possa preencher e analisar cada um dos demonstrativos contábeis de sua empresa, demonstrativos estes apresentados nos Capítulos 14 a 16, e analisá-los pelas métricas que serão apresentadas nos Capítulos 17 a 24, você poderá utilizar a planilha eletrônica que disponibilizei como material complementar do livro e que pode ser acessada pelo QR Code a seguir.

Acesse a planilha para preencher e analisar os demonstrativos contábeis de sua empresa. Essa planilha contempla o conteúdo dos Capítulos 14 a 24.

uqr.to/1wdfv

Valor Econômico Agregado

O Valor Econômico Agregado (EVA, do inglês *Economic Value Added*) é uma importante ferramenta de análise financeira que permite avaliar o desempenho de uma empresa em termos de criação de valor para os acionistas. Para além do resultado contábil, ele **tem como objetivo analisar se a empresa está gerando resultado econômico.**

Sendo assim, criação de valor aos acionistas representa o fato de uma empresa estar gerando um resultado maior que o custo de oportunidade do dinheiro do acionista investido nela.

De modo simples, imagine a situação na qual a Senhora Maria tenha investido em sua empresa o total de R$ 100.000,00. Após fazer o cálculo do custo de capital próprio (K_e) da empresa, ela chegou ao resultado de 12% ao ano. Sendo assim, o seu custo de oportunidade é de R$ 12.000,00. Observe que, nesse caso, estou considerando apenas o capital da sócia da empresa. Então, preciso compará-lo com o retorno sobre o Patrimônio Líquido (ROE).

Se o Lucro Líquido da empresa da Senhora Maria for exatamente igual a R$ 12.000,00 ele não está gerando valor à acionista, mas também não está destruindo valor. Por outro lado, se o Lucro Líquido da empresa for igual a R$ 15.000,00, significa que a empresa está gerando valor à acionista, pois, para além do custo de oportunidade, a empresa ainda gerou um resultado de R$ 3.000,00 (Lucro Líquido R$ 15.000,00 – R$ 12.000,00 custo de oportunidade). No entanto, se o Lucro Líquido da empresa for de R$ 8.000,00, é possível afirmar que a empresa está destruindo valor, pois o Lucro Líquido não foi suficiente para pagar o custo de oportunidade. Nesse caso, o valor destruído será de R$ 4.000,00.

Resumindo, nesse exemplo, quando o ROE foi de 12% no ano, ele conseguiu pagar exatamente o custo de oportunidade (K_e), que também era de 12% ao ano. Na situação em que o Lucro Líquido foi de R$ 15.000,00, o ROE seria de 15% ao ano, maior que o custo de oportunidade, gerando, assim, valor ao acionista. Portanto, na situação em que o Lucro Líquido fosse de R$ 8.000,00, o ROE calculado seria de 8% no ano, menor que o custo de oportunidade e, dessa maneira, destruindo valor da acionista.

Essa mesma lógica de comparação do indicador de rentabilidade com o custo de capital da empresa deve ser usada para o ROA e para o ROI. No entanto, o EVA tem como objetivo analisar se a empresa está gerando ou destruindo valor do acionista, sendo então o foco para o ROE.

Para calcularmos o EVA devemos utilizar a Equação 32.

Equação 32

$$EVA = \text{Lucro Líquido} - (\text{Capital Investido} \times K_e)$$

O cálculo do EVA também pode ser feito conforme consta no Quadro 23.1, no qual o valor do custo de oportunidade deve ser lançado deduzindo do Lucro Líquido. Observe que coloquei como sinônimo ao custo de oportunidade o Pró-Labore. Optei por essa possibilidade para contemplar algumas empresas menores que trabalham com prestação de serviço, em que o diferencial é o conhecimento do empreendedor sobre aquele serviço. Nesses casos, na maioria das vezes, há necessidade pequena de investimentos. Sendo assim, também para esse caso, o custo de oportunidade não fica bem representado se calculado a partir de uma taxa de retorno esperada pelo capital investido. Então, do mesmo modo que apresentado anteriormente, o empreendedor pode analisar se a empresa está gerando como resultado o salário que ele espera receber. Se o Lucro for maior que o Salário esperado, a empresa está gerando valor, mas se o Lucro for inferior ao Salário esperado, a empresa está destruindo valor.

Quadro 23.1 **Demonstrativo de Resultado para cálculo do Valor Econômico Agregado (20X0 a 20X2).**

	20X2	20X1	20X0
Receita Bruta	512.454,00	423.870,00	298.750,00
(–) Deduções sobre as Receitas	–30.747,24	–25.432,20	–17.925,00
(=) Receita Líquida	**481.706,76**	**398.437,80**	**280.825,00**
(–) Custo Produto Vendido (CPV)	–267.468,00	–239.781,00	–189.720,00
(=) Lucro bruto	**214.238,76**	**158.656,80**	**91.105,00**
(–) Despesas de vendas	–62.744,00	–58.790,00	–30.921,00
(–) Despesas administrativas	–25.088,00	–23.540,00	–15.320,00
(=) Lucro operacional	**126.406,76**	**76.326,80**	**44.864,00**
(=/–) Resultado financeiro	–25.564,00	–31.890,00	–17.463,00
(=/–) Outras receitas e despesas	0,00	250,00	562,00
(=) Lucro Líquido do período	**100.842,76**	**44.686,80**	**27.963,00**
(–) Custo de Oportunidade/PRÓ-LABORE	842,76	686,80	26.000,00
(=) EVA (resultado econômico)	**100.000,00**	**44.000,00**	**1.963,00**

CAPÍTULO 23 Valor Econômico Agregado

Para que você possa preencher e analisar cada um dos demonstrativos contábeis de sua empresa, demonstrativos estes apresentados nos Capítulos 14 a 16, e analisá-los pelas métricas que serão apresentadas nos Capítulos 17 a 24, você poderá utilizar a planilha eletrônica que disponibilizei como material complementar do livro e que pode ser acessada pelo QR Code a seguir.

Acesse a planilha para preencher e analisar os demonstrativos contábeis de sua empresa. Essa planilha contempla o conteúdo dos Capítulos 14 a 24.

uqr.to/1wdfz

Para finalizar o conteúdo deste Módulo, no próximo capítulo será abordada a análise do Demonstrativo do Fluxo de Caixa (DFC), como complemento do Capítulo 16, Módulo 4.

Análise do Demonstrativo de Fluxo de Caixa (Indireto)

CAPÍTULO 24

O tema "Análise do Demonstrativo de Fluxo de Caixa (Indireto)" já foi apresentado e discutido no Capítulo 16 do Módulo 4. Portanto, no Módulo anterior, eu expliquei e analisei a variação do Fluxo de Caixa entre os anos de 20X0 e 20X1. Agora, analisarei apenas a variação que ocorreu entre os anos 20X1 e 20X2.

Sendo assim, informo que não repetirei a parte de contextualização do Demonstrativo de Fluxo de Caixa (DFC) calculado de maneira indireta, nem as explicações sobre as atividades operacionais, de financiamento e de investimentos. Serei mais objetivo analisando especificamente as variações ocorridas para cada uma das atividades. Para isso, é necessário partirmos do Balanço Patrimonial a ser utilizado na elaboração do DFC indireto que está representado no Quadro 24.1.

Quadro 24.1 Balanço Patrimonial a ser utilizado na elaboração do Demonstrativo de Fluxo de Caixa Indireto.

ATIVO	20X2	20X1	20X0
Ativo Circulante	**503.335**	**652.987**	**434.541**
Caixa	46.884	23.547	12.870
Bancos	47.200	10.000	2.000
Clientes	92.886	189.120	130.523
Estoque de produto acabado	150.000	165.000	120.462
Estoque de matéria-prima	120.000	189.000	110.796
Estoque de embalagem	46.365	76.320	57.890
Ativo Não Circulante	**1.255.000**	**1.261.600**	**1.265.930**
Máquinas	236.000	239.500	241.620
Prédios e instalações	544.000	547.100	549.310
Terrenos	475.000	475.000	475.000
Total	**1.758.335**	**1.914.587**	**1.700.471**

PASSIVO	20X2	20X1	20X0
Passivo Circulante	**512.296**	**651.635**	**343.755**
Fornecedores	254.383	224.230	172.560

CONTINUA »

>> CONTINUAÇÃO

PASSIVO	20X2	20X1	20X0
Salários a pagar	15.800	13.400	10.891
Imposto a pagar	12.113	10.590	9.583
Empréstimos e financiamentos a curto prazo	230.000	403.415	150.721
Passivo Não Circulante	**185.740**	**248.230**	**371.821**
Financiamentos a longo prazo	185.740	248.230	371.821
Empréstimos a longo prazo			
Patrimônio Líquido	1.060.299	1.014.722	984.895
Capital Social	800.000	800.000	800.000
Lucros ou prejuízos acumulados	260.299	214.722	184.895
Total	**1.758.335**	**1.914.587**	**1.700.471**

A partir da análise da variação de cada uma das contas e dos respectivos grupos de atividades, do ano 20X0 para o ano 20X1 e do ano 20X1 para 20X2, é possível elaborar o DFC representado no Quadro 24.2.

Quadro 24.2 Demonstrativo de Fluxo de Caixa.

ATIVIDADES OPERACIONAIS		
ATIVO	**20X1/20X2**	**20X0/20X1**
Clientes	96.234	–58.597
Estoque de produto acabado	15.000	–44.538
Estoque de matéria-prima	69.000	–78.204
Estoque de embalagem	29.955	–18.430
RESULTADO ATIVO	**210.189**	**–199.769**
PASSIVO	**20X1/20X2**	**20X0/20X1**
Fornecedores	30.153	51.670
Salários a pagar	2.400	2.509
Imposto a pagar	1.523	1.007
RESULTADO PASSIVO	**34.076**	**55.186**
RESULTADO AT. OPERACIONAIS	**244.265**	**–144.583**

CONTINUA >>

>> CONTINUAÇÃO

ATIVIDADES DE INVESTIMENTO		
ATIVO NÃO CIRCULANTE	**20X1/20X2**	**20X0/20X1**
Máquinas	3.500	2.120
Prédios e instalações	3.100	2.210
Terrenos	0	0
RESULTADO AT. INVESTIMENTOS	**6.600**	**4.330**

ATIVIDADES DE FINANCIAMENTO		
PASSIVO	**20X1/20X2**	**20X0/20X1**
Passivo Circulante	**-173.415**	**252.694**
Empréstimos e financiamentos a curto prazo	-173.415	252.694
Passivo Não Circulante	**-62.490**	**-123.591**
Financiamentos a longo prazo	-62.490	-123.591
Empréstimos a longo prazo	0	0
Patrimônio Líquido	**45.577**	**29.827**
Capital Social	0	0
Lucros ou prejuízos acumulados	45.577	29.827
RESULTADO AT. FINANCIAMENTO	**-190.328**	**158.930**

Conforme pode ser observado no DFC representado no Quadro 24.2, as contas estão separadas de acordo com as atividades, sendo: operacionais, de financiamento e de investimento. Considerando as variações "20X0/20X1" e "20X1/20X2", para cada uma das atividades, há o resultado da variação do caixa naquela atividade, de um ano para o outro.

Por exemplo, analisando as atividades operacionais de 20X1 para 20X2, a empresa diminuiu a quantidade de dinheiro aplicado nas contas Clientes e Estoque, gerando R$ 210.189, e ainda aumentou seu endividamento com Fornecedores, Salários a pagar e Impostos a pagar, o que gerou mais R$ 34.076 de caixa. Sendo assim, de 20X1 para 20X2 a empresa, por meio das atividades operacionais, obteve um total de R$ 244.265 para o seu caixa (geração de caixa).

Essas mesmas análises podem ser feitas para as atividades de investimento e de financiamento. Ao final, após analisar todas as contas referentes ao intervalo 20X1-20X2, é possível verificar que a empresa aumentou a quantidade de dinheiro em caixa em R$ 60.537. Isso pode ser observado quando os resultados de cada uma das atividades são somados. Vamos aos cálculos:

- atividade Operacional gerou R$ 244.265 (resultado positivo);
- atividade de Investimento gerou R$ 6.600 (resultado positivo);
- atividade de Financiamento demandou −R$ 190.328 (resultado negativo);
- RESULTADO: R$ 244.265 + R$ 6.600 −R$ 190.328 = R$ 60.537 (geração de caixa).

Esse resultado de R$ 60.537 como variação do caixa de 20X1 para 20X2 pode ser confirmado quando analisamos a variação do **Caixa**, que variou de R$ 23.547 para R$ 46.884, aumentando R$ 23.337, e a conta **Bancos**, que variou de R$ 10.000 para R$ 47.200, aumentando R$ 37.200. Somando esses resultados chegamos exatamente ao valor da variação identificada a partir das outras contas, que foi um aumento de Caixa e Bancos de R$ 60.537. Esses resultados estão hachurados em cinza no Balanço Patrimonial representado no Quadro 24.1.

Conforme apresentado, o DFC (Indireto) é uma ferramenta importante para analisar a saúde econômico-financeira de uma empresa e identificar as tendências das contas, principalmente do caixa. Além disso, esse demonstrativo, junto aos outros demonstrativos e com as diversas outras análises da empresa, contribuem para que o gestor da empresa possa tomar decisões estratégicas.

Para que você possa preencher e analisar cada um dos demonstrativos contábeis de sua empresa, demonstrativos estes apresentados nos Capítulos 14 a 16, e analisá-los pelas métricas apresentadas nos Capítulos 17 a 24, você poderá utilizar a planilha eletrônica que disponibilizei como material complementar do livro e que pode ser acessada pelo QR Code a seguir.

uqr.to/1wdg3

Acesse a planilha para preencher e analisar os demonstrativos contábeis de sua empresa. Essa planilha contempla o conteúdo dos Capítulos 14 a 24.

ATIVIDADE MÃO NA MASSA — Módulo 5

Continuando as atividades "mão na massa" dos Capítulos 14 e 15, como o Balanço Patrimonial e o Demonstrativo de Resultado já estão inseridos, a planilha eletrônica já terá calculado as análises de tendência e de composição e todos os indicadores que foram trabalhados nesse Módulo. Assim, a partir dos resultados apresentados, analise a saúde econômico-financeira da empresa que utilizou para fazer esta "atividade mão na massa".

Para isso, sugiro que procure entender o que está ocorrendo com a empresa a partir de cada uma das análises apresentadas. Posteriormente, de maneira resumida e integrando todas as análises, emita uma opinião sobre a empresa que está utilizando para essa atividade.

Após resolver os exercícios, você poderá acessar uma videoaula em que eu corrijo cada exercício, explicando-os. Essa videoaula estará disponível por meio do QR Code a seguir.

Acesse a videoaula com a correção da "Atividade mão na massa – Módulo 5".

uqr.to/1wdg7

MÓDULO 6

Técnicas de Planejamento e Mensuração dos Resultados Futuros

No decorrer deste livro, discutimos sobre diversas facetas da gestão financeira, desde a análise dos demonstrativos contábeis até técnicas avançadas de análise financeira. No entanto, para encerrar nossa jornada, voltaremos nossos olhares para o futuro dos negócios, reforçando a importância do planejamento estratégico e apresentando ferramentas essenciais para orientar o crescimento e o sucesso das empresas.

É comum os gestores se perderem na correria do dia a dia, concentrados em "apagar incêndios" sem reservarem tempo para pensar no futuro do negócio. No entanto, como diz o ditado popular, "Para quem não sabe aonde quer chegar, qualquer lugar está bom". Portanto, nesse último módulo, retomaremos a discussão sobre a importância de planejar o futuro dos negócios e forneceremos algumas ferramentas que podem contribuir para essa atividade.

Inicialmente, destacaremos a importância de reservar alguns minutos diários para pensar no futuro do negócio, reconhecendo que essa prática pode parecer, inicialmente, uma perda de tempo. Portanto, pensar o futuro do negócio é essencial para orientar as decisões estratégicas e garantir o crescimento sustentável de uma empresa.

Para auxiliar nesse processo, apresentaremos as principais ferramentas de planejamento utilizadas no mundo dos negócios, incluindo o planejamento estratégico, o planejamento orçamentário e técnicas de análise de viabilidade econômico-financeira de projetos de investimentos. Além disso, abordaremos duas metodologias ágeis de planejamento e execução: o Modelo Canvas e a metodologia de *startup* enxuta.

Encerro reforçando a importância de documentar e compartilhar o planejamento com a equipe, permitindo que todos conheçam os objetivos e as metas da empresa e contribuam ativamente para o processo de planejamento. A colaboração mútua é fundamental para o sucesso do planejamento estratégico, uma vez que os colaboradores, por estarem imersos no dia a dia da empresa, têm valiosas contribuições a oferecer.

Portanto, sugiro que se crie um ambiente propício para a colaboração, em que as ideias possam fluir livremente e onde cada membro da equipe se sinta parte integrante do processo de planejamento e construção do futuro de sua empresa.

25 Planejamento Estratégico

Atualmente, os gestores de empresas de todos os segmentos precisam analisar constantemente seus negócios e adaptá-los às transformações tecnológicas, às mudanças nas preferências dos consumidores e às flutuações econômicas que vêm modificando a cada dia o mundo dos negócios.

Mais especificamente, os gestores precisam, o tempo todo, identificar como essas mudanças estão influenciando o contexto de seu negócio e rapidamente adaptá-lo. É sabido que o cenário de negócios está em constante evolução, principalmente impulsionado pela inovação tecnológica. As novas tecnologias e tendências digitais estão transformando rapidamente os modelos de negócios e as expectativas dos clientes.

Sendo assim, os gestores precisam estar atentos a essas mudanças e avaliar como elas podem afetar suas operações e estratégias. Por exemplo, a ascensão do comércio eletrônico e das redes sociais alterou a maneira como as empresas se envolvem com os clientes, exigindo uma adaptação nas estratégias de marketing e vendas.

Outro aspecto importante e que também está se transformando são as preferências dos consumidores. Os clientes estão cada vez mais exigentes, buscando produtos e serviços personalizados, experiências de compra convenientes e sustentabilidade. Para não perderem espaço, os gestores precisam entender o que está ocorrendo no contexto de seu negócio e ajustar seus produtos e/ou serviços para atenderem a essas novas expectativas. Por exemplo, empresas que antes eram predominantemente físicas podem precisar considerar a incorporação de uma presença *on-line* ou a implementação de estratégias de entrega mais ágeis.

Além disso, as flutuações econômicas, como crises financeiras ou recessões, podem impactar diretamente os negócios, influenciando a demanda dos consumidores e, até mesmo, a disponibilidade de recursos financeiros. Em algumas situações, a influência ocorre aos poucos, e corre-se o risco de as empresas demorarem a perceber, enquanto em outros casos, a influência é percebida de imediato, como ocorreu na pandemia da Covid-19.

Sendo assim, para que a empresa não seja surpreendida, é indicado que haja internamente a cultura do planejamento. O objetivo do planejamento é projetar o futuro e antecipar as decisões. Fazendo assim, os gestores terão mais tempo para decidirem, obtendo, com isso, decisões mais acertadas.

Então, é possível afirmar que o planejamento nas empresas é uma atividade fundamental para alcançar objetivos e garantir o sucesso a longo prazo. Ele é geralmente dividido em três níveis: estratégico, tático e operacional. Cada nível desempenha um papel específico no alcance das metas organizacionais, conforme apresentado a seguir.

- **Planejamento estratégico:** trata-se do nível mais alto e abrange decisões de longo prazo que moldam a direção geral da organização. Envolve análise dos ambientes externo e interno, definição de metas amplas e formulação de estratégias para alcançá-las. Tem como principal objetivo posicionar a organização de maneira competitiva no mercado.

- **Planejamento tático:** esse nível de planejamento está mais voltado para médio prazo e para a implementação das estratégias estabelecidas no nível estratégico. Nesse nível, os gestores desenvolvem planos mais detalhados, atribuem recursos e definem ações específicas para as diferentes áreas da organização. Tem como principal objetivo alinhar as atividades diárias com os objetivos estratégicos.

- **Planejamento operacional:** refere-se ao nível no qual o planejamento tem maior detalhamento e é de curto prazo. Ele se concentra nas atividades do dia a dia da organização, definindo procedimentos específicos e alocação de recursos para alcançar metas imediatas. É crucial para a execução eficiente das tarefas diárias e para garantir que as operações estejam alinhadas com os planos táticos e estratégicos.

Assim, vale ressaltar que por meio da elaboração do planejamento estratégico os gestores terão conhecimento da situação atual da empresa e uma direção clara para onde a organização quer seguir. Isso permite o estabelecimento de metas e objetivos coerentes com a visão de longo prazo da organização. Para a elaboração do planejamento estratégico, é necessário analisar o ambiente externo e o ambiente interno (análise SWOT); definir a missão, a visão e os valores da organização; estabelecer as metas, os objetivos e a formulação de estratégias (plano de ação); e implementar o controle/monitoramento constante. Essas etapas serão detalhadas nos tópicos seguintes.

25.1 Análise SWOT

A análise SWOT envolve a identificação e análise das forças (*Strengths*) e das fraquezas (*Weaknesses*) internas da empresa, bem como as oportunidades (*Opportunities*) e as ameaças (*Threats*) externas que podem impactar seu desempenho. Essa análise visa fornecer uma visão abrangente e estruturada dos ambientes interno e externo em que a organização opera.

A identificação das forças refere-se aos recursos, às capacidades, às vantagens competitivas e às áreas de *expertise* em que a organização se destaca. Isso pode incluir aspectos como uma equipe talentosa, tecnologia avançada, marca forte, relacionamentos com clientes, eficiência operacional, entre outros. Por exemplo, uma padaria pode ter uma equipe de colaboradores treinada e competente para produzir produtos diferenciados e atender os clientes com gentileza e cortesia; ou uma empresa de tecnologia pode ter um departamento de pesquisa e desenvolvimento altamente qualificado e inovador, que é considerado um ponto forte em relação aos concorrentes.

Por outro lado, a identificação das fraquezas está relacionada às limitações, às deficiências e às áreas em que a organização precisa melhorar. Isso pode envolver falta de recursos, processos ineficientes, falta de habilidades específicas, falta de utilização de ferramentas gerenciais, reputação prejudicada, entre outros fatores. Por exemplo, uma empresa de varejo pode enfrentar uma fraqueza relacionada à falta de um sistema de logística eficiente, resultando em atrasos nas entregas aos clientes; ou

184 | CAPÍTULO 25 Planejamento Estratégico

uma clínica odontológica pode estar localizada em uma sala na qual não há espaço para os pacientes aguardarem confortavelmente seus horários para atendimento.

Com relação ao ambiente externo, a análise SWOT considera as oportunidades e as ameaças que podem afetar a organização. As oportunidades são situações favoráveis ou tendências externas que podem ser aproveitadas pela empresa para alcançar seus objetivos. Isso pode incluir uma demanda crescente por determinado produto ou serviço, expansão para novos mercados, entre outras circunstâncias. Por exemplo, uma empresa de alimentos orgânicos pode se beneficiar da crescente conscientização do público sobre a importância da alimentação saudável; ou um mecânico de automóveis que percebe o aumento da frota de uma nova marca de veículos em sua cidade e busca se capacitar para oferecer o serviço de manutenção a esses motoristas, que atualmente são obrigados a saírem do município para consertarem seus carros.

Já as ameaças são fatores externos que podem representar desafios ou obstáculos para a organização. Fatores como concorrência acirrada, mudanças nas preferências dos consumidores, flutuações econômicas, avanços tecnológicos que podem tornar o produto obsoleto, entre outros. Por exemplo, uma empresa de transporte de passageiros pode enfrentar uma ameaça relacionada à entrada de novas *startups* oferecendo serviços de compartilhamento de carros; ou um restaurante que tradicionalmente atende seus clientes em um espaço pequeno, sentindo-se ameaçado com a construção de um novo restaurante em sua rua, que funcionará em uma melhor localização, em um imóvel maior e que tenha espaço para seus clientes estacionarem seus veículos.

A partir da análise dos ambientes internos e externos da empresa e da identificação das forças e das fraquezas (ambiente interno) e das oportunidades e das ameaças (ambiente externo), é necessário que os gestores definam como lidar com cada uma das questões levantadas. Para isso, é indicado que sejam relacionados os aspectos do ambiente interno (forças e fraquezas) com os aspectos do ambiente externo (oportunidades e ameaças), conforme consta na Figura 25.1.

Figura 25.1   Parâmetros para focar o esforço da empresa.

No momento de trabalhar os aspectos levantados pela análise SWOT na empresa, os gestores devem utilizar os parâmetros apresentados na Figura 25.1, ou seja, **eliminar** os negócios que representam fraquezas da empresa e que têm muitas ameaças externas; **monitorar** os negócios em que a empresa tem forças, mas que são passíveis de fortes ameaças externas; **melhorar** as fraquezas da empresa naqueles negócios que têm oportunidades no mercado; e, finalmente, **capitalizar** os negócios em que a empresa tem forças e que representam oportunidades no mercado externo.

Com a utilização desses aspectos, é possível à empresa compreender seus ambientes interno e externo, identificar fatores críticos para o sucesso e tomar decisões acertadas sobre sua estratégia e direção futura.

Para que você possa elaborar o planejamento estratégico de sua empresa, com o preenchimento da análise SWOT, da missão, da visão e dos valores, além do detalhamento do plano de ação, conteúdos abordados neste capítulo, você poderá utilizar a planilha eletrônica que disponibilizei como material complementar do livro e que pode ser acessada pelo QR Code a seguir.

Acesse a planilha para preencher todas as informações e, com isso, elaborar o planejamento estratégico de sua empresa.

uqr.to/1wdga

25.2 Definição da missão, da visão e dos valores da organização

Após a análise SWOT, depois de compreender o ambiente em que a empresa está inserida e seus aspectos internos, devem-se definir a missão, a visão e os valores da organização, estabelecendo sua identidade e sua direção.

Missão: representa o propósito fundamental da organização, respondendo à pergunta "Por que existimos?". Ela deve enfatizar o que a empresa faz, para quem e como, proporcionando, assim, uma orientação clara para as atividades diárias da organização. A missão é a espinha dorsal que guia as decisões estratégicas e operacionais, fornecendo um significado profundo às ações da organização.

Visão: representa uma projeção futura de longo prazo desejada pela organização. Deve servir como um farol para orientar o desenvolvimento e o crescimento da empresa. É por meio da visão que as equipes devem ser motivadas e alinhadas em direção a metas ambiciosas, criando, assim, um horizonte para a excelência e a inovação.

Valores: representam os princípios fundamentais que orientam o comportamento e as decisões dentro da organização. Estabelecem as normas éticas, promovendo um ambiente de trabalho colaborativo, coeso e ético entre os membros da equipe. Além disso, são os valores estabelecidos dentro da empresa que influenciam a sua reputação perante clientes, parceiros e colaboradores.

De maneira resumida, a missão, a visão e os valores representam um conjunto interconectado que define a identidade e a orientação de uma organização. Devem

186 | **CAPÍTULO 25** Planejamento Estratégico

proporcionar um quadro sólido para o planejamento estratégico, a tomada de decisões e a criação de uma cultura organizacional coesa e inspiradora.

No entanto, ao redigir a missão, a visão e os valores da empresa, é necessário colocar no papel o que de fato é praticado internamente. É comum encontrarmos situações em que o que está escrito como missão da empresa não representa, na prática, o que é vivido em seu dia a dia. Esses conceitos de missão, visão e valores devem ser redigidos de modo que correspondam exatamente ao que é vivido na organização.

Se o que é praticado no dia a dia não representar o que é esperado para a empresa, deve-se iniciar um trabalho de ajuste interno, alterando a cultura organizacional, e, por consequência, sua missão, visão e valores.

25.3 Estabelecimento de objetivos, metas, formulação de estratégias e plano de ação

Após conhecer a empresa e redigir sua missão, sua visão e seus valores, o próximo passo é o estabelecimento de objetivos, metas e formulação de estratégias para orientar a organização em direção ao sucesso. Por meio dessa prática estratégica, cria-se um mapa claro da empresa que contribui para a superação dos desafios e o alcance de suas aspirações. A seguir são apresentados cada um desses elementos.

Objetivos: são passos intermediários, mensuráveis e tangíveis que indicam o progresso em direção ao cumprimento da missão da empresa. O estabelecimento de objetivos ajuda a empresa a lidar com desafios complexos, dividindo-os em partes mais gerenciáveis.

Metas: representam os resultados mensuráveis esperados que uma organização busca alcançar em um período específico, por meio do direcionamento das atividades cotidianas. Ao serem específicas, mensuráveis, alcançáveis, relevantes e temporais (SMART), as metas proporcionam clareza e foco, e, com isso, impulsionam a organização na direção desejada, que foi definida por meio dos objetivos.

Formulação de estratégias: as estratégias contribuem para que a organização possa atingir seus objetivos e suas metas. Por meio das estratégias, a empresa faz escolhas conscientes sobre a alocação de recursos, o aproveitamento de oportunidades e o enfrentamento de desafios. Cabe destacar que as estratégias devem ser capazes de se adaptar às mudanças dos ambientes externo e interno, e, com isso, garantir a resiliência da organização.

Plano de ação: finalmente, o plano de ação contribui com a implementação das estratégias definidas, pois por meio dele há o detalhamento das tarefas, das responsabilidades, dos prazos e dos recursos necessários para que os objetivos estabelecidos sejam alcançados. É importante destacar que um plano de ação eficaz deve ser realista, claro e servir como um guia prático que oriente toda a equipe da empresa.

Resumindo, o estabelecimento de metas, objetivos e a formulação de estratégias coerentes e estruturadas em um plano de ação, representa o ponto central de um planejamento organizacional que gera resultados às empresas.

25.4 Implementação do controle/monitoramento constante

Conhecer a realidade interna da empresa e seu ambiente, definir missão, visão e valores e estabelecer metas, objetivos e estratégias em um plano de ação não terão efeito para as empresas se o documento elaborado for "engavetado". Para que todo esse aparato que compõe o planejamento estratégico possa proporcionar resultados às empresas, é necessário que haja o acompanhamento do que está ocorrendo no dia a dia da organização por meio do controle e do monitoramento.

Somente por meio desse acompanhamento, que deve ocorrer a partir do controle e do monitoramento, os processos do planejamento estratégico podem ser traduzidos de maneira prática e possibilitar o ajuste das rotas, quando necessário. Para que esse processo possa ocorrer, é necessário que haja as etapas de implementação, controle/monitoramento constante e avaliação e ajuste, conforme detalhado a seguir.

Implementação: refere-se à execução prática das estratégias definidas para que os objetivos e metas estabelecidos sejam atingidos. Para isso, são necessárias a alocação de recursos, a definição clara de responsabilidades e a integração de esforços de toda a equipe. Outro ponto importante, que atua motivando a equipe e garantindo o alinhamento contínuo com os objetivos estratégicos, é a liderança.

Controle/monitoramento constante: o controle está diretamente relacionado com a vigilância do progresso em relação às metas e aos objetivos. Para que possa ser efetivo, é necessário coletar regularmente os dados da execução, analisar o desempenho e comparar com o planejamento estabelecido. Já o monitoramento permite identificar diferenças entre o que foi planejado e o que está ocorrendo, antecipar desafios e, mais importante, ajustar estratégias quando necessário. Para que essa etapa proporcione resultados à empresa, é indicado que sejam utilizadas ferramentas tecnológicas e sistemas de *feedback*.

Avaliação e ajuste: caso sejam identificados desvios significativos entre o que foi planejado e o que está ocorrendo no dia a dia da empresa, ou caso haja mudanças no ambiente externo, é primordial que sejam realizados ajustes nas estratégias. A capacidade de adaptação e de aprender com os resultados contribui para que as chances de sucesso a longo prazo sejam maximizadas.

Concluindo, a implementação eficaz e o controle constante são fases interconectadas da gestão estratégica, que proporcionam agilidade nos ajustes, fortalecimento da resiliência da organização, maximização das oportunidades e minimização dos riscos.

Tudo isso somente surtirá efeito se houver na empresa o alinhamento estratégico, um princípio fundamental que assegura que todas as ações e as decisões estejam em sintonia com os propósitos mais amplos da empresa. De maneira resumida, pode-se dizer que o alinhamento estratégico entre missão, visão e estratégias é importante para criar uma base sólida para o crescimento sustentável e o sucesso duradouro de uma organização. Quando as estratégias estão conectadas aos propósitos da organização, há maior capacidade para enfrentar desafios, aproveitar oportunidades e realizar suas aspirações de maneira eficaz.

Além disso, para que os resultados organizacionais sejam atingidos, é importante que todos os níveis da organização estejam alinhados. Esse alinhamento não apenas facilita a execução eficiente das estratégias, mas também fortalece a coesão interna e prepara a organização para enfrentar os desafios de um cenário cada vez mais dinâmico.

Concluindo, o planejamento estratégico é mais do que uma ferramenta gerencial. É por meio dele que o sucesso organizacional é construído. Tem influência sobre toda a empresa, direcionando-a a progredir mesmo em um ambiente empresarial dinâmico.

Finalmente, cabe ressaltar que elaborar um planejamento estratégico é trabalhoso e demanda recursos, principalmente tempo e pessoal. Além disso, esses procedimentos podem parecer desnecessários para muitos gestores, mas com o passar do tempo, e com a implantação da cultura do planejamento na empresa, essas ferramentas se tornam efetivas e passam a contribuir para o sucesso das organizações.

Planejamento Orçamentário ou Orçamento Empresarial

CAPÍTULO 26

Após elaborar o planejamento estratégico, será por meio do planejamento orçamentário ou orçamento empresarial que os gestores poderão analisar os resultados econômicos e financeiros projetados da empresa para o ano subsequente. De maneira resumida, é possível dizer que o orçamento empresarial compreende a elaboração e o acompanhamento de um plano que estabelece metas financeiras para um período específico, fornecendo diretrizes para alocação de recursos e controle das atividades econômicas.

Antes de detalhar o orçamento empresarial, é importante destacar que existem diversos tipos de orçamento que podem ser utilizados pelas empresas. Cada tipo é direcionado a uma finalidade específica, conforme apresentado a seguir.

26.1 Tipos de orçamento

Há vários tipos de metodologias que podem ser utilizados para a elaboração do orçamento empresarial. Nesse texto serão abordados o orçamento flexível, o orçamento base zero (OBZ) e o orçamento estático.

26.1.1 Orçamento flexível

Também conhecido como "orçamento variável ou adaptável", o orçamento flexível é uma abordagem que se diferencia dos orçamentos tradicionais pela possibilidade de ajustar o orçamento quando há mudanças nas condições de mercado, na produção ou em outras variáveis operacionais. Em vez de ser fixo e estático, esse orçamento permite uma resposta mais ágil às flutuações e às incertezas do ambiente de negócios.

Devido a essa flexibilidade, esse modelo de orçamento:

- facilita a análise de desempenho da empresa, uma vez que as comparações são feitas entre os resultados reais e os orçamentos ajustados para o nível real de atividade;
- fornece uma visão mais realista dos custos e das receitas em diferentes cenários operacionais;
- auxilia na gestão dos custos, pois os custos são categorizados em fixos e variáveis, permitindo melhor compreensão de como os custos se comportam em relação ao volume de produção ou vendas;
- facilita a resposta rápida a mudanças nas condições do mercado, permitindo que a empresa ajuste suas metas e estratégias à medida que a situação evolui;
- ajuda na melhoria das previsões, uma vez que considera a flexibilidade necessária para enfrentar a incerteza e a dinâmica do ambiente de negócios.

Resumindo, o orçamento flexível é aplicável em ambientes empresariais nos quais as condições podem mudar rapidamente. Ele oferece uma abordagem mais dinâmica e adaptável, permitindo que as empresas se ajustem às realidades do mercado e otimizem suas operações em resposta às variáveis em constante evolução.

26.1.2 Orçamento base zero

Nos métodos tradicionais, os orçamentos são elaborados com base no histórico de despesas dos períodos anteriores, ajustando-se geralmente às variações de demanda. Ou seja, ao se elaborar o orçamento de um setor produtivo, por exemplo, parte-se do orçamento do período anterior, ajustando apenas às variações projetadas. Pelo contrário, no OBZ cada despesa deve ser justificada e aprovada a cada novo período, independentemente de ter ocorrido no período anterior.

Para melhor entendimento, é possível dizer que, no OBZ, a empresa elabora cada orçamento como se fosse a primeira vez. Parte-se do pressuposto de que todas as despesas começam "do zero" a cada novo ciclo orçamentário. Os dados históricos não são utilizados para auxiliar na elaboração dos orçamentos.

Essa metodologia de elaboração do orçamento apresenta as seguintes vantagens:

- todas as despesas são avaliadas e justificadas como se fossem novas, exigindo uma análise crítica de cada linha do orçamento;
- força a organização a reavaliar constantemente a necessidade e a eficácia de cada gasto;
- geralmente, envolve a participação de diversos departamentos e níveis hierárquicos na elaboração do orçamento;
- descentraliza as decisões orçamentárias, permitindo que diferentes áreas da empresa proponham e justifiquem seus próprios orçamentos;
- destaca a importância de identificar e priorizar as atividades e as despesas mais importantes para os objetivos estratégicos da empresa;
- ao exigir justificativas para todas as despesas, essa metodologia ajuda a identificar e eliminar gastos desnecessários ou ineficientes;
- geralmente, envolve ciclos de revisão mais frequentes, o que permite ajustes rápidos em resposta a mudanças no ambiente de negócios;
- promove a transparência nas decisões orçamentárias e cria um senso de responsabilidade em relação ao uso dos recursos.

Assim, é possível afirmar que o OBZ é uma metodologia desafiadora, mas pode resultar em maior eficiência e alinhamento das despesas com os objetivos estratégicos da empresa. Além disso, essa abordagem pode ser interessante para organizações dispostas a investir tempo e esforço na revisão detalhada de suas despesas orçadas e na promoção de uma cultura de responsabilidade financeira.

26.1.3 Orçamento estático

Também conhecida como "orçamento fixo", essa metodologia prevê receitas, despesas e outros elementos financeiros para um período específico, sem levar em consideração possíveis variações ou mudanças nas circunstâncias em que a empresa estará envolvida.

As principais características dessa metodologia de elaboração de orçamento são:

- **rigidez:** não leva em conta mudanças nas condições de mercado, na economia ou na própria empresa durante o período orçado;
- **simplicidade:** facilita a elaboração e a compreensão, sendo útil para empresas com ambientes mais estáveis e previsíveis.

Embora o orçamento estático tenha suas vantagens, como a simplicidade e a facilidade de implementação, muitas empresas optam por abordagens mais flexíveis, como o orçamento flexível, para lidar melhor com a dinâmica do ambiente de negócios.

Independentemente do tipo de orçamento a ser utilizado por uma empresa, para que o orçamento empresarial seja completo e contemple a empresa como um todo, é necessária a elaboração de diversos orçamentos que compõem o orçamento da empresa. Esses orçamentos serão detalhados no tópico seguinte.

26.2 Diferentes orçamentos que compõem o orçamento empresarial

Para que o orçamento empresarial seja constituído, é necessário que sejam elaborados diversos orçamentos específicos e que se completam, mas que podem ser divididos em orçamentos operacionais, orçamentos de capital e orçamento de caixa. Inicialmente, serão apresentados os orçamentos que compõem os orçamentos operacionais.

26.2.1 Orçamentos operacionais

Os orçamentos operacionais estão relacionados com as decisões operacionais da empresa. Contemplam as projeções de vendas, dos custos de produção, das despesas operacionais e dos resultados esperados. Esses orçamentos contribuem para a gestão eficiente dos recursos e para o atingimento dos objetivos estratégicos.

Os orçamentos em uma empresa são elaborados a partir de um ponto que pode ser considerado o gargalo daquela organização, ou seja, um fator limitante. Há empresas que têm como fator limitante a capacidade produtiva. Nesses casos, o primeiro orçamento a ser elaborado deve ser o orçamento de produção, pois todos os demais orçamentos serão orientados pelos resultados desse orçamento. Empresas do segmento de laticínios podem ser utilizadas como exemplo devido à escassez do leite, sua principal matéria-prima.

No entanto, para a maioria das empresas, a limitação está no volume a ser vendido. Como essa é a realidade da maioria das empresas, optou-se, neste livro, por utilizar essa abordagem para direcionar a ordem dos orçamentos a serem elaborados. Como o volume de vendas é a variável que irá nortear todo o orçamento empresarial, deve-se, então, elaborar inicialmente o orçamento de vendas.

26.2.1.1 Orçamento de vendas

É por meio do orçamento de vendas que as empresas conseguem uma visão clara e estruturada das projeções de receitas provenientes das atividades comerciais. Esse documento serve como um guia para orientar a empresa em relação às suas metas de vendas, contribuindo significativamente para o sucesso financeiro e a consecução dos objetivos estratégicos.

No entanto, não é uma tarefa simples elaborar o orçamento de vendas de uma empresa. Para que esse orçamento possa ser elaborado, depois de analisar o ambiente interno e principalmente o ambiente externo, deve-se identificar os produtos e/ou serviços que serão vendidos, os mercados que serão explorados, os preços a serem praticados em cada mercado, as condições de crédito a serem concedidas aos clientes, as metas de vendas a serem praticadas, os volumes a serem comercializados, entre outras informações.

Uma das etapas mais trabalhosas e mais importantes da elaboração do orçamento empresarial é a previsão de vendas. Somente elaborando previsões de vendas confiáveis é possível afirmar que o orçamento empresarial será útil à organização. Orçamentos empresariais muito discrepantes da realidade da empresa perdem sentido e acabam sendo deixados de lado pelos gestores.

No entanto, fazer a previsão de vendas pela primeira vez e errar pouco é muito difícil. Assim, deve-se criar na empresa a cultura do planejamento, pois, à medida que se trabalha com o planejamento, conhecimentos da empresa e do mercado são adquiridos. Além disso, envolver toda a equipe da empresa, mesmo que seja pequena, nesse processo de planejamento pode contribuir para que essas previsões tenham erros cada vez menores. Observe que estou abordando pela perspectiva do "erro", pois a probabilidade de não haver erro entre o planejamento e o que é realizado é muito pequena. Sendo assim, passa a ser objetivo do processo orçamentário a redução da margem de erro.

Finalmente, cabe destacar que para algumas empresas e/ou segmentos é mais fácil prever as vendas, principalmente para aquelas empresas que trabalham com vendas por assinatura, por exemplo, uma provedora de Internet. Nesses casos, os gastos dos clientes são recorrentes. Caberá ao planejamento apenas estimar quantos clientes serão desligados e quantos novos clientes serão captados. Portanto, para esse tipo de empresa, a projeção de gastos talvez não seja tão fácil de ser estimada.

Por outro lado, para empresas que trabalham com tecnologia e que ainda estão iniciando suas atividades, por exemplo, uma *startup*, talvez seja inviável prever as vendas, pois em um ano ela pode não vender nada, mas também atingir um patamar de vendas muito elevado. Resumindo, a atividade de previsão das vendas pode ser fácil de ser trabalhada ou extremamente difícil. Tudo depende da empresa, do segmento, da maturidade, entre outras questões.

Para exemplificar a elaboração desses orçamentos, após a apresentação e a definição de todos os principais orçamentos que devem ser elaborados, apresentarei como exemplo o orçamento empresarial detalhado de uma empresa do segmento da construção civil que trabalha com dois produtos distintos.

Na sequência, considerando o foco em micro e pequenas empresas (MPEs), apresentarei o orçamento dos tributos, sendo, nesse caso, recolhidos pelo regime do Simples Nacional.

26.2.1.2 Orçamento dos tributos recolhidos pelo regime do Simples Nacional

Visto que este livro tem como objetivo apresentar a gestão financeira para MPEs, ao detalhar o orçamento dos tributos, optei por considerar o recolhimento dos tributos pelo regime do Simples Nacional, no qual a alíquota efetiva incide diretamente sobre o faturamento da empresa, conforme abordado no Capítulo 12.

Nesse caso, para elaborar o orçamento dos tributos, é necessário conhecer a estimativa de receita anual da empresa para, a partir da faixa de faturamento, identificar a alíquota do Simples Nacional a ser considerada. Outra questão também necessária é classificar o faturamento da empresa por CNAE e, por sua vez, por anexos do Simples Nacional.

A partir da faixa de faturamento e dos anexos do Simples Nacional, aos quais esses faturamentos estarão relacionados, é possível identificar a alíquota efetiva do Simples Nacional que incidirá sobre o faturamento, estimando, assim, o valor dos tributos que deverão ser recolhidos. Seguindo esses passos, estará elaborado o orçamento dos tributos pelo regime do Simples Nacional.

Finalmente, é importante destacar a necessidade de se fazer um planejamento tributário[1] para a empresa. Há empresas que, mesmo estando na faixa de faturamento que permite o enquadramento pelo Simples Nacional, quando optante pelo regime do Lucro Presumido ou pelo regime do Lucro Real, recolherão menos impostos. Nesses casos, o planejamento tributário trará economia tributária à empresa.

Na sequência, será apresentado e definido o orçamento do custo de produção.

26.2.1.3 Orçamento de custo de produção

Após a conclusão do orçamento de vendas, o próximo passo é a elaboração do orçamento de custo de produção. Para a elaboração desse orçamento, é necessário estimar os custos fixos em que a empresa irá incorrer mensalmente, durante o próximo período, mas também os custos variáveis, que terão como direcionamento a previsão de vendas.

A projeção dos custos fixos geralmente é fácil de ser estimada, pois, salvo alguma variação mais expressiva nas atividades projetadas da empresa, esses custos seguem valores aproximados dos gastos históricos, sendo ajustados por inflação ou dissídio coletivo, para os casos de ajustes na folha de pagamento dos colaboradores. No entanto, caso a empresa esteja trabalhando com o OBZ, terá que analisar e justificar todos os custos em que a empresa incorrerá. Esse exercício de justificar os custos é importante, pois possibilita à empresa diminuir, ou até mesmo eliminar, custos que não contribuem para o propósito da empresa.

---

1 Para esse planejamento tributário, sugiro que procure o seu Contador.

No entanto, os custos variáveis irão variar proporcionalmente à variação estimada de vendas. As variações nos preços de compra das matérias-primas e na remuneração dos colaboradores também influenciarão no orçamento de custos de produção e precisam ser consideradas. Além disso, quando há demanda por produtos importados para a produção, também é importante levar em consideração a projeção para o câmbio.

Finalmente, para que o orçamento de custo de produção seja elaborado, pode ser necessária a elaboração do orçamento de compras de matéria-prima, orçamento de estoques de matéria-prima, orçamento de estoques de produtos acabados, entre outros. Para a elaboração do orçamento empresarial, é importante deixar claro que é necessário planejar todas as atividades que são relevantes para o dia a dia da empresa.

26.2.1.4 Orçamento de despesas de vendas

O orçamento de despesas de vendas refere-se à estimativa dos gastos nos quais a empresa incorrerá em seu processo de vendas. Essas despesas contemplam os gastos com remuneração variável de vendedores, que estará diretamente vinculada ao orçamento de vendas. Ou seja, a partir do orçamento de vendas, considerando o percentual do faturamento que é comissão dos vendedores, é fácil orçar os gastos com remuneração variável.

No entanto, as despesas de vendas também podem contemplar gastos relacionados a logística de entrega, publicidade, promoções, eventos, equipes de vendas e propagandas, entre outros. Além disso, é importante lembrar que as despesas de vendas podem sofrer alterações referentes às metas de vendas consideradas no orçamento de vendas. Cabe destacar que todos os gastos que é comum de serem classificados como despesas de vendas na empresa devem ser considerados no momento de elaborar o orçamento das despesas de vendas.

26.2.1.5 Orçamento de despesas administrativas

O orçamento de despesas administrativas tem relação com gastos do setor administrativo da empresa, como salários do pessoal administrativo, aluguel de escritório, serviços públicos e outros custos associados à gestão e à operação da empresa.

Para elaborar esse orçamento, é necessário considerar todos os gastos oriundos do setor administrativo. O levantamento das informações dependerá do tipo de orçamento que estiver sendo utilizado.

Geralmente, esses gastos sofrem ajustes devido à inflação, aos dissídios coletivos das categorias dos colaboradores, e dependendo do que está sendo planejado para a empresa, pode também haver o aumento ou a redução do quadro de colaboradores, por exemplo.

26.2.1.6 Orçamento do Demonstrativo de Resultado

Será por meio do orçamento do Demonstrativo de Resultado (DR) que os gestores terão uma visão detalhada das receitas e despesas projetadas para o período orçado. Trata-se de uma projeção sistemática das transações financeiras que afetarão a linha de resultado da empresa em determinado período. Ele compreende as receitas operacionais, os custos, as despesas e, consequentemente, o lucro ou prejuízo esperado. Esse orçamento é importante para auxiliar no processo de tomada de decisões e no acompanhamento do desempenho financeiro da organização.

Seguindo a estrutura do DR, para que esse orçamento seja elaborado é necessário inserir as receitas orçadas, que serão oriundas do orçamento de vendas. Deduzindo das receitas, deve ser lançado o orçamento de tributos a serem recolhidos pelo regime do Simples Nacional, e, com isso, calcular o orçamento da receita líquida de impostos.

Do orçamento da receita líquida dos impostos deve ser deduzido o orçamento do custo de produção, calculando, assim, o orçamento do lucro bruto. Deduzindo o orçamento de despesas de vendas e o orçamento de despesas administrativas, calcula-se o orçamento do lucro operacional. Desse resultado, deve ser deduzido/ acrescentado o orçamento de outras receitas e despesas, que é oriundo das receitas e despesas financeiras, obtendo, assim, o resultado líquido, que indicará se a empresa projeta lucro ou prejuízo para o período orçado.

Por meio desse orçamento, a empresa terá informações antecipadas e poderá planejar suas atividades com base nas metas financeiras. Além disso, esse orçamento auxilia na identificação de áreas de oportunidade e potenciais problemas e na alocação eficiente de recursos. De maneira resumida, é possível dizer que o orçamento do DR contribui, significativamente, para que a gestão financeira seja eficaz, proporcionando uma visão clara das expectativas financeiras e ajudando a garantir a sustentabilidade e o crescimento contínuo da empresa.

26.2.1.7 Orçamento do Balanço Patrimonial

Para que o orçamento do Balanço Patrimonial possa ser elaborado, devem-se projetar as contas do Ativo Circulante Operacional e do Passivo Circulante Operacional, que estão diretamente relacionadas com os orçamentos operacionais, principalmente a política de estoques e a política de crédito aos clientes. Já as contas do Ativo Não Circulante devem ser estimadas a partir dos Ativos que a empresa já tinha, mas também levando em consideração a abordagem de investimento do orçamento de capital, que será tratado na sequência.

Já as contas do Passivo Circulante Financeiro e do Patrimônio Líquido também serão relacionadas com a situação anterior da empresa, porém ajustadas por meio da abordagem de financiamento do orçamento de capital, a ser tratado na sequência. Resumindo, o orçamento do Balanço Patrimonial será oriundo de outros orçamentos a serem elaborados pela empresa.

26.2.2 Orçamento de capital

O orçamento de capital está relacionado com as decisões de investimento em Ativos Não Circulante e com as decisões de financiamento da empresa. Na abordagem relacionada aos investimentos, o orçamento contempla a aquisição de novos equipamentos, expansões físicas e outros investimentos significativos. Ao detalhar esses investimentos por meio do orçamento de capital, a empresa também gerará informações para avaliar a viabilidade econômico-financeira de projetos de investimento, assunto que será tratado no Capítulo 27.

26.2.3 Orçamento de caixa

Já na abordagem relacionada ao financiamento, será por meio desse orçamento que a empresa identificará a demanda de recursos e analisará quais são os recursos que apresentam menor custo de capital, assunto abordado no Capítulo 3.

Resumindo, por meio do orçamento de capital a empresa terá informações relevantes sobre a demanda de recursos que serão destinados aos investimentos, assim como terá informações relevantes sobre as fontes de recursos a serem utilizadas pela empresa.

26.2.3 Orçamento de caixa

O orçamento de caixa está relacionado com a projeção do Fluxo de Caixa da empresa. Será por meio desse orçamento que a empresa identificará as projeções de entradas e saídas de recursos financeiros ao longo do próximo período.

Para a projeção das entradas de caixa operacionais, é necessário trabalhar com as projeções de vendas relacionadas com a política de crédito a ser praticada pela empresa, classificando as vendas de acordo com os prazos que serão praticados. Por exemplo, se a empresa for trabalhar com prazos de 30 e 60 dias para pagamento, ela deverá estimar qual o percentual das vendas que será recebido à vista, com 30 dias e com 60 dias. Lançando essas informações no Fluxo de Caixa, a empresa terá a previsão das receitas que ocorrerão ao longo do período orçado. A construção do Fluxo de Caixa foi apresentada e detalhada no Capítulo 2.

Destaca-se que, a depender da empresa, do segmento de atuação e até mesmo da sua maturidade, pode ser difícil projetar essas informações de caixa para o período de 1 ano. Porém, mesmo que as informações não sejam tão fidedignas, o próprio exercício do planejamento trará benefícios para o processo de tomada de decisão da empresa, além de permitir a aquisição de conhecimentos que contribuirão para o planejamento do próximo período.

Além das entradas de caixa operacionais, pode haver, na empresa, as entradas de caixa não operacionais, aquelas que não estão relacionadas com as atividades da empresa. Como exemplo podem ser citados: recebimento de bens ou imóveis vendidos, recebimento de juros referente a investimentos realizados pela empresa, empréstimos realizados pela empresa para capital de giro ou investimentos, ou novos aportes financeiros feitos pelos sócios e/ou por investidores.

Já para a projeção das saídas de caixa operacionais, é necessário separar os gastos em fixos e variáveis. Os gastos fixos, como em sua maioria são recorrentes, são fáceis de prever. Já os gastos variáveis serão influenciados pela projeção de vendas, pela capacidade produtiva (quando se tratar de indústria), pela política de vendas e de crédito dos fornecedores, pela política de estocagem interna, entre outras questões. Sendo assim, para que a projeção dos gastos seja elaborada, deve-se analisar a empresa e projetar todas as atividades que possam influenciá-la.

Além das saídas de caixa operacionais, podem ocorrer também na empresa as saídas de caixa não operacionais, por exemplo: pagamento de empréstimos que já foram contraídos, pagamento de bens adquiridos em períodos anteriores, projeção de pagamentos de empréstimos a serem contraídos ou pagamento de bens (investimentos) a serem adquiridos pela empresa.

Depois de elaborado o orçamento de caixa, a empresa terá informações relevantes sobre as entradas e as saídas de caixa futuras da empresa, auxiliando-a a evitar problemas de liquidez e a garantir a continuidade das operações da empresa.

Para finalizar, é importante reforçar que a elaboração do orçamento empresarial poderá contribuir de maneira expressiva para o processo de tomada de decisão da empresa, proporcionando, inclusive, a análise dos resultados a serem proporcionados no período seguinte. Portanto, cabe destacar que se trata de uma atividade trabalhosa e que pode esbarrar em desafios diversos. Caberá aos gestores identificar esses desafios e criar estratégias para superá-los.

O orçamento empresarial deve ser elaborado antes do início do período do orçamento, sendo finalizado no máximo até o dia 20 de dezembro do ano anterior. A partir do momento inicial do período orçado, o gestor deve acompanhar o que está sendo executado com o que foi previsto. Por meio desse acompanhamento, os gestores devem comparar o que está ocorrendo no dia a dia da empresa com o que foi planejado, com foco, principalmente, no volume de vendas, nos preços de venda praticados e nos custos.

A partir dessa comparação, o gestor terá informações para ajustar questões internas na empresa, quando os resultados estiverem aquém do que está planejado. Além disso, caso a empresa esteja trabalhando com o orçamento flexível, poderá ajustar o orçamento quando houver variações expressivas entre o que foi orçado e o que está sendo realizado. Essa comparação auxiliará no processo de tomada de decisão da empresa.

Na sequência, será apresentado um exemplo com a aplicação dos conceitos abordados sobre a elaboração do orçamento empresarial. Nesse exemplo, da empresa Casas Modernas, serão abordados os principais orçamentos. Optei por colocar um exemplo mais simples para facilitar o entendimento do propósito central do orçamento.

26.3 Exemplo prático com elaboração do orçamento empresarial da empresa Casas Modernas

Inicialmente, será apresentado o enunciado da atividade que será utilizada como exemplo, no qual há a contextualização da empresa Casas Modernas. Posteriormente, após o enunciado, será apresentado como ocorreu a elaboração dos principais orçamentos. Na sequência, assumindo que a empresa trabalha com o orçamento flexível, será elaborado um orçamento ajustado. Para finalizar, será considerado que já se passou um trimestre do período orçado e então se apresentará a comparação entre o que foi planejado e o que ocorreu de fato (realizado). Sendo assim, esse exemplo evidencia de maneira prática todas as etapas da elaboração ao controle do orçamento empresarial.

Para que você possa acompanhar o orçamento que fora elaborado para as Casas Modernas, e depois pensar o orçamento para sua empresa, você poderá visualizar a planilha eletrônica que disponibilizei como material complementar do livro e que pode ser acessada pelo QR Code a seguir.

Acesse a planilha eletrônica utilizada na construção do orçamento empresarial das Casas Modernas. Utilize essa planilha também para orientá-lo na elaboração do orçamento de sua empresa.

uqr.to/1wdgc

26.3.1 Enunciado para elaboração do orçamento da empresa Casas Modernas

Elabore um orçamento empresarial da empresa do segmento de construção civil Casas Modernas, para o ano de 20X2, calculando, inclusive, qual será o Lucro Estimado por meio do orçamento do DR. Para facilitar, em vez de trabalhar com orçamentos mensais, elabore os orçamentos para a periodicidade de trimestres.

A empresa em questão atualmente trabalha com dois tipos de imóveis: as "casas de laje" e as "casas de telhado colonial", ambas do mesmo tamanho, com o mesmo acabamento, com as mesmas características internas. Após uma análise do mercado, a empresa previu as seguintes vendas e preços de venda para cada um dos trimestres do próximo ano:

- **Casas de laje:** a venda estimada desse tipo de casa para o primeiro trimestre de 20X2 é de 10 unidades. Essas vendas estão projetadas para aumentar em uma unidade de um trimestre para outro. O preço de venda projetado para o primeiro trimestre de 20X2 será de R$ 34.250,00. Para os demais trimestres, estima-se que o valor de venda dessas casas aumentará de acordo com a inflação.

- **Casas de telhado:** a venda projetada das casas de telhado colonial para o primeiro trimestre de 20X2 será de 11 unidades. Para os demais trimestres, estima-se que haverá um aumento de uma casa de um trimestre para o outro. O preço praticado para esse modelo de casa no primeiro trimestre de 20X2 será de R$ 39.000,00. Esse preço deverá ser ajustado para os demais trimestres de acordo com a inflação estimada.

Por meio dessas informações, é possível elaborar o **orçamento de vendas** da empresa para cada uma das casas e o orçamento de vendas consolidado, das duas casas juntas. Como a empresa é optante pelo Simples Nacional, os tributos serão incorridos no faturamento. O CNAE das empresas do segmento de construção civil está vinculado ao Anexo IV do Simples Nacional. Sendo assim, assumindo que o faturamento projetado da empresa será de aproximadamente R$ 3,7 milhões, ela será enquadrada na sexta faixa de faturamento. Analisando a alíquota efetiva, conforme apresentado no Capítulo 12, identificou-se que a alíquota efetiva será de aproximadamente 10,6% sobre o faturamento.

Para a construção das referidas casas, serão utilizadas as seguintes matérias-primas:

- **Cimento:** serão utilizados 500 sacos de cimento para cada casa de laje a ser construída. O preço do saco de cimento projetado para o primeiro trimestre de

20X2 será de R$ 18,50, sendo ajustado nos demais trimestres, de acordo com a inflação estimada para o período. Na casa de telhado, será gasto um total de 430 sacos de cimento por unidade construída.

- **Brita:** serão utilizados 50 m³ de brita para a construção de cada uma das casas de laje. Já para a construção de cada uma das casas de telhado, serão gastos 40 m³ de brita. O preço estimado do m³ da brita para o primeiro trimestre de 20X2 é de R$ 150,00. Esse preço será reajustado de um trimestre para outro, de acordo com a inflação do período.

- **Telha colonial e madeira:** a telha e a madeira serão utilizadas apenas nas casas de telhado e serão gastas na proporção 2.600 telhas e 10 m³ de madeira para cada casa construída. O preço de compra da telha será de R$ 500,00 o milheiro e o preço da madeira será R$ 250,00 o m³, sendo esses preços estimados para o primeiro trimestre de 20X2. O preço da telha e da madeira deve ser ajustado em R$ 20,00 o milheiro e em R$ 5,00 o m³, respectivamente, de um trimestre para outro.

- **Cerâmica:** os gastos estimados com cerâmica serão de R$ 2.300,00 para cada uma das casas construídas. Esse preço deve ser considerado como o preço estimado para o primeiro trimestre de 20X2, sendo ajustado de um trimestre para outro de acordo com a inflação do período.

- **Material elétrico:** o gasto estimado com material elétrico é de R$ 1.800,00 para cada uma das casas construídas, durante todo o ano em questão.

Com relação à **mão de obra direta**, estima-se utilizar dois tipos de profissionais para as casas de laje e três tipos de profissionais para as casas de telhado. Em cada uma das casas de laje, serão utilizadas 400 horas de pedreiro e 560 horas de servente. Já nas casas de telhado, serão utilizadas 320 horas de pedreiro e 400 horas de servente; nesse tipo de casa também serão gastas 160 horas de carpinteiro, também para cada uma das unidades a serem construídas. O custo estimado da hora trabalhada para cada um dos profissionais no primeiro trimestre de 20X2 será de: pedreiro – R$ 14,00; servente – R$ 6,00; e carpinteiro – R$ 15,00. Estima-se que esses valores sejam aumentados em 8% no terceiro trimestre de 20X2, momento em que há a convenção coletiva dos profissionais do ramo de construção civil. Com essas informações, é possível elaborar o **orçamento de custo de produção** para cada uma das casas e depois, juntando-os, elaborar o orçamento consolidado, por trimestre.

O orçamento das Despesas de Vendas é composto de salários indiretos, fretes e carretos e outras despesas gerais, e representa, em média, 1,5% do orçamento da Receita Líquida do período. O orçamento das Despesas Administrativas é composto de salários indiretos, serviços profissionais e outras despesas gerais, e representa, em média, 1,5% do orçamento dos Custos de Produção (matéria-prima, mão de obra direta).

A inflação estimada para o próximo ano é de 2% ao trimestre. Para calcular a quantidade produzida, assumirei que não há nem produto acabado, nem matéria-prima de nenhuma espécie em estoque. A produção será suficiente para a venda estimada.

Já a compra de matéria-prima será suficiente para a produção. Assim, não será considerado estoque de nenhuma espécie nesse exemplo.

De posse dessas informações, elabore o orçamento empresarial, finalizando com o orçamento do DR. As informações sobre o orçamento flexível e sobre o realizado do primeiro trimestre de 20X2 estarão disponíveis após a apresentação da elaboração do orçamento empresarial.

26.3.2 Elaboração do orçamento empresarial

Inicialmente, serão apresentados os orçamentos das casas de laje e, posteriormente, os orçamentos das casas de telhado.

26.3.2.1 Orçamentos das casas de laje

Por meio do Quadro 26.1, é possível observar o orçamento de venda das casas de laje para o período de 20X2.

Quadro 26.1 Orçamento de vendas das casas de laje (trimestral).

PERÍODO DO ORÇAMENTO	1T/X2	2T/X2	3T/X2	4T/X2
Quantidade vendida	10	11	12	13
Preço de venda	R$ 34.250,00	R$ 34.935,00	R$ 35.633,70	R$ 36.346,37
RECEITA TOTAL	R$ 342.500,00	R$ 384.285,00	R$ 427.604,40	R$ 472.502,86

Conforme pode ser observado no Quadro 26.1, para calcular a Receita de Venda das casas de laje, foram multiplicados a quantidade de casas vendidas e o seu respectivo preço de venda. Além disso, conforme instruções apresentadas pelo enunciado, a quantidade vendida de casas e os preços de vendas serão ajustados a cada trimestre.

Tendo calculado o orçamento de vendas, e sabendo que a alíquota efetiva do regime do Simples Nacional será de aproximadamente 10,6% sobre o faturamento, é possível calcular o orçamento dos tributos, que estão apresentados no Quadro 26.2.

Quadro 26.2 Orçamento dos tributos pelo regime do Simples Nacional.

PERÍODO DO ORÇAMENTO	1T/X2	2T/X2	3T/X2	4T/X2
Receita total	R$ 342.500,00	R$ 384.285,00	R$ 427.604,40	R$ 472.502,86
Tributo a ser recolhido	R$ 36.305,00	R$ 40.734,21	R$ 45.326,07	R$ 50.085,30
RECEITA LÍQUIDA	R$ 306.195,00	R$ 343.550,79	R$ 382.278,33	R$ 422.417,56

O valor dos tributos a serem recolhidos pelo regime do Simples Nacional pode ser observado no Quadro 26.2. Para calculá-lo, basta multiplicar o faturamento total com a venda das casas de laje pela alíquota efetiva, que, nesse caso, está sendo considerada em 10,6%.

Na sequência, será apresentado o orçamento de custo de produção das casas de laje. Com o objetivo detalhar a elaboração do orçamento, optou-se por apresentar separadamente o orçamento de cada matéria-prima e de cada profissional. Inicialmente, será apresentado o orçamento do custo do cimento das casas de laje, conforme pode ser observado no Quadro 26.3.

Quadro 26.3 Orçamento do custo do cimento – casas de laje.

PERÍODO DO ORÇAMENTO	1T/X2	2T/X2	3T/X2	4T/X2
Quant. demanda	5.000	5.500	6.000	6.500
Preço unidade	R$ 18,50	R$ 18,87	R$ 19,25	R$ 19,63
CUSTO TOTAL	R$ 92.500,00	R$ 103.785,00	R$ 115.484,40	R$ 127.610,26

Conforme pode ser visto no Quadro 26.3, as casas de laje incorrerão em um custo total de cimento de R$ 92.500,00, no 1T/X2. Nesse período será produzido um total de 10 casas, a demanda de cimento por casa é de 500 sacos de cimento e, então, a demanda total de cimento será de 5 mil sacos de cimento. O preço de compra de cada saco de cimento no 1T/X2 é de R$ 18,50. Essa mesma lógica se mantém nos trimestres seguintes, considerando que haverá aumento no número de casas a serem produzidas e no preço de compra do cimento.

A seguir está apresentado, por meio do Quadro 26.4, o orçamento do custo da brita, também para as casas de laje.

Quadro 26.4 Orçamento do custo da brita – casas de laje.

PERÍODO DO ORÇAMENTO	1T/X2	2T/X2	3T/X2	4T/X2
Quant. demanda	500	550	600	650
Preço unidade	R$ 150,00	R$ 153,00	R$ 156,06	R$ 159,18
CUSTO TOTAL	R$ 75.000,00	R$ 84.150,00	R$ 93.636,00	R$ 103.467,78

No Quadro 26.4, está apresentado o orçamento do custo da brita para a casa de laje. Conforme pode ser observado, a demanda por brita no 1T/X2 será de 500 m^3, pois nesse período serão construídas 10 casas e a demanda de brita por casa é de 50 m^3.

O preço de compra de cada m³ de brita no 1T/X2 será de R$ 150,00, sendo esse valor ajustado conforme a inflação para os trimestres seguintes. Além disso, cabe destacar que a demanda por brita irá aumentar nos trimestres seguintes em função do aumento do número de casas a serem construídas.

Já no Quadro 26.5 está apresentado o orçamento do custo da cerâmica para as casas de laje.

Quadro 26.5 Orçamento do custo da cerâmica – casas de laje.

PERÍODO DO ORÇAMENTO	1T/X2	2T/X2	3T/X2	4T/X2
Quantidade de casas	10	11	12	13
Custo cerâmica unit.	R$ 2.300,00	R$ 2.346,00	R$ 2.392,92	R$ 2.440,78
CUSTO TOTAL	R$ 23.000,00	R$ 25.806,00	R$ 28.715,04	R$ 31.730,12

O custo de cerâmica por cada casa a ser construída, no 1T/X2, será de R$ 2.300,00. Para os demais trimestres, esse valor será ajustado conforme a inflação. Além disso, os custos totais aumentarão em função do aumento de casas a serem construídas de um semestre para o outro.

No Quadro 26.6 está apresentado o orçamento do custo de material elétrico para as casas de laje.

Quadro 26.6 Orçamento do custo do material elétrico – casas de laje.

PERÍODO DO ORÇAMENTO	1T/X2	2T/X2	3T/X2	4T/X2
Quantidade de casas	10	11	12	13
Custo do material elétrico unit.	R$ 1.800,00	R$ 1.800,00	R$ 1.800,00	R$ 1.800,00
CUSTO TOTAL	R$ 18.000,00	R$ 19.800,00	R$ 21.600,00	R$ 23.400,00

Assim como ocorre com a cerâmica, os custos de material elétrico são fixos e representam R$ 1.800,00 por casa, conforme pode ser observado no Quadro 26.6. Esse custo unitário se manterá fixo durante todo o período orçado. O custo total aumentará de um período para o outro devido ao aumento do número de casas a serem construídas.

Finalmente, no Quadro 26.7 está apresentado o orçamento dos custos da mão de obra direta para a casa de laje.

Quadro 26.7 Orçamento do custo de mão de obra direta – casas de laje.

PERÍODO DO ORÇAMENTO	1T/X2	2T/X2	3T/X2	4T/X2
Quantidade de casas	10	11	12	13
Q. hora pedreiro	4.000	4.400	4.800	5.200
Preço hora pedreiro	R$ 14,00	R$ 14,00	R$ 15,12	R$ 15,12
Custo PEDREIRO	**R$ 56.000,00**	**R$ 61.600,00**	**R$ 72.576,00**	**R$ 78.624,00**
Q. hora servente	5.600	6.160	6.720	7.280
Preço hora servente	R$ 6,00	R$ 6,00	R$ 6,48	R$ 6,48
Custo SERVENTE	**R$ 33.600,00**	**R$ 36.960,00**	**R$ 43.545,60**	**R$ 47.174,40**
CUSTO TOTAL MOD	**R$ 89.600,00**	**R$ 98.560,00**	**R$ 116.121,60**	**R$ 125.798,40**

Conforme pode ser observado no Quadro 26.7, o total de horas de pedreiro demandado para construir as casas no 1T/X2 será de 4.000; e a demanda desse profissional por casa será de 400 horas e o total de casas a serem construídas nesse período é de 10 unidades. O preço da hora do pedreiro será de R$ 14,00 para os dois primeiros trimestres e, depois, a partir do terceiro trimestre, o custo da hora será ajustado para R$ 15,12. Para se calcular o custo total do pedreiro, deve-se multiplicar 400 horas por casa pelo número de casas a serem construídas no trimestre e pelo preço da hora trabalhada desse profissional.

Essa mesma lógica deve ser considerada para o servente; portanto, cada casa demandará 560 horas de servente. Já o custo da hora trabalhada desse profissional nos dois primeiros trimestres será de R$ 6,00 e passará para R$ 6,48 do terceiro trimestre em diante. Sendo assim, o custo total de mão de obra direta para a construção das casas de laje no 1T/X2 será de R$ 89.600,00. Todos esses custos serão consolidados no orçamento do DR que será apresentado em breve.

Na sequência, o próximo passo é elaborar o orçamento das despesas de vendas, que, nessa empresa, representa 1,5% do orçamento da Receita Líquida do período e está evidenciado pelo Quadro 26.8.

Quadro 26.8 Orçamento das despesas de vendas – casas de laje.

PERÍODO DO ORÇAMENTO	1T/X2	2T/X2	3T/X2	4T/X2
Receita líquida	R$ 306.195,00	R$ 343.550,79	R$ 382.278,33	R$ 422.417,56
DESPESAS DE VENDAS	**R$ 4.592,93**	**R$ 5.153,26**	**R$ 5.734,18**	**R$ 6.336,26**

204 | **CAPÍTULO 26** Planejamento Orçamentário ou Orçamento Empresarial

Conforme pode ser observado no Quadro 26.8, o orçamento das despesas de vendas para o 1T/X2 será de R$ 4.592,93. Esse valor irá aumentar nos trimestres seguintes em função do aumento que ocorrerá na receita líquida das casas de laje. Já no Quadro 26.9 está apresentado o orçamento das despesas administrativas das casas de laje.

Quadro 26.9 Orçamento das despesas administrativas – casas de laje.

PERÍODO DO ORÇAMENTO	1T/X2	2T/X2	3T/X2	4T/X2
Custo de produção total	R$ 298.100,00	R$ 332.101,00	R$ 375.557,04	R$ 412.006,56
DESPESAS ADMINISTRATIVAS	R$ 4.471,50	R$ 4.981,52	R$ 5.633,36	R$ 6.180,10

Conforme pode ser observado no Quadro 26.9, o orçamento das despesas administrativas aumentará de um trimestre para o outro devido ao crescimento do custo de produção.

Todos esses orçamentos das casas de laje estão resumidos no orçamento do DR que está apresentado no Quadro 26.10.

Quadro 26.10 Orçamento do Demonstrativo do Resultado – casas de laje.

	1T/X2	2T/X2	3T/X2	4T/X2
Orçmto. de Receita de Vendas	R$ 342.500,00	R$ 384.285,00	R$ 427.604,40	R$ 472.502,86
(-) Imposto sobre vendas	R$ 36.305,00	R$ 40.734,21	R$ 45.326,07	R$ 50.085,30
(=) Orçmto. de vendas líquidas	**R$ 306.195,00**	**R$ 343.550,79**	**R$ 382.278,33**	**R$ 422.417,56**
(-) Orçmto. do cimento	R$ 92.500,00	R$ 103.785,00	R$ 115.484,40	R$ 127.610,26
(-) Orçmto. da brita	R$ 75.000,00	R$ 84.150,00	R$ 93.636,00	R$ 103.467,78
(-) Orçmto. da cerâmica	R$ 23.000,00	R$ 25.806,00	R$ 28.715,04	R$ 31.730,12
(-) Orçmto. do material elétrico	R$ 18.000,00	R$ 19.800,00	R$ 21.600,00	R$ 23.400,00
(-) Orçmto. da MOD – Casa laje	R$ 89.600,00	R$ 98.560,00	R$ 116.121,60	R$ 125.798,40
(-) Orçmto. do custo de produção	R$ 298.100,00	R$ 332.101,00	R$ 375.557,04	R$ 412.006,56
(=) Orçmto. do lucro bruto	**R$ 8.095,00**	**R$ 11.449,79**	**R$ 6.721,29**	**R$ 10.411,00**

CONTINUA »

>> CONTINUAÇÃO

	1T/X2	2T/X2	3T/X2	4T/X2
(-) Orçmto. das despesas de vendas	R$ 4.592,93	R$ 5.153,26	R$ 5.734,18	R$ 6.336,26
(-) Orçmto. das despesas administrativas	R$ 4.471,50	R$ 4.981,52	R$ 5.633,36	R$ 6.180,10
(=) Orçmto. lucro operacional	**-R$ 969,43**	**R$ 1.315,01**	**-R$ 4.646,24**	**-R$ 2.105,36**
(+/-) Orçmto. do resultado financeiro	R$ 0,00	R$ 0,00	R$ 0,00	R$ 0,00
(=) Orçmto. do Lucro Líquido	**-R$ 969,43**	**R$ 1.315,01**	**-R$ 4.646,24**	**-R$ 2.105,36**

Conforme pode ser observado no Quadro 26.10, que apresenta orçamento do DR das casas de laje, a empresa terá prejuízo com a venda dessas casas em três dos quatro trimestres projetados. Esse resultado evidencia a necessidade de haver algum ajuste nos valores dessas casas para que o resultado financeiro seja positivo. Ela tem a opção de aumentar o valor de venda das casas ou reduzir os custos de produção ou despesas.

Se a empresa não fizesse esse orçamento, somente no final do período, depois de já ter incorrido em prejuízo, é que ela teria conhecimento dessa situação, mesmo havendo um acompanhamento rigoroso de suas finanças. Sendo assim, é possível afirmar que a elaboração do orçamento empresarial é importante para que os gestores possam conhecer, antes de iniciar uma atividade, se ela proporcionará resultado positivo, ou não, à empresa.

Na sequência, será apresentado o detalhamento do orçamento elaborado para as casas de telhado.

26.3.2.2 Orçamentos das casas de telhado

Como os orçamentos das casas de telhado são semelhantes aos orçamentos das casas de laje, que já foram detalhados, nesse tópico irei apresentar os orçamentos semelhantes e detalhar apenas aqueles que são exclusivos das casas de telhado. Esses orçamentos podem ser visualizados nos Quadros 26.11 a 26.14.

Quadro 26.11 Orçamento de vendas das casas de telhado (trimestral).

PERÍODO DO ORÇAMENTO	1T/X2	2T/X2	3T/X2	4T/X2
Quantidade vendida	11	12	13	14
Preço de venda	R$ 39.000,00	R$ 39.780,00	R$ 40.575,60	R$ 41.387,11
RECEITA TOTAL	R$ 429.000,00	R$ 477.360,00	R$ 527.482,80	R$ 579.419,57

Quadro 26.12 Orçamento dos tributos pelo regime do Simples Nacional.

PERÍODO DO ORÇAMENTO	1T/X2	2T/X2	3T/X2	4T/X2
Receita total	R$ 429.000,00	R$ 477.360,00	R$ 527.482,80	R$ 579.419,57
Tributo a ser recolhido	R$ 45.474,00	R$ 50.600,16	R$ 55.913,18	R$ 61.418,47
RECEITA LÍQUIDA	R$ 383.526,00	R$ 426.759,84	R$ 471.569,62	R$ 518.001,09

Quadro 26.13 Orçamento do custo do cimento – casas de telhado.

PERÍODO DO ORÇAMENTO	1T/X2	2T/X2	3T/X2	4T/X2
Quant. demanda	4.730	5.160	5.590	6.020
Preço unidade	R$ 18,50	R$ 18,87	R$ 19,25	R$ 19,63
CUSTO TOTAL	R$ 87.505,00	R$ 97.369,20	R$ 107.592,97	R$ 118.186,73

Quadro 26.14 Orçamento do custo da brita – casas de telhado.

PERÍODO DO ORÇAMENTO	1T/X2	2T/X2	3T/X2	4T/X2
Quant. demanda	440	480	520	560
Preço unidade	R$ 150,00	R$ 153,00	R$ 156,06	R$ 159,18
CUSTO TOTAL	R$ 66.000,00	R$ 73.440,00	R$ 81.151,20	R$ 89.141,47

Diferentemente das casas de laje, nas casas de telhado há também a demanda por telha e madeira. Assim, o orçamento do custo da telha e o orçamento do custo de madeira serão apresentados com detalhes. Inicialmente, por meio do Quadro 26.15, é possível visualizar o orçamento do custo da telha, material que será utilizado apenas nas casas de telhado.

Quadro 26.15 Orçamento do custo da telha – casas de telhado.

PERÍODO DO ORÇAMENTO	1T/X2	2T/X2	3T/X2	4T/X2
Quant. mil. telha	28,6	31,2	33,8	36,4
Preço milheiro	R$ 500,00	R$ 520,00	R$ 540,00	R$ 560,00
CUSTO TOTAL	R$ 14.300,00	R$ 16.224,00	R$ 18.252,00	R$ 20.384,00

Conforme pode ser observado no Quadro 26.15, a demanda de telha para o 1T/X2 será de 28,6 milheiros; a demanda por cada casa será de 2,6 milheiros. Nesse trimestre, o preço de compra do milheiro será de R$ 500,00; esse valor será ajustado para os próximos trimestres.

Na sequência, por meio do Quadro 26.16 é possível visualizar o orçamento do custo de madeira, que também é um material exclusivo para as casas de telhado.

Quadro 26.16 Orçamento do custo de madeira – casas de telhado.

PERÍODO DO ORÇAMENTO	1T/X2	2T/X2	3T/X2	4T/X2
Quant. m³ madeira	110	120	130	140
Preço m³	R$ 250,00	R$ 255,00	R$ 260,00	R$ 265,00
CUSTO TOTAL	R$ 27.500,00	R$ 30.600,00	R$ 33.800,00	R$ 37.100,00

Por meio do Quadro 26.16 é possível verificar que no 1T/X2 será demandado para a construção das casas de telhado o total de 110 m³ de madeira, sendo o total de 10 m³ para cada uma das 11 casas a serem construídas. O preço de compra do m³ será de R$ 250,00 no 1T/X2 e aumentará R$ 5,00 de um trimestre para o outro.

Os orçamentos do custo da cerâmica e do material elétrico seguiram a mesma lógica das casas de laje e estão apresentados nos Quadros 26.17 e 26.18, respectivamente.

Quadro 26.17 Orçamento do custo da cerâmica – casas de telhado.

PERÍODO DO ORÇAMENTO	1T/X2	2T/X2	3T/X2	4T/X2
Quantidade de casas	11	12	13	14
Custo cerâmica unit.	R$ 2.300,00	R$ 2.346,00	R$ 2.392,92	R$ 2.440,78
CUSTO TOTAL	R$ 25.300,00	R$ 28.152,00	R$ 31.107,96	R$ 34.170,90

Quadro 26.18 Orçamento do custo do material elétrico – casas de telhado.

PERÍODO DO ORÇAMENTO	1T/X2	2T/X2	3T/X2	4T/X2
Quantidade de casas	11	12	13	14
Custo material elétrico unit.	R$ 1.800,00	R$ 1.800,00	R$ 1.800,00	R$ 1.800,00
CUSTO TOTAL	R$ 19.800,00	R$ 21.600,00	R$ 23.400,00	R$ 25.200,00

Já com relação ao orçamento dos custos da mão de obra direta, nas casas de telhado haverá também a demanda pelo carpinteiro, conforme pode ser observado no Quadro 26.19.

Quadro 26.19 Orçamento do custo de mão de obra direta – casas de telhado.

PERÍODO DO ORÇAMENTO	1T/X2	2T/X2	3T/X2	4T/X2
Quantidade de casas	11	12	13	14
Q. hora pedreiro	3.520	3.840	4.160	4.480
Preço hora pedreiro	R$ 14,00	R$ 14,00	R$ 15,12	R$ 15,12
Custo PEDREIRO	**R$ 49.280,00**	**R$ 53.760,00**	**R$ 62.899,20**	**R$ 67.737,60**
Q. hora servente	4.400	4.800	5.200	5.600
Preço hora servente	R$ 6,00	R$ 6,00	R$ 6,48	R$ 6,48
Custo SERVENTE	**R$ 26.400,00**	**R$ 28.800,00**	**R$ 33.696,00**	**R$ 36.288,00**
Q. hora carpinteiro	1.760	1.920	2.080	2.240
Preço hora carpinteiro	R$ 15,00	R$ 15,00	R$ 16,20	R$ 16,20
Custo CARPINTEIRO	**R$ 26.400,00**	**R$ 28.800,00**	**R$ 33.696,00**	**R$ 36.288,00**
CUSTO TOTAL MOD	R$ 102.080,00	R$ 111.360,00	R$ 130.291,20	R$ 140.313,60

Conforme pode ser observado no Quadro 26.19, além da demanda dos profissionais pedreiro e servente, conforme ocorre nas casas de laje, nas casas de telhado há também a demanda pelo profissional carpinteiro. Como as casas de telhado não terão laje, a demanda de trabalho do pedreiro e do servente será menor, sendo 320 horas demandadas de pedreiro e 400 horas demandadas de serventes. Porém, cada casa demandará 160 horas de trabalho do profissional carpinteiro, que durante dois primeiros trimestres terá um custo de R$ 15,00 a hora trabalhada, passando R$ 16,20 nos últimos trimestres.

Na sequência, por meio dos Quadros 26.20 e 26.21, são apresentados mentos das despesas de vendas e das despesas administrativas, respectiva

Quadro 26.20 Orçamento das despesas de vendas – casas de telhado

PERÍODO DO ORÇAMENTO	1T/X2	2T/X2	3T/X2
Receita líquida	R$ 383.526,00	R$ 426.759,84	R$ 471.569,6
DESPESAS DE VENDAS	R$ 5.752,89	R$ 6.401,40	R$ 7.073

Quadro 26.21 Orçamento das despesas administrativas – casas de telhado.

PERÍODO DO ORÇAMENTO	1T/X2	2T/X2	3T/X2	4T/X2
Custo de produção total	R$ 342.485,00	R$ 378.745,20	R$ 425.595,33	R$ 464.496,70
DESPESAS ADMINISTRATIVAS	R$ 5.137,28	R$ 5.681,18	R$ 6.383,93	R$ 6.967,45

Todos esses orçamentos das casas de telhado estão resumidos no orçamento do DR que está apresentado no Quadro 26.22.

Quadro 26.22 Orçamento do Demonstrativo do Resultado – casas de telhado.

	1T/X2	2T/X2	3T/X2	4T/X2
Orçamento de receita de vendas	R$ 429.000,00	R$ 477.360,00	R$ 527.482,80	R$ 579.419,57
(–) Imposto sobre vendas	R$ 45.474,00	R$ 50.600,16	R$ 55.913,18	R$ 61.418,47
(=) Orçamento de vendas líquidas	R$ 383.526,00	R$ 426.759,84	R$ 471.569,62	R$ 518.001,09
(–) Orçamento do cimento	R$ 87.505,00	R$ 97.369,20	R$ 107.592,97	R$ 118.186,73
(–) Orçamento da brita	R$ 66.000,00	R$ 73.440,00	R$ 81.151,20	R$ 89.141,47
(–) Orçamento da telha	R$ 14.300,00	R$ 16.224,00	R$ 18.252,00	R$ 20.384,00
(–) Orçamento da madeira	R$ 27.500,00	R$ 30.600,00	R$ 33.800,00	R$ 37.100,00
(–) Orçamento da cerâmica	R$ 25.300,00	R$ 28.152,00	R$ 31.107,96	R$ 34.170,90
(–) Orçamento do material elétrico	R$ 19.800,00	R$ 21.600,00	R$ 23.400,00	R$ 25.200,00
(–) Orçamento da MOD – casa telhado	R$ 102.080,00	R$ 111.360,00	R$ 130.291,20	R$ 140.313,60
(–) Orçamento do custo de produção	R$ 342.485,00	R$ 378.745,20	R$ 425.595,33	R$ 464.496,70
(=) Orçamento do lucro bruto	R$ 41.041,00	R$ 48.014,64	R$ 45.974,30	R$ 53.504,39
(–) Orçamento das despesas de vendas	R$ 5.752,89	R$ 6.401,40	R$ 7.073,54	R$ 7.770,02
(–) Orçamento das despesas administrativas	R$ 5.137,28	R$ 5.681,18	R$ 6.383,93	R$ 6.967,45

CONTINUA >>

>> CONTINUAÇÃO

	1T/X2	2T/X2	3T/X2	4T/X2
(=) Orçamento do lucro operacional	R$ 30.150,84	R$ 35.932,06	R$ 32.516,82	R$ 38.766,92
(+/-) Orçamento do resultado financeiro	R$ 0,00	R$ 0,00	R$ 0,00	R$ 0,00
(=) Orçamento do lucro líquido	R$ 30.150,84	R$ 35.932,06	R$ 32.516,82	R$ 38.766,92

Conforme pode ser observado no Quadro 26.22, no qual é apresentado o orçamento do DR das casas de telhado, a empresa obterá lucro nos quatro trimestres projetados. No entanto, os lucros orçados estão gerando uma margem líquida[2] de aproximadamente 6,5%. Esse valor deve ser comparado com o resultado esperado pela empresa.

Observe que, de posse dos resultados apresentados pelo orçamento, a empresa terá condições de analisar o mercado, a demanda por casas, a oferta de matéria-prima e de profissionais, para, com isso, buscar meios para melhorar o resultado dessa atividade. A melhoria desse resultado pode ser por meio do aumento do preço das casas a serem vendidas ou por meio de redução nos custos necessários para a produção.

A seguir, no Quadro 26.23 está apresentado o orçamento do DR consolidado, somando o orçamento das casas de laje e o das casas de telhado.

Quadro 26.23 Orçamento do Demonstrativo do Resultado – consolidado.

	1T/X2	2T/X2	3T/X2	4T/X2
Orçamento de receita de vendas	R$ 771.500,00	R$ 861.645,00	R$ 955.087,20	R$ 1.051.922,43
(-) Imposto sobre vendas	R$ 81.779,00	R$ 91.334,37	R$ 101.239,24	R$ 111.503,78
(=) Orçamento de vendas líquidas	R$ 689.721,00	R$ 770.310,63	R$ 853.847,96	R$ 940.418,65
(-) Orçamento do cimento	R$ 180.005,00	R$ 201.154,20	R$ 223.077,37	R$ 245.797,00
(-) Orçamento da brita	R$ 141.000,00	R$ 157.590,00	R$ 174.787,20	R$ 192.609,25
(-) Orçamento da telha e madeira	R$ 41.800,00	R$ 46.824,00	R$ 52.052,00	R$ 57.484,00
(-) Orçamento da cerâmica	R$ 48.300,00	R$ 53.958,00	R$ 59.823,00	R$ 65.901,02
(-) Orçamento do material elétrico	R$ 37.800,00	R$ 41.400,00	R$ 45.000,00	R$ 48.600,00

CONTINUA >>

---

2 A margem líquida é calculada dividindo o Lucro Líquido pela Receita Bruta. Esse indicador pode ser consultado no conteúdo apresentado no Módulo 5.

>> CONTINUAÇÃO

	1T/X2	2T/X2	3T/X2	4T/X2
(-) Orçamento da MOD – Casa laje	R$ 89.600,00	R$ 98.560,00	R$ 116.121,60	R$ 125.798,40
(-) Orçamento da MOD – Casa telhado	R$ 102.080,00	R$ 111.360,00	R$ 130.291,20	R$ 140.313,60
(-) Orçamento do custo de produção	R$ 640.585,00	R$ 710.846,20	R$ 801.152,37	R$ 876.503,27
(=) Orçamento do lucro bruto	**R$ 49.136,00**	**R$ 59.464,43**	**R$ 52.695,59**	**R$ 63.915,39**
(-) Orçamento das despesas de vendas	R$ 10.345,82	R$ 11.554,66	R$ 12.807,72	R$ 14.106,28
(-) Orçamento das despesas administrativas	R$ 9.608,78	R$ 10.662,69	R$ 12.017,29	R$ 13.147,55
(=) Orçamento do lucro operacional	**R$ 29.181,41**	**R$ 37.247,08**	**R$ 27.870,59**	**R$ 36.661,56**
(+/-) Orçamento do resultado financeiro	R$ 0,00	R$ 0,00	R$ 0,00	R$ 0,00
(=) Orçamento do lucro líquido	**R$ 29.181,41**	**R$ 37.247,08**	**R$ 27.870,59**	**R$ 36.661,56**

Esse resultado apresentado pelo Quadro 26.23 evidencia uma questão muito importante e que pode influenciar muito os resultados das empresas. Ao se analisar o resultado do período orçado da empresa por meio desse DR consolidado, não é possível constatar que a construção das casas de laje dará prejuízo à empresa, se as condições do orçamento se mantiverem.

Sendo assim, destaca-se a importância de fazer o orçamento dos negócios da empresa separadamente. Sempre que possível, deve-se detalhar o orçamento de cada negócio, produto ou serviço. É indicado também que o gerenciamento dos negócios seja separado, sempre que possível, pois o gerenciamento por atividades possibilita ao gestor identificar os produtos ou serviços que são mais rentáveis à empresa, assim como os que não geram os resultados esperados, como ocorreu nesse exemplo das Casas Modernas.

Seguindo essa linha de raciocínio, com o objetivo de analisar melhor os resultados que as atividades da empresa Casas Modernas proporcionarão a partir das projeções realizadas, a seguir serão apresentadas algumas análises possíveis de serem realizadas com as informações disponíveis, conforme pode ser observado no Quadro 26.24.

Quadro 26.24 Análise dos resultados projetados para cada modelo de casa.

		1T/X2	2T/X2	3T/X2	4T/X2
Casa de laje	Margem líquida	**-0,28%**	0,34%	**-1,09%**	**-0,45%**
	Preço de venda líquido – unitário	R$ 30.619,50	R$ 31.231,89	R$ 31.856,53	R$ 32.493,66
	Custo variável – unitário	R$ 30.716,44	R$ 31.112,34	R$ 32.243,71	R$ 32.655,61
	Margem de Contribuição	**-R$ 96,94**	R$ 119,55	**-R$ 387,19**	**-R$ 161,95**

Casa de telhado	Margem líquida	7,03%	7,53%	6,16%	6,69%
	Preço de venda líquido – unitário	R$ 34.866,00	R$ 35.563,32	R$ 36.274,59	R$ 37.000,08
	Custo variável – unitário	R$ 32.125,02	R$ 32.568,98	R$ 33.773,29	R$ 34.231,01
	Margem de Contribuição	R$ 2.740,99	R$ 2.994,34	R$ 2.501,29	R$ 2.769,07

Por meio do Quadro 26.24, é possível validar que o resultado estimado para as casas de laje é negativo em três trimestres, conforme apresentado pela margem líquida e pela Margem de Contribuição negativa. No caso da empresa Casas Modernas, como está apresentado no enunciado que as despesas de vendas e administrativas representam porcentagens da receita líquida e do custo de produção total, respectivamente, considerei que essas despesas são variáveis. Sendo assim, nesse caso, todos os gastos são variáveis.

Já o resultado esperado para as casas de telhado será positivo nos quatro trimestres, sendo a margem líquida média de 6,85% e a Margem de Contribuição média de R$ 2.751,00.

Na sequência, com o objetivo de apresentar um exemplo de ajuste do orçamento empresarial para o caso de uma empresa que esteja trabalhando com o orçamento flexível, optei por simular uma situação em que o cenário econômico do país passará por transformação, possibilitando à empresa uma adaptação do que fora planejado.

26.3.3 Adaptação do orçamento empresarial (orçamento flexível)

Neste tópico, com o objetivo de apresentar como pode ser o processo de adaptação do orçamento quando houver mudanças no contexto da empresa que demandem esse ajuste, elaborei uma situação que demandou um ajuste no orçamento da empresa Casas Modernas, conforme está apresentado na sequência.

Ao iniciar o ano de 20X2, por meio das análises econômicas realizadas pela equipe da empresa Casas Modernas, foi percebida uma mudança no cenário do país. O novo presidente do país, junto à sua equipe econômica, apresentou projetos para estimular a geração de emprego e, por consequência, a renda da população. Esses projetos foram bem aceitos pela população, que apostou em uma melhoria da economia nacional.

Vendo essa mudança de cenário logo no início do ano 20X2, os gestores da empresa Casas Modernas, que trabalhava com o orçamento flexível, já aumentaram a projeção de construção das casas. Em vez de 10 casas de laje para o 1T/X2, foi projetada a construção de 12 casas. Para os demais trimestres, o aumento de casas de laje a serem fabricadas passou para três casas de laje a mais, por trimestre. Além disso, o valor de venda da casa de laje foi ajustado em 12%.

Com relação às casas de telhado, não houve alteração no número de casas a serem construídas, portanto, houve um aumento projetado de 8% sobre o valor de venda das casas, sendo o valor para o 1T/X2 igual a R$ 42.120,00. Com esses ajustes, o total do faturamento projetado para a empresa Casas Modernas foi de aproximadamente R$ 4.795.000,00, valor que representa praticamente o limite de faturamento permitido para o enquadramento no regime do Simples Nacional. O valor limite para o faturamento de 12 meses para esse enquadramento é de R$ 4.800.000,00.[3] Também, cabe destacar que o aumento no faturamento da empresa proporcionou uma alteração na taxa efetiva do regime do Simples Nacional, que passou para 15,75% sobre o faturamento.

Além disso, como a empresa Casas Modernas tem contrato de fidelidade com os fornecedores, tanto de material quanto de mão de obra, a expectativa é que não haverá ajuste nos preços a serem pagos pela empresa, a não ser aqueles ajustes que já haviam sido considerados pelo enunciado.

De posse desse novo cenário econômico do país, ainda em janeiro de 20X2, o primeiro passo aos gestores da empresa é ajustar o orçamento empresarial. Os orçamentos dos DR de cada modelo de casa (laje e telhado) estão apresentados nos Quadros 26.25 e 26.26.

Quadro 26.25 Orçamento ajustado do Demonstrativo de Resultado – casas de laje.

	1T/X2	2T/X2	3T/X2	4T/X2
Orçamento de receita de vendas	R$ 460.320,00	R$ 586.908,00	R$ 718.375,39	R$ 854.866,72
(–) Imposto sobre vendas	R$ 72.500,40	R$ 92.438,01	R$ 113.144,12	R$ 134.641,51
(=) Orçamento de vendas líquidas	**R$ 387.819,60**	**R$ 494.469,99**	**R$ 605.231,27**	**R$ 720.225,21**
(–) Orçamento do cimento	R$ 111.000,00	R$ 141.525,00	R$ 173.226,60	R$ 206.139,65
(–) Orçamento da brita	R$ 90.000,00	R$ 114.750,00	R$ 140.454,00	R$ 167.140,26

CONTINUA >>

---

3 Lei Complementar nº 155, de 27 de outubro de 2016.

>> CONTINUAÇÃO

	1T/X2	2T/X2	3T/X2	4T/X2
(−) Orçamento da cerâmica	R$ 27.600,00	R$ 35.190,00	R$ 43.072,56	R$ 51.256,35
(−) Orçamento do material elétrico	R$ 21.600,00	R$ 27.000,00	R$ 32.400,00	R$ 37.800,00
(−) Orçamento da MOD – Casa laje	R$ 107.520,00	R$ 134.400,00	R$ 174.182,40	R$ 203.212,80
(−) Orçamento do custo de produção	R$ 357.720,00	R$ 452.865,00	R$ 563.335,56	R$ 665.549,06
(=) Orçamento do lucro bruto	**R$ 30.099,60**	**R$ 41.604,99**	**R$ 41.895,71**	**R$ 54.676,15**
(−) Orçamento das despesas de vendas	R$ 5.817,29	R$ 7.417,05	R$ 9.078,47	R$ 10.803,38
(−) Orçamento das despesas administrativas	R$ 5.365,80	R$ 6.792,98	R$ 8.450,03	R$ 9.983,24
(=) Orçamento do lucro operacional	**R$ 18.916,51**	**R$ 27.394,97**	**R$ 24.367,21**	**R$ 33.889,53**
(+/−) Orçamento do resultado financeiro	R$ 0,00	R$ 0,00	R$ 0,00	R$ 0,00
(=) Orçamento do lucro líquido	**R$ 18.916,51**	**R$ 27.394,97**	**R$ 24.367,21**	**R$ 33.889,53**

Conforme pode ser observado no Quadro 26.25, o Lucro Líquido estimado para as casas de laje, depois do ajuste do orçamento realizado em janeiro de 20X2, ficou positivo em todos os trimestres, com valor médio aproximado de R$ 26.142,00. Com o ajuste do orçamento, o Lucro Líquido orçado para as casas de telhado também aumentou, conforme pode ser observado no Quadro 26.26.

Quadro 26.26 Orçamento ajustado do Demonstrativo de Resultado – casas de telhado.

	1T/X2	2T/X2	3T/X2	4T/X2
Orçamento de receita de vendas	R$ 463.320,00	R$ 515.548,80	R$ 569.681,42	R$ 625.773,13
(−) Imposto sobre vendas	R$ 72.972,90	R$ 81.198,94	R$ 89.724,82	R$ 98.559,27
(=) Orçamento de vendas líquidas	**R$ 390.347,10**	**R$ 434.349,86**	**R$ 479.956,60**	**R$ 527.213,86**
(−) Orçamento do cimento	R$ 87.505,00	R$ 97.369,20	R$ 107.592,97	R$ 118.186,73

CONTINUA >>

>> CONTINUAÇÃO

	1T/X2	2T/X2	3T/X2	4T/X2
(–) Orçamento da brita	R$ 66.000,00	R$ 73.440,00	R$ 81.151,20	R$ 89.141,47
(–) Orçamento da telha	R$ 14.300,00	R$ 16.224,00	R$ 18.252,00	R$ 20.384,00
(–) Orçamento da madeira	R$ 27.500,00	R$ 30.600,00	R$ 33.800,00	R$ 37.100,00
(–) Orçamento da cerâmica	R$ 25.300,00	R$ 28.152,00	R$ 31.107,96	R$ 34.170,90
(–) Orçamento do material elétrico	R$ 19.800,00	R$ 21.600,00	R$ 23.400,00	R$ 25.200,00
(–) Orçamento da MOD – Casa telhado	R$ 102.080,00	R$ 111.360,00	R$ 130.291,20	R$ 140.313,60
(–) Orçamento do custo de produção	R$ 342.485,00	R$ 378.745,20	R$ 425.595,33	R$ 464.496,70
(=) Orçamento do lucro bruto	**R$ 47.862,10**	**R$ 55.604,66**	**R$ 54.361,27**	**R$ 62.717,16**
(–) Orçamento das despesas de vendas	R$ 5.855,21	R$ 6.515,25	R$ 7.199,35	R$ 7.908,21
(–) Orçamento das despesas administrativas	R$ 5.137,28	R$ 5.681,18	R$ 6.383,93	R$ 6.967,45
(=) Orçamento do lucro operacional	**R$ 36.869,62**	**R$ 43.408,24**	**R$ 40.777,99**	**R$ 47.841,50**
(+/–) Orçamento do resultado financeiro	R$ 0,00	R$ 0,00	R$ 0,00	R$ 0,00
(=) Orçamento do lucro líquido	**R$ 36.869,62**	**R$ 43.408,24**	**R$ 40.777,99**	**R$ 47.841,50**

Esses resultados também podem ser observados no Quadro 26.27, no qual consta que a margem líquida média e a Margem de Contribuição média das casas de laje foram de 4% e R$ 1.592,00, respectivamente.

Quadro 26.27 Análise dos resultados projetados ajustados para cada modelo de casa.

		1T/X2	2T/X2	3T/X2	4T/X2
Casa de laje	Margem líquida	4,11%	4,67%	3,39%	3,96%
	Preço de venda líquido – unitário	R$ 32.318,30	R$ 32.964,67	R$ 33.623,96	R$ 34.296,44
	Custo variável – unitário	R$ 30.741,92	R$ 31.138,33	R$ 32.270,23	R$ 32.682,65
	Margem de Contribuição	R$ 1.576,38	R$ 1.826,33	R$ 1.353,73	R$ 1.613,79

CONTINUA >>

CAPÍTULO 26 Planejamento Orçamentário ou Orçamento Empresarial

>> CONTINUAÇÃO		1T/X2	2T/X2	3T/X2	4T/X2
Casa de telhado	Margem líquida	7,96%	8,42%	7,16%	7,65%
	Preço de venda líquido – unitário	R$ 35.486,10	R$ 36.195,82	R$ 36.919,74	R$ 37.658,13
	Custo variável – unitário	R$ 32.134,32	R$ 32.578,47	R$ 33.782,97	R$ 34.240,88
	Margem de Contribuição	R$ 3.351,78	R$ 3.617,35	R$ 3.136,77	R$ 3.417,25

Ainda de acordo com o Quadro 26.27, o resultado projetado para as casas de telhado também foi ajustado e aumentou. A margem líquida ajustada média foi de 7,8% e a margem de contribuição ajustada média é igual a R$ 3.380,79, pelo fato de a casa ser construída e vendida.

Ao analisar o "Orçamento ajustado do Demonstrativo de Resultado – consolidado", representado pelo Quadro 26.28, é possível perceber os resultados a serem proporcionados à empresa pelos dois modelos de casas, juntos.

Quadro 26.28 Orçamento ajustado do Demonstrativo de Resultado – consolidado.

	1T/X2	2T/X2	3T/X2	4T/X2
Orçamento de receita de vendas	R$ 923.640,00	R$ 1.102.456,80	R$ 1.288.056,82	R$ 1.480.639,85
(–) Imposto sobre vendas	R$ 145.473,30	R$ 173.636,95	R$ 202.868,95	R$ 233.200,78
(=) Orçamento de vendas líquidas	**R$ 778.166,70**	**R$ 928.819,85**	**R$ 1.085.187,87**	**R$ 1.247.439,07**
(–) Orçamento do cimento	R$ 198.505,00	R$ 238.894,20	R$ 280.819,57	R$ 324.326,39
(–) Orçamento da brita	R$ 156.000,00	R$ 188.190,00	R$ 221.605,20	R$ 256.281,73
(–) Orçamento da telha e da madeira	R$ 41.800,00	R$ 46.824,00	R$ 52.052,00	R$ 57.484,00
(–) Orçamento da cerâmica	R$ 52.900,00	R$ 63.342,00	R$ 74.180,52	R$ 85.427,24
(–) Orçamento do material elétrico	R$ 41.400,00	R$ 48.600,00	R$ 55.800,00	R$ 63.000,00
(–) Orçamento da MOD – Casa laje	R$ 107.520,00	R$ 134.400,00	R$ 174.182,40	R$ 203.212,80
(–) Orçamento da MOD – Casa telhado	R$ 102.080,00	R$ 111.360,00	R$ 130.291,20	R$ 140.313,60

CONTINUA >>

>> CONTINUAÇÃO

	1T/X2	2T/X2	3T/X2	4T/X2
(-) Orçamento do custo de produção	R$ 700.205,00	R$ 831.610,20	R$ 988.930,89	R$ 1.130.045,76
(=) Orçamento do lucro bruto	R$ 77.961,70	R$ 97.209,65	R$ 96.256,98	R$ 117.393,31
(-) Orçamento das despesas de vendas	R$ 11.672,50	R$ 13.932,30	R$ 16.277,82	R$ 18.711,59
(-) Orçamento das despesas administrativas	R$ 10.503,08	R$ 12.474,15	R$ 14.833,96	R$ 16.950,69
(=) Orçamento do lucro operacional	R$ 55.786,12	R$ 70.803,20	R$ 65.145,20	R$ 81.731,04
(+/-) Orçamento do resultado financeiro	R$ 0,00	R$ 0,00	R$ 0,00	R$ 0,00
(=) Orçamento do lucro líquido	R$ 55.786,12	R$ 70.803,20	R$ 65.145,20	R$ 81.731,04

Ainda de acordo com o Quadro 26.28, o Lucro Líquido orçado consolidado médio ficou em aproximadamente R$ 68.366,39. Na sequência, será apresentada a comparação dos resultados apresentados nos orçamentos (inicial e ajustado) com o que de fato ocorreu com a empresa no 1T/X2, ou seja, o realizado.

26.3.4 Comparação entre o orçado e o realizado

Considerando o exemplo da empresa Casas Modernas, neste tópico será apresentada uma simulação do que foi realizado durante o 1T/X2 para que o controle do orçamento possa ser exibido.

Com o passar do tempo, ainda durante o 1T/X2, os gestores perceberam que, para conseguirem vender todas as casas que estavam construindo, não poderiam manter os ajustes projetados de 12 e 8% para as casas de laje e de telhado, respectivamente. Então, ajustando os preços a cada negociação, conseguiram, na média, vender as casas de laje no 1T/X2 com o ajuste de 7% sobre o valor que fora previsto no orçamento inicial, que era de R$ 34.250,00.

Enquanto isso, para vender todas as casas de telhado construídas nesse período, o ajuste médio praticado foi de 5%. Como ficar com casas prontas em estoque não era uma estratégia interessante para a empresa, ela acabou aceitando a possibilidade de baixar os preços. Finalmente, como a empresa Casas Modernas tem um contrato de fidelidade com os fornecedores, conseguiu manter o preço de compra de todos os materiais e contratação de profissionais.

Com esses novos valores das casas, a projeção de faturamento para o ano 20X2 passou para R$ 4.617.000,00, alterando, assim, a alíquota do Simples Nacional, que passou para 15,07% sobre o faturamento. A partir dessas informações que retrataram o que ocorreu com a empresa Casas Modernas durante o 1T/X2, foram realizadas as seguintes análises comparativas:

- assumindo que a empresa Casas Modernas trabalhe apenas com o modelo de orçamento estático, fez-se a comparação entre o orçamento inicial e o realizado (aquilo que está sendo considerado como o acontecido);

- considerando que a empresa Casas Modernas trabalhe com o orçamento flexível, conforme ajuste realizado em janeiro de 20X2, fez-se a comparação entre o orçamento ajustado e o realizado.

Para essas comparações, serão utilizados os orçamentos do DR e o realizado de cada modelo de casa e do consolidado.

26.3.4.1 Comparação entre o orçamento inicial e o realizado (orçamento estático)

Neste tópico, considerando que a empresa Casas Modernas trabalhe com o orçamento estático, será apresentada a comparação entre o orçamento inicial e o realizado, por meio do DR do 1T/X2. Inicialmente, conforme consta no Quadro 26.29, apresenta-se a comparação entre o orçamento inicial e o realizado das casas de laje.

Quadro 26.29 Comparação entre orçamento inicial e orçamento realizado 1T/X2 – casas de laje.

	INICIAL	REALIZADO	DIFERENÇA
Orçamento de receita de vendas	R$ 342.500,00	R$ 439.770,00	R$ 97.270,00
(–) Imposto sobre vendas	R$ 36.305,00	R$ 66.273,34	R$ 29.968,34
(=) Orçamento de vendas líquidas	**R$ 306.195,00**	**R$ 373.496,66**	**R$ 67.301,66**
(–) Orçamento do cimento	R$ 92.500,00	R$ 111.000,00	R$ 18.500,00
(–) Orçamento da brita	R$ 75.000,00	R$ 90.000,00	R$ 15.000,00
(–) Orçamento da cerâmica	R$ 23.000,00	R$ 27.600,00	R$ 4.600,00
(–) Orçamento do material elétrico	R$ 18.000,00	R$ 21.600,00	R$ 3.600,00
(–) Orçamento da MOD – Casa laje	R$ 89.600,00	R$ 107.520,00	R$ 17.920,00
(–) Orçamento do custo de produção	R$ 298.100,00	R$ 357.720,00	R$ 59.620,00
(=) Orçamento do lucro bruto	**R$ 8.095,00**	**R$ 15.776,66**	**R$ 7.681,66**
(–) Orçamento das despesas de vendas	R$ 4.592,93	R$ 5.602,45	R$ 1.009,52

CONTINUA >>

>> CONTINUAÇÃO

	INICIAL	REALIZADO	DIFERENÇA
(–) Orçamento das despesas administrativas	R$ 4.471,50	R$ 5.365,80	R$ 894,30
(=) Orçamento do lucro operacional	–R$ 969,43	R$ 4.808,41	R$ 5.777,84
(+/–) Orçamento do resultado financeiro	R$ 0,00	R$ 0,00	R$ 0,00
(=) Orçamento do lucro líquido	–R$ 969,43	R$ 4.808,41	R$ 5.777,84

Comparando o orçamento inicial com o realizado das casas de laje do 1T/X2 (Quadro 26.29), é possível verificar que o realizado obteve Receita de Venda maior do que o orçado em R$ 97.270,00. No entanto, apesar desse aumento na receita, o Lucro Líquido aumentou apenas R$ 5.777,84. A situação da empresa com as casas de laje saiu de uma situação de prejuízo de –R$ 969,43 para um lucro positivo de R$ 4.808,41. Para isso, a empresa conseguiu aumentar o valor unitário das casas de laje em 7% (R$ 36.647,50) e ainda construiu e vendeu 12 casas, e não 10 casas, conforme orçado. Os custos por casa construída e vendida mantiveram-se constantes em função do contrato de fidelidade da empresa com os fornecedores.

No Quadro 26.30 está apresentada a comparação das casas de telhado.

Quadro 26.30 **Comparação entre orçamento inicial e orçamento realizado 1T/X2 – casas de telhado.**

	INICIAL	REALIZADO	DIFERENÇA
Orçamento de receita de vendas	R$ 429.000,00	R$ 450.450,00	R$ 21.450,00
(–) Imposto sobre vendas	R$ 45.474,00	R$ 67.882,82	R$ 22.408,82
(=) Orçamento de vendas líquidas	R$ 383.526,00	R$ 382.567,19	–R$ 958,82
(–) Orçamento do cimento	R$ 87.505,00	R$ 87.505,00	R$ 0,00
(–) Orçamento da brita	R$ 66.000,00	R$ 66.000,00	R$ 0,00
(–) Orçamento da telha	R$ 14.300,00	R$ 14.300,00	R$ 0,00
(–) Orçamento da madeira	R$ 27.500,00	R$ 27.500,00	R$ 0,00
(–) Orçamento da cerâmica	R$ 25.300,00	R$ 25.300,00	R$ 0,00
(–) Orçamento do material elétrico	R$ 19.800,00	R$ 19.800,00	R$ 0,00
(–) Orçamento da MOD – Casa telhado	R$ 102.080,00	R$ 102.080,00	R$ 0,00

CONTINUA >>

>> CONTINUAÇÃO

	INICIAL	REALIZADO	DIFERENÇA
(-) Orçamento do custo de produção	R$ 342.485,00	R$ 342.485,00	R$ 0,00
(=) Orçamento do lucro bruto	R$ 41.041,00	R$ 40.082,19	-R$ 958,82
(-) Orçamento das despesas de vendas	R$ 5.752,89	R$ 5.738,51	-R$ 14,38
(-) Orçamento das despesas administrativas	R$ 5.137,28	R$ 5.137,28	R$ 0,00
(=) Orçamento do lucro operacional	R$ 30.150,84	R$ 29.206,40	-R$ 944,43
(+/-) Orçamento do resultado financeiro	R$ 0,00	R$ 0,00	R$ 0,00
(=) Orçamento do lucro líquido	R$ 30.150,84	R$ 29.206,40	-R$ 944,43

Analisando o Quadro 26.30, é possível observar que a Receita de Venda das casas de telhado aumentou R$ 21.450,00. Esse aumento ocorreu em função de um aumento médio de 5% no valor de cada casa de telhado construída e vendida. Portanto, com esse aumento na receita das casas de telhado somado ao aumento da receita das casas de laje, a alíquota do Simples Nacional sobre o faturamento da empresa aumentou de 10,6% no orçamento inicial para 15,07% no realizado. Esse aumento na alíquota proporcionou um aumento de R$ 22.408,82 nos tributos a serem pagos em função da venda das casas de telhado. Sendo assim, apesar de a Receita de Venda ter aumentado e os custos de produção terem se mantido constantes, o Lucro Líquido referente às casas de telhado diminuiu R$ 944,43, exclusivamente devido à alteração na alíquota do regime do Simples Nacional.

Esse resultado reforça a necessidade da elaboração do orçamento, pois mesmo aumentando a Receita com a venda das casas de telhado, o que era considerado uma melhoria para a empresa, é possível perceber que, na prática, o resultado foi o contrário. Aumentar a Receita de Venda, nesse caso, foi prejudicial à empresa, pois reduziu o lucro das casas de telhado. Cabe ressaltar que o lucro das casas de laje aumentou.

Além desse ponto, esse resultado também reforça a necessidade de os gestores da empresa conhecerem melhor o regime de tributação em que a empresa está enquadrada, pois os resultados podem piorar, mesmo quando as medidas tomadas tendem a ser positivas. Além disso, em uma situação como essa da empresa Casas Modernas, seria indicado procurar o Contador para a realização de um Planejamento Tributário, pois pode ser que enquadrar a empresa em outro regime tributário seja mais vantajoso.

Por meio do Quadro 26.31 é possível analisar os resultados consolidados, somando as casas de laje com as casas de telhado.

Quadro 26.31 Comparação entre orçamento inicial e orçamento realizado – consolidado.

	INICIAL	REALIZADO	DIFERENÇA
Orçamento de receita de vendas	R$ 771.500,00	R$ 890.220,00	R$ 118.720,00
(–) Imposto sobre vendas	R$ 81.779,00	R$ 134.156,15	R$ 52.377,15
(=) Orçamento de vendas líquidas	**R$ 689.721,00**	**R$ 756.063,85**	**R$ 66.342,85**
(–) Orçamento do cimento	R$ 180.005,00	R$ 198.505,00	R$ 18.500,00
(–) Orçamento da brita	R$ 141.000,00	R$ 156.000,00	R$ 15.000,00
(–) Orçamento da telha e da madeira	R$ 41.800,00	R$ 41.800,00	R$ 0,00
(–) Orçamento da cerâmica	R$ 48.300,00	R$ 52.900,00	R$ 4.600,00
(–) Orçamento do material elétrico	R$ 37.800,00	R$ 41.400,00	R$ 3.600,00
(–) Orçamento da MOD – Casa laje	R$ 89.600,00	R$ 107.520,00	R$ 17.920,00
(–) Orçamento da MOD – Casa telhado	R$ 102.080,00	R$ 102.080,00	R$ 0,00
(–) Orçamento do custo de produção	R$ 640.585,00	R$ 700.205,00	R$ 59.620,00
(=) Orçamento do lucro bruto	**R$ 49.136,00**	**R$ 55.858,85**	**R$ 6.722,85**
(–) Orçamento das despesas de vendas	R$ 10.345,82	R$ 11.340,96	R$ 995,14
(–) Orçamento das despesas administrativas	R$ 9.608,78	R$ 10.503,08	R$ 894,30
(=) Orçamento do lucro operacional	**R$ 29.181,41**	**R$ 34.014,81**	**R$ 4.833,40**
(+/–) Orçamento do resultado financeiro	R$ 0,00	R$ 0,00	R$ 0,00
(=) Orçamento do lucro líquido	**R$ 29.181,41**	**R$ 34.014,81**	**R$ 4.833,40**

Analisando o Quadro 26.31 é possível perceber que apesar de a Receita de Venda da empresa ter aumentado R$ 118.720,00 em razão do aumento do preço das casas e da quantidade construída e vendida, o Lucro Líquido aumentou em R$ 4.833,40. Conforme foi constatado, esse aumento ocorreu exclusivamente devido ao aumento da rentabilidade das casas de laje, que teve o valor de venda das casas ajustado, assim como aumento na quantidade de casas vendidas. Cabe destacar que as casas de telhado, mesmo com o aumento do faturamento devido ao aumento da alíquota do

222 | **CAPÍTULO 26** Planejamento Orçamentário ou Orçamento Empresarial

regime do Simples Nacional, tiveram uma redução do lucro, conforme apresentado no Quadro 26.30.

Na sequência, considerando que a empresa trabalhe com o orçamento flexível, será analisada a comparação entre o orçamento ajustado e o realizado.

26.3.4.2 Comparação entre orçamento ajustado e orçamento realizado (orçamento flexível)

Neste tópico, assumindo que a empresa Casas Modernas trabalha com o orçamento flexível, será comparado o resultado do orçamento ajustado (elaborado em janeiro de 20X2) com o realizado do 1T/X2. Inicialmente, por meio do Quadro 26.32, está apresentada a análise das casas de laje.

Quadro 26.32 **Comparação entre orçamento ajustado e orçamento realizado do 1T/ X2 – casas de laje.**

	INICIAL	REALIZADO	DIFERENÇA
Orçamento de receita de vendas	R$ 460.320,00	R$ 439.770,00	-R$ 20.550,00
(-) Imposto sobre vendas	R$ 72.500,40	R$ 66.273,34	-R$ 6.227,06
(=) Orçamento de vendas líquidas	**R$ 387.819,60**	**R$ 373.496,66**	**-R$ 14.322,94**
(-) Orçamento do cimento	R$ 111.000,00	R$ 111.000,00	R$ 0,00
(-) Orçamento da brita	R$ 90.000,00	R$ 90.000,00	R$ 0,00
(-) Orçamento da cerâmica	R$ 27.600,00	R$ 27.600,00	R$ 0,00
(-) Orçamento do material elétrico	R$ 21.600,00	R$ 21.600,00	R$ 0,00
(-) Orçamento da MOD – Casa laje	R$ 107.520,00	R$ 107.520,00	R$ 0,00
(-) Orçamento do custo de produção	R$ 357.720,00	R$ 357.720,00	R$ 0,00
(=) Orçamento do lucro bruto	**R$ 30.099,60**	**R$ 15.776,66**	**-R$ 14.322,94**
(-) Orçamento das despesas de vendas	R$ 5.817,29	R$ 5.602,45	-R$ 214,84
(-) Orçamento das despesas administrativas	R$ 5.365,80	R$ 5.365,80	R$ 0,00
(=) Orçamento do lucro operacional	**R$ 18.916,51**	**R$ 4.808,41**	**-R$ 14.108,09**
(+/-) Orçamento do resultado financeiro	R$ 0,00	R4 0,00	R$ 0,00
(=) Orçamento do lucro líquido	**R$ 18.916,51**	**R$ 4.808,41**	**-R$ 14.108,09**

No orçamento ajustado, foi estimado que seriam vendidas 12 unidades das casas de laje, sendo o valor de venda unitário igual a R$ 38.360,00. No entanto, para que todas as unidades construídas fossem vendidas, a empresa acabou negociando o preço de venda, que, na média, foi de R$ 36.647,50. Com isso, a Receita de Venda realizada foi reduzida em R$ 20.550,00, quando comparada com o orçamento ajustado. Portanto, como houve uma alteração na alíquota do Simples Nacional entre o orçamento ajustado e o realizado, passando de 15,75 para 15,07%, o valor dos tributos a serem pagos reduziu em R$ 6.227,06. Estava estimado em R$ 72.500,40 e foi realizado em R$ 66.273,34. Como isso, sabendo que os Custos de Produção unitários se mantiveram constantes, mesmo havendo uma redução de R$ 20.550,00 na receita, o Lucro Líquido foi reduzido em R$ 14.108,09. Nesse caso, ficou evidente como a redução da alíquota do regime do Simples Nacional gerou resultado positivo à empresa.

Já a análise das casas de telhado pode ser observada no Quadro 26.33.

Quadro 26.33 **Comparação entre orçamento ajustado e orçamento realizado do 1T/X2 – casas de telhado.**

	INICIAL	REALIZADO	DIFERENÇA
Orçamento de receita de vendas	R$ 463.320,00	R$ 450.450,00	–R$ 12.870,00
(–) Imposto sobre vendas	R$ 72.972,90	R$ 67.882,82	–R$ 5.090,08
(=) Orçamento de vendas líquidas	**R$ 390.347,10**	**R$ 382.567,19**	**–R$ 7.779,91**
(–) Orçamento do cimento	R$ 87.505,00	R$ 87.505,00	R$ 0,00
(–) Orçamento da brita	R$ 66.000,00	R$ 66.000,00	R$ 0,00
(–) Orçamento da telha	R$ 14.300,00	R$ 14.300,00	R$ 0,00
(–) Orçamento da madeira	R$ 27.500,00	R$ 27.500,00	R$ 0,00
(–) Orçamento da cerâmica	R$ 25.300,00	R$ 25.300,00	R$ 0,00
(–) Orçamento do material elétrico	R$ 19.800,00	R$ 19.800,00	R$ 0,00
(–) Orçamento da MOD – Casa telhado	R$ 102.080,00	R$ 102.080,00	R$ 0,00
(–) Orçamento do custo de produção	R$ 342.485,00	R$ 342.485,00	R$ 0,00
(=) Orçamento do lucro bruto	**R$ 47.862,10**	**R$ 40.082,19**	**–R$ 7.779,91**
(–) Orçamento das despesas de vendas	R$ 5.855,21	R$ 5.738,51	–R$ 116,70
(–) Orçamento das despesas administrativas	R$ 5.137,28	R$ 5.137,28	R$ 0,00
(=) Orçamento do lucro operacional	**R$ 36.869,62**	**R$ 29.206,40**	**–R$ 7.663,22**
(+/–) Orçamento do resultado financeiro	R$ 0,00	R$ 0,00	R$ 0,00
(=) Orçamento do lucro líquido	**R$ 36.869,62**	**R$ 29.206,40**	**–R$ 7.663,22**

Da mesma maneira que aconteceu com as casas de laje, o preço de venda das casas de telhado sofreu uma redução em função das negociações da empresa, passando de R$ 42.120,00 para R$ 40.950,00. Não houve alteração no número de casas construídas e vendidas, nem nos custos de produção. A Receita de Venda diminuiu R$ 12.870,00, o que proporcionou uma redução de R$ 7.779,91 no Lucro Líquido. Conforme pode ser observado, a redução do Lucro Líquido foi inferior à redução da Receita. Isso ocorreu porque houve uma redução na alíquota do regime do Simples Nacional, reduzindo em R$ 5.090,08 o valor a ser pago de tributos.

Analisando esses resultados consolidados, conforme apresentado no Quadro 26.34, é possível verificar que a Receita de Venda reduziu em R$ 33.420,00. Como a alíquota do regime do Simples Nacional reduziu, os tributos a serem recolhidos também diminuíram, em R$ 11.317,15, sendo a redução do Lucro Líquido igual a R$ 21.771,31.

Quadro 26.34 Comparação entre orçamento ajustado e orçamento realizado – consolidado.

	INICIAL	REALIZADO	DIFERENÇA
Orçamento de receita de vendas	R$ 923.640,00	R$ 890.220,00	-R$ 33.420,00
(-) Imposto sobre vendas	R$ 145.473,30	R$ 134.156,15	-R$ 11.317,15
(=) Orçamento de vendas líquidas	**R$ 778.166,70**	**R$ 756.063,85**	**-R$ 22.102,85**
(-) Orçamento do cimento	R$ 198.505,00	R$ 198.505,00	R$ 0,00
(-) Orçamento da brita	R$ 156.000,00	R$ 156.000,00	R$ 0,00
(-) Orçamento da telha e da madeira	R$ 41.800,00	R$ 41.800,00	R$ 0,00
(-) Orçamento da cerâmica	R$ 52.900,00	R$ 52.900,00	R$ 0,00
(-) Orçamento do material elétrico	R$ 41.400,00	R$ 41.400,00	R$ 0,00
(-) Orçamento da MOD – Casa laje	R$ 107.520,00	R$ 107.520,00	R$ 0,00
(-) Orçamento da MOD – Casa telhado	R$ 102.080,00	R$ 102.080,00	R$ 0,00
(-) Orçamento do custo de produção	R$ 700.205,00	R$ 700.205,00	R$ 0,00
(=) Orçamento do lucro bruto	**R$ 77.961,70**	**R$ 55.858,85**	**-R$ 22.102,85**
(-) Orçamento das despesas de vendas	R$ 11.672,50	R$ 11.340,96	-R$ 331,54
(-) Orçamento das despesas administrativas	R$ 10.503,08	R$ 10.503,08	R$ 0,00
(=) Orçamento do lucro operacional	**R$ 55.786,12**	**R$ 34.014,81**	**-R$ 21.771,31**

CONTINUA >>

>> CONTINUAÇÃO

	INICIAL	REALIZADO	DIFERENÇA
(+/-) Orçamento do resultado financeiro	R$ 0,00	R$ 0,00	R$ 0,00
(=) Orçamento do lucro líquido	R$ 55.786,12	R$ 34.014,81	-R$ 21.771,31

Finalizando, por meio dessas análises do orçamento empresarial foi possível exemplificar o quanto a elaboração do orçamento empresarial pode contribuir para o processo de tomada de decisão das empresas. Somente por meio do orçamento empresarial é possível estimar o resultado que a empresa proporcionará no período seguinte. Além disso, o orçamento ajuda os gestores a conhecerem a demanda de capital, antecipando as possíveis opções para a captação desse capital demandado. Ademais, por meio do orçamento, os gestores passam a contar com um planejamento, com metas de faturamento e de resultado a serem atingidos.

ATIVIDADE MÃO NA MASSA — Orçamento empresarial

Leia o enunciado e elabore o orçamento da empresa Laticínios Delícia. Para isso, caso prefira, utilize uma das planilhas que foram disponibilizadas como material complementar deste livro e que podem ser acessadas pelo QR Code a seguir.

Acesse as planilhas eletrônicas para resolver a "Atividade mão na massa" sobre o tema "orçamento empresarial".

uqr.to/1wdgg

Estudo de caso – Laticínios Delícia

Elabore o orçamento da empresa de derivados de leite Laticínios Delícia para o ano de 20X5, montando, inclusive, o orçamento da Demonstração do Resultado (DR). Para isso, elabore os orçamentos para cada um dos trimestres do ano de 20X5.

A empresa Laticínios Delícia é a responsável pela produção do iogurte Delícia, que é vendido atualmente apenas em frascos de 1 litro. Segundo os dirigentes do setor de Vendas dessa empresa, as vendas projetadas para o próximo ano ocorrerão da seguinte maneira: no primeiro trimestre de 20X5, estima-se vender 3% a mais que a venda estimada para o último trimestre de 20X4, que é de 32.000 litros de iogurte. Para os demais trimestres de 20X5, estima-se aumentar, em média, 5% de um trimestre para outro, ou seja, a quantidade vendida no segundo trimestre de 20X5 será 5%

226 | **CAPÍTULO 26** Planejamento Orçamentário ou Orçamento Empresarial

maior que a quantidade vendida no primeiro trimestre do ano. Essa taxa de aumento deverá ser considerada para todos os trimestres do ano de 20X5. O preço de venda será ajustado de acordo com a inflação estimada pelos órgãos de pesquisa para o próximo ano. O preço de venda médio projetado para o primeiro trimestre de 20X5 é 10% maior que o preço praticado no quarto trimestre de 20X4, que foi de R$ 7,40 o litro de iogurte. Para chegar a essas informações, o setor de Vendas utilizou vários mecanismos de projeção, incluindo pesquisas de mercado para identificar a força da marca no mercado, de projeções estatísticas por meio dos dados históricos, além de análises da economia regional e nacional.

Para a produção, serão utilizados dois tipos de matéria-prima. A matéria-prima mais importante é o leite, que, segundo o setor de Produção, é consumido em uma proporção de 1,50 litro de leite por litro de iogurte, ao passo que a segunda matéria-prima é a polpa de frutas, que é consumida à proporção de 100 gramas por litro de iogurte produzido. O preço de compra do leite é de R$ 1,79/litro no quarto trimestre de 20X4, enquanto a polpa de fruta é comprada ao preço de R$ 4,99/kg. Estima-se que haverá um aumento de 10% sobre o preço das matérias-primas do final de 20X4 para o primeiro trimestre de 20X5. Para os demais trimestres de 20X5, os preços das matérias-primas serão ajustados de acordo com a inflação do período.

Com relação ao orçamento de mão de obra direta, estima-se utilizar um total de 0,01 hora/homem para cada litro de iogurte. O valor médio da hora trabalhada será de R$ 75,90 para o primeiro trimestre de 20X5, e será ajustado no terceiro trimestre, com a projeção de um aumento de 10%.

O orçamento das Despesas de Vendas representa em média 3% do orçamento da Receita Líquida do período, enquanto o orçamento das Despesas Administrativas representa em média 4% do orçamento do Custo da Produção do período.

A inflação estimada para o próximo ano é de 2,5% ao trimestre. A empresa Laticínios Delícia é tributada pelo regime do Simples Nacional à alíquota de 5,30% sobre o faturamento total. Para calcular a quantidade produzida, deve-se considerar que não há em estoque produto acabado nem matéria-prima de nenhuma espécie. A produção será suficiente para a venda estimada. Já a compra de matéria-prima será suficiente para a produção.

REALIZADO 1T/X5

Durante o 1T/X5, depois de muita negociação da empresa, foi registrado um aumento de 20% no volume vendido em comparação com o volume vendido no quarto trimestre de 20X4. O preço de venda praticado durante o primeiro trimestre de 20X5 foi o mesmo praticado no último trimestre de 20X4: R$ 7,40. Finalmente, não houve variação no preço de nenhuma das duas matérias-primas utilizadas por esse laticínio, do 4T/X4 para o 1T/X5.

Compare os resultados estimados pelo orçamento com o resultado alcançado pela empresa no 1T/X5. Para isso, compare o orçamento do DR com o DR do primeiro trimestre de 20X5 e analise as variações existentes nas contas, destacando as maiores variações.

Após resolver o exercício, você poderá acessar uma videoaula em que eu o corrijo, explicando-o. Essa videoaula estará disponível por meio do QR Code a seguir.

Acesse a videoaula com a correção da "Atividade mão na massa – Orçamento empresarial".

uqr.to/1wdgk

CAPÍTULO 27 — Ferramentas para Análise de Viabilidade Econômico-Financeira de Projetos de Investimentos

Para iniciar este capítulo, é necessário entender o que são investimentos. Pela perspectiva financeira, quando alguém faz um investimento, está esperando obter resultado financeiro como retorno no futuro. Ou seja, ao investir um valor hoje, é esperado receber no futuro esse valor acrescido de um "lucro".

Atualmente, o termo "investimento" está muito associado aos investimentos no mercado financeiro, tanto em títulos de renda fixa[1] quanto em títulos de renda variável.[2] Portanto, no contexto empresarial, os investimentos são realizados geralmente em infraestrutura, máquinas ou equipamentos. A seguir, serão apresentados alguns exemplos de investimentos que podem ser implementados pelas empresas:

- **Aumento da capacidade produtiva de uma fábrica de tijolos:** para que esse investimento seja realizado, é provável que a empresa tenha que investir em construção civil, comprar novas máquinas e novos equipamentos. Todo o valor que for necessário para colocar a nova fábrica em funcionamento será considerado valor do investimento. Nesse caso, o investimento será para aumentar a produção e, por consequência, a venda de tijolos.

- **Aumento da frota de veículos em uma empresa de transporte rodoviário:** para uma empresa que trabalha com transporte, geralmente será necessária a compra de veículos, que podem ser caminhões, carretas, ônibus ou até mesmo veículos pequenos, a depender da demanda da empresa. Nesse caso, o investimento será para aumentar o serviço prestado e, por consequência, as receitas da empresa.

- **Substituição de uma máquina de pintura em uma fábrica de móveis:** para uma empresa que trabalha na fabricação de móveis, a substituição de uma máquina pode demandar a retirada da máquina antiga, a adaptação do espaço, a aquisição e a instalação da máquina nova. Nesse caso, a substituição da máquina pode ser para aumentar a capacidade produtiva, para melhorar a qualidade da pintura, para executar o serviço de maneira mais econômica ou para atender a uma combinação dessas possibilidades.

- **Aquisição de um trator agrícola para uma empresa do segmento do agronegócio:** para uma empresa que trabalha no agronegócio, a aquisição de um trator deverá ser conjunta com a aquisição de implementos, como carreta, arado, plantadores, entre outros recursos, a depender da demanda da fazenda.

---

[1] Títulos de renda fixa são aqueles investimentos realizados em títulos do Tesouro Direto, Certificado de Depósito Bancário (CDB), Fundos de Renda Fixa, Letras de Crédito Imobiliário (LCI) ou do Agronegócio (LCA), entre outros. São títulos pré-fixados ou indexados a alguma variável da economia.

[2] Títulos de renda variável são aqueles investimentos em que o retorno não pode ser previsto no início da operação. O principal exemplo de investimento em renda variável são os investimentos em ações. Ao investir em ações, não é possível ter certeza nem se haverá rendimento. É comum haver prejuízo.

Nesse caso, a aquisição do trator pode ser para execução dos serviços de modo mais ágil, ou para atendimento específico de alguma demanda, por exemplo, plantio e manutenção da lavoura a ser implementada, ou para redução da demanda de horas trabalhadas de pessoas, ou para uma combinação desses fatores.

- **Modernização interna e da fachada de uma padaria:** para uma padaria, modernizar a estrutura interna e a fachada pode demandar investimentos em aquisição de *freezer*, geladeiras, expositores, equipamentos, construção civil, tanto da parte interna quanto da fachada. Todo o gasto deve ser considerado como investimento. Nesse caso, a modernização geralmente tem como objetivo fidelizar clientes, mas também, principalmente, atrair novos clientes para o comércio, e, como consequência, aumentar as vendas da padaria.

Além desses exemplos, há uma infinidade de outros que poderiam ser citados. No entanto, o objetivo nesse momento é chamar a atenção para o fato de que qualquer empresa, antes de implementar um desses investimentos, deve analisar a sua viabilidade econômico-financeira. Ou seja, antes de implementar qualquer investimento, é indicado que os gestores analisem os resultados econômico-financeiros que aqueles investimentos proporcionarão à empresa.[3]

De modo mais simples, o objetivo dessa análise é identificar se o investimento proporcionará retornos suficientes para cobrir os custos no longo prazo, ressaltando que, além dos custos operacionais, o investimento também precisa cobrir o custo de oportunidade do dinheiro que está sendo investido e gerar um Valor Econômico Agregado positivo.

Além disso, outro ponto importante a se analisar previamente é a sustentabilidade do projeto no contexto das mudanças tecnológicas atuais por que a sociedade está passando. Essa análise é relevante, pois é perceptível que muitos negócios e segmentos vêm passando por grandes transformações. Para garantir a sustentabilidade do negócio ao longo do tempo, é primordial focar em conhecer e atender às necessidades dos clientes.

Assumindo que o investimento a ser realizado pela empresa está condizente com a dinâmica e com o futuro do negócio, pois tem como premissa atender às necessidades dos clientes, o próximo passo é elaborar um projeto de investimento detalhado, projetando o valor do investimento a ser realizado e as projeções de receitas e de gastos necessárias para nortear as decisões. Elaborar esse planejamento possibilita identificar previamente se os investimentos proporcionarão ou não resultados econômico-financeiros para a organização.

No entanto, como essa etapa de elaboração do projeto de investimento é muito trabalhosa e delicada, muitos gestores se veem desestimulados a realizarem esse estudo de viabilidade e acabam investindo "no escuro", ou seja, sem terem noção do retorno que aquele investimento proporcionará à empresa. Com isso, é comum

---

3   Essa análise contempla o terceiro grupo de decisões do gestor financeiro, que foi abordada no Capítulo 3 (Gestão financeira e custo de capital) e nos Capítulos 4 a 7 (Módulo 2, Gestão do capital de giro).

CAPÍTULO 27 Ferramentas para Análise de Viabilidade Econômico-Financeira de Projetos de Investimentos

encontrarmos situações em que a implementação do investimento não proporcionou resultado financeiro ao negócio. Quando isso ocorre, os gestores são forçados a buscar alternativas que minimizem os prejuízos, que podem ser proporcionalmente pequenos, quando o objeto do investimento é passível de ser revendido ou até mesmo absorvido por outras atividades da mesma empresa, enquanto, em outros casos, os prejuízos são proporcionalmente elevados, principalmente quando se trata de investimento específico e/ou de difícil reversão.

Para a elaboração de um projeto de investimento é necessário trabalhar, principalmente, com três grupos de informações:

- **Valor do investimento:** nem sempre é fácil mensurar o valor do investimento a ser realizado. Devem-se considerar todos os gastos necessários para a total implementação do projeto, ou seja, todos os gastos necessários para que o projeto esteja em ponto de iniciar suas atividades. Para isso, devem-se analisar a necessidade de realização de obras, valores da aquisição de máquinas e/ou de equipamentos, transporte, necessidade de instalação, adaptação dos espaços, capacitação de profissionais etc. Todo e qualquer gasto necessário para a implementação do projeto deve ser considerado como investimento do projeto.

- **Projeção das entradas de caixa ou receitas:** para que as entradas de caixa ou as receitas sejam projetadas, é necessário projetar o volume das vendas e os preços de vendas a serem praticados. A projeção do volume de vendas deve estar alinhada com as metas e os objetivos de curto e de longo prazo da empresa. A partir das metas e dos objetivos de curto prazo, a empresa deve projetar as vendas de cada produto ou de cada segmento de produtos para o período de um ano, de preferência projetando as vendas por mês. Posteriormente, utilizando essa projeção de curto prazo, alinhada com as metas e objetivos para o longo prazo, a empresa deve projetar as vendas para o período de médio e de longo prazo, sendo limitado ao prazo estipulado para o projeto. Se possível, o melhor é trabalhar com as projeções mensais, pois dará possibilidade de trabalhar a sazonalidade nas projeções, quando for o caso.

- **Projeção das saídas de caixa ou gastos:** as saídas de caixa representam os dispêndios necessários ao funcionamento do negócio, incluindo custos fixos e variáveis. Caso exista dificuldade em conseguir as informações para as saídas de caixa, uma boa alternativa será mensurar os custos fixos e trabalhar com a Margem de Contribuição que os produtos proporcionarão. Fazendo assim, deve-se, a partir das receitas, calcular a Margem de Contribuição total. Para isso, basta multiplicar a receita dos produtos por suas respectivas Margens de Contribuição e se encontrará a Margem de Contribuição total do projeto. A receita menos a Margem de Contribuição representará os custos variáveis, que somados aos custos fixos representarão o total de gastos que o projeto proporcionará mensalmente.

- **Montagem do Fluxo de Caixa:** a partir da projeção do investimento, das receitas e dos gastos, é possível montar o Fluxo de Caixa e calcular o resultado do caixa para cada período do projeto, sendo esse período, de preferência, mensal.

Será por meio do Fluxo de Caixa que o gestor conseguirá ter clareza da situação de caixa da empresa no período de projeção, identificando momentos de caixa positivo e possíveis momentos de caixa negativo.

Após a elaboração do projeto de investimento, a organização deve analisar minuciosamente se as previsões de receitas e de gastos considerados no Fluxo de Caixa estão adequadas ao contexto do projeto e ao mercado consumidor. É muito comum haver equívocos nessas projeções, o que ocasionará resultado incoerente com a realidade a ser encontrada na implantação do projeto.

Sendo assim, trabalhar no planejamento do projeto que será responsável pela geração de informações é primordial, pois as ferramentas de análise que serão utilizadas "aceitam qualquer coisa". Em uma análise de projetos de investimento, o que pode afetar mais resultados são as informações geradas pelo planejamento, pois as ferramentas de análise somente proporcionarão resultados confiáveis quando a elaboração do projeto de investimento for confiável e coerente com a realidade da empresa e do mercado em que ela está inserida.

Feito esse destaque sobre a importância de se ter um excelente planejamento, a seguir, por meio das Figuras 27.1 a 27.4, é possível verificar o Fluxo de Caixa de quatro projetos fictícios.

Figura 27.1   Fluxo de Caixa do projeto fictício A.

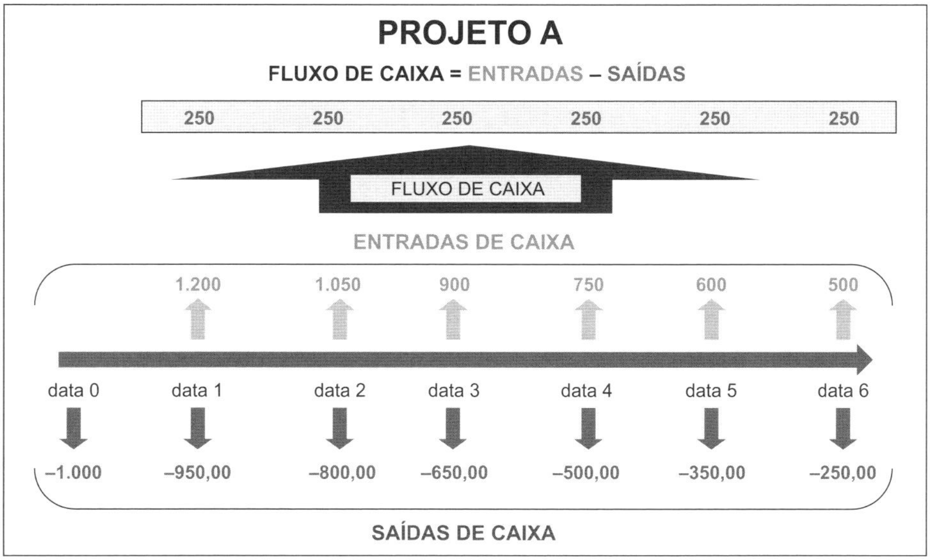

Figura 27.2 Fluxo de Caixa do projeto fictício B.

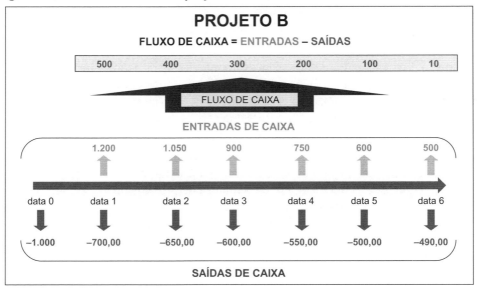

Figura 27.3 Fluxo de Caixa do projeto fictício C.

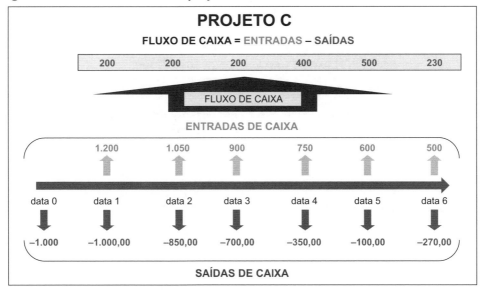

Figura 27.4 Fluxo de Caixa do projeto fictício D.

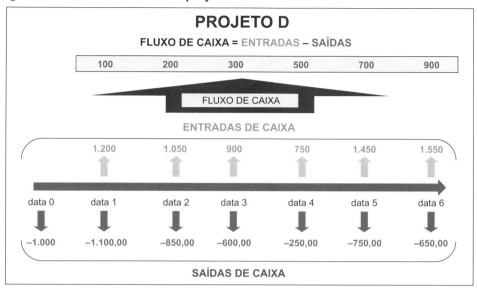

Com o objetivo de deixar o Fluxo de Caixa mais limpo de informações, por meio da Figura 27.5 eles serão apresentados novamente, porém somente com o resultado de caixa anual, sem as informações de entradas e de saídas de caixa anuais.

Figura 27.5 Fluxo de Caixa dos projetos fictícios A, B, C e D com os resultados anuais.

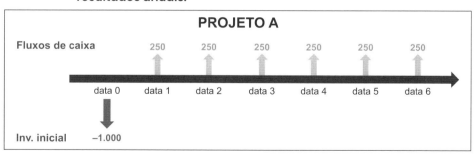

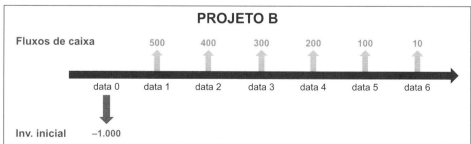

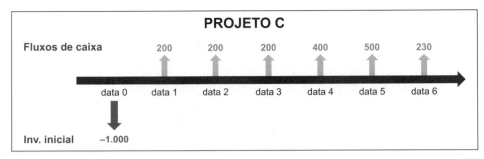

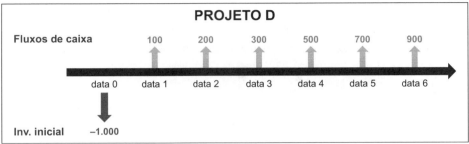

Conforme pode ser observado, para os quatro projetos (A, B, C e D) o investimento inicial será de R$ 1.000,00, os Fluxos de Caixa serão anuais e o período de análise será de 6 anos. Analisando as informações, é possível verificar que os Fluxos de Caixa anuais variam de um projeto para outro. Assumindo que a empresa deverá optar por um desses Fluxos de Caixa, surge o seguinte questionamento: "Como analisar os projetos para identificar qual deles é mais vantajoso para a empresa?".

Para que esse questionamento seja respondido, surge a necessidade de utilização de ferramentas para analisar os projetos e identificar qual deles é mais vantajoso. Entre as ferramentas, a primeira e mais intuitiva é o Payback.

27.1 Payback

O Payback é um método de análise simplificado e possibilita ao gestor uma análise superficial do projeto de investimento. Representa o tempo necessário para que o investimento gere Fluxos de Caixa suficientes para recuperar o capital investido. Observe no Quadro 27.1 o Payback dos quatro projetos que estão sendo utilizados como exemplo.

Quadro 27.1   Payback dos projetos de investimentos A, B, C e D.

DATA	Projeto A	Projeto B	Projeto C	Projeto D
0	-1.000,00	-1.000,00	-1.000,00	-1.000,00
1	250,00	500,00	200,00	100,00
2	250,00	400,00	200,00	200,00
3	250,00	300,00	200,00	300,00
4	250,00	200,00	400,00	500,00
5	250,00	100,00	500,00	700,00
6	250,00	10,00	230,00	900,00
PAYBACK	4 anos	2,33 anos	4 anos	3,8 anos

Para calcular o Payback, devem-se somar os Fluxos de Caixa, iniciando pela data 1 até encontrar o valor do investimento. Sendo assim, analisando o Quadro 27.1 é possível verificar, como exemplo, que no Projeto A o tempo necessário para que o investidor recupere o valor de R$ 1.000,00 investido são 4 anos, pois somando o Fluxo de Caixa de R$ 250,00 pelos primeiros 4 anos, chega-se ao valor do investimento inicial.

No caso do Payback do projeto B, somando-se os Fluxos de Caixa da data 1 e da data 2 obtém-se R$ 900,00. Sendo assim, para chegar aos R$ 1.000,00 referentes ao investimento inicial ainda é necessário mais R$ 100,00 do ano 3, que teve um Fluxo de Caixa de R$ 300,00. Ou seja, é necessário R$ 100,00 de R$ 300,00, que representa um terço (33,3%). Assim, o Payback do projeto B será de 2,33 anos. Esse mesmo raciocínio deve ser usado para encontrar os Paybacks dos projetos C e D, que foram 4 e 3,8 anos, respectivamente.

Apesar de esse método ser simples de calcular, ele pode conduzir a decisões de investimentos erradas ou subotimizadas e tem pouca aplicabilidade nos projetos de investimento com Fluxo de Caixa não convencional, que são aqueles Fluxos de Caixa em que o investimento não ocorre somente no período zero. Uma lavoura de café pode ser utilizada como exemplo de um projeto que tem o Fluxo de Caixa não convencional, pois a saída de caixa como investimento ocorre em pelo menos quatro anos seguidos, haja visto que a lavoura demora para crescer e iniciar a produção, mas enquanto cresce demanda tratamento, como remédio, fertilizantes, limpeza etc. o que, nesse caso, é ainda considerado investimento. Posteriormente, a lavoura inicia a produção do café, mas, a depender do modo de manejo utilizado na colheita, a lavoura ainda pode produzir café somente a cada 2 anos. Ou seja, além de demandar investimento por aproximadamente 4 anos, ainda apresenta geração de caixa positivo em um ano e negativo no ano seguinte.

236 | **CAPÍTULO 27** Ferramentas para Análise de Viabilidade Econômico-Financeira
de Projetos de Investimentos

Além dessa desvantagem, o método Payback também apresenta duas limitações que inviabilizam a possibilidade de utilizá-lo nas decisões de viabilidade:

- não considera o valor do dinheiro no tempo, ou seja, não considera o custo de oportunidade;
- não considera os Fluxos de Caixa após a recuperação do capital. Para esse método de análise, independem os Fluxos de Caixa que o projeto proporcionará nos períodos posteriores ao tempo calculado como necessário para a recuperação do capital investido.

Com o objetivo de resolver o problema de não considerar o custo de oportunidade (valor do dinheiro no tempo) nos Fluxos de Caixa, criou-se o Payback Descontado. A lógica desse modelo é semelhante à do Payback, diferenciando apenas que, no caso do Payback Descontado, os Fluxos de Caixa a serem considerados devem ser descontados a Valor Presente (VP) à taxa de juros da operação. Ou seja, como os Fluxos de Caixa ocorrerão em datas futuras, para o cálculo do Payback Descontado, deve-se atualizá-los a VP, conforme explicado e exemplificado na sequência.

Para atualizar a VP de cada um dos Fluxos de Caixa, utilizarei a Equação 33, fórmula básica de juros compostos.

Equação 33

$$VF = VP \, (1 + i)^n$$

Em que:

VF = Valor Futuro;

VP = Valor Presente;

i = taxa de juros;

n = número de períodos.

Trabalhando com essa fórmula obtém-se uma segunda representação (Equação 34).

Equação 34

$$VP = \frac{VF}{(1 + i)^n}$$

A partir da Equação 34, é possível calcular o VP de cada um dos Fluxos de Caixa futuros. Os valores do Fluxo de Caixa serão considerados Valor Futuro (VF). Como taxa de juros (i), devemos considerar como *benchmark* uma taxa de juros do mercado ou calcular o custo de capital da empresa. Como período (n), vamos considerar o período de cada um dos Fluxos de Caixa, sendo 1 o período para o Fluxo de Caixa da data 1, 2 o período para o Fluxo de Caixa da data 2 e assim sucessivamente.

Para calcular o VP do Fluxo de Caixa da data 1 (n=1) do projeto A, apresentado no Quadro 27.1, que é de R$ 250,00 (VF), considerando uma taxa de juros de 10% a.a. (i), utilizando a Equação 34, obtém-se:

$$VP = \frac{250}{(1 + 0,10)^1} = \frac{250}{1,1} = R\$ \ 227,27$$

Já para calcular o VP do Fluxo de Caixa da data 2 (n=2) do projeto A, apresentado no Quadro 27.1, que é de R$ 250,00 (VF), considerando uma taxa de juros de 10% a.a. (i), utilizando a Equação 34, obtém-se:

$$VP = \frac{250}{(1 + 0,10)^2} = \frac{250}{1,21} = R\$ \ 206,61$$

Assim, para o cálculo do VP dos outros Fluxos de Caixa, deve-se utilizar esse mesmo raciocínio, chegando aos resultados apresentados no Quadro 27.2.

Quadro 27.2 Valor Presente dos Fluxos de Caixa dos projetos de investimentos A, B, C e D.

DATA	Projeto A	Projeto B	Projeto C	Projeto D
0	−1.000,00	−1.000,00	−1.000,00	−1.000,00
1	227,27	454,55	181,82	90,91
2	206,61	330,58	165,29	165,29
3	187,83	225,39	150,26	225,39
4	170,75	136,60	273,21	341,51
5	155,23	62,09	310,46	434,64
6	141,12	5,64	129,83	508,03

Depois de calculado o VP dos Fluxos de Caixa, para encontrar o Payback Descontado deve-se utilizar o mesmo raciocínio utilizado para o cálculo do Payback, que é somar os Fluxos de Caixa até encontrar o valor do investimento inicial, que nesse caso é de R$ 1.000,00 para os quatro projetos. Os resultados estão apresentados no Quadro 27.3.

238 | CAPÍTULO 27 Ferramentas para Análise de Viabilidade Econômico-Financeira
de Projetos de Investimentos

Quadro 27.3 Payback Descontado dos projetos de investimentos A, B, C e D.

DATA	Projeto A	Projeto B	Projeto C	Projeto D
0	-1.000,00	-1.000,00	-1.000,00	-1.000,00
1	227,27	454,55	181,82	90,91
2	206,61	330,58	165,29	165,29
3	187,83	225,39	150,26	225,39
4	170,75	136,60	273,21	341,51
5	155,23	62,09	310,46	434,64
6	141,12	5,64	129,83	508,03
PAYBACK	**5,37 anos**	**2,95 anos**	**4,74 anos**	**3,8 anos**

Conforme pode ser observado no Quadro 27.3, o Payback Descontado do projeto A é de 5,37 anos. Para chegarmos a esse resultado, devemos somar os Fluxos de Caixa dos cinco primeiros anos, que foi igual a R$ 947,70. Sendo assim, para chegarmos ao valor do investimento é necessário somarmos mais R$ 52,30. Como o VP do Fluxo de Caixa do ano 6 foi de R$ 141,12, devemos identificar quanto R$ 52,30 representa nesse valor. Para esse cálculo, devemos dividir R$ 52,30 por R$ 141,12. Como resultado, encontraremos 0,37, que significa ser necessário mais 37% do VP do Fluxo de Caixa do sexto ano para chegamos ao valor do investimento inicial, que é de R$ 1.000,00. Sendo assim, o Payback Descontado é igual aos 5 primeiros anos somados aos 37% do sexto ano, que pode ser simplificado em 5,37 anos.

Para calcularmos o Payback Descontado do projeto B, devemos somar o VP dos Fluxos de Caixa dos dois primeiros anos, que será igual a R$ 785,12. Como o VP do Fluxo de Caixa do ano 3 é de R$ 225,39, se somado ao valor de R$ 785,12, chegaremos ao resultado de R$ 1.010,52, ou seja, maior que os R$ 1.000,00 do investimento inicial. Sendo assim, para calcularmos o Payback Descontado, precisamos de R$ 214,88 do VP do Fluxo de Caixa do ano 3, que é igual a R$ 225,39. Para identificarmos a relação desses números, devemos dividir R$ 214,88 por R$ 225,39. Chegaremos ao resultado 0,95, o que representa serem necessários 95% do VP do Fluxo de Caixa do ano 3 para que a empresa recupere o valor de R$ 1.000,00 do investimento inicial. Assim, pode-se afirmar que o Payback Descontado do projeto B é igual a 2,95 anos.

O mesmo raciocínio deve ser utilizado para calcular o Payback Descontado dos projetos C e D, que foi de 4,74 e 4,71 anos, respectivamente.

Apesar de o Payback Descontado ter solucionado um dos fatores limitantes do Payback, ele ainda apresenta uma limitação importante, que é não considerar os demais Fluxos de Caixa após o cálculo do Payback Descontado.

Sendo assim, para que os projetos possam ser analisados com metodologias mais confiáveis, devem-se utilizar os Métodos Analíticos, que são mais precisos devido ao método de cálculo. Porém, cabe novamente reforçar que esses métodos não eliminam as incertezas relacionadas à elaboração do projeto de investimento, principalmente às projeções de entradas e saídas de caixa. Além disso, para a utilização desses métodos considera-se como variável chave a Taxa Mínima de Atratividade (TMA).

Os principais Métodos Analíticos são o Valor Presente Líquido (VPL) e a Taxa Interna de Retorno (TIR), que serão apresentados na sequência. Inicialmente haverá a conceituação e a exemplificação dos resultados do VPL e da TIR, e, posteriormente, será destinado um tópico para explicar como os cálculos podem ser realizados com a utilização do Microsoft Excel.

27.2 Valor Presente Líquido

O VPL representa o resultado da diferença entre o valor presente das entradas de caixa (receitas) e o valor presente das saídas de caixa (gastos), conforme pode ser observado na Equação 35.

Equação 35

$$VPL = \sum VP_{Ent.Cx} - \sum VP_{SaidasCx}$$

Em que:

VPL = Valor Presente Líquido;

$\sum VP_{Ent.Cx.}$ = somatório Valor Presente das entradas de caixa;

$\sum VP_{SaidasCx.}$ = somatório Valor Presente das saídas de caixa.

Para o cálculo dos valores presentes, utiliza-se a Taxa Mínima de Atratividade (TMA), que representa o custo do capital que será investido no projeto, ou seja, o custo de oportunidade do capital.

Como resultado, se o VPL for positivo, o valor presente das entradas de caixa será maior que o valor presente das saídas de caixa. Isso indica que o projeto gerará retorno positivo para a empresa, desde que as informações do planejamento sejam confiáveis. Por outro lado, se o VPL for negativo, sugere que o investimento não atende às expectativas de rentabilidade da empresa.

Por meio dos projetos que estão sendo utilizados como exemplo, apresentados no Quadro 27.4, é possível verificar o VPL de cada projeto; para o cálculo foi considerada a TMA de 10% a.a.

Quadro 27.4 Resultado do Valor Presente Líquido dos projetos A, B, C e D com a Taxa Mínima de Atratividade de 10% a.a.

DATA	Projeto A	Projeto B	Projeto C	Projeto D
0	-1.000,00	-1.000,00	-1.000,00	-1.000,00
1	250,00	500,00	200,00	100,00
2	250,00	400,00	200,00	200,00
3	250,00	300,00	200,00	300,00
4	250,00	200,00	400,00	500,00
5	250,00	100,00	500,00	700,00
6	250,00	10,00	230,00	900,00
VPL	**R$ 88,82**	**R$ 214,86**	**R$ 210,87**	**R$ 765,77**

VPL: Valor Presente Líquido.

Com o objetivo de explicitar melhor o cálculo do VPL, será detalhado o exemplo do projeto A, em que para cada ano será calculado o valor dos juros que o projeto precisa "pagar" ao investidor, sendo sempre calculado a partir do saldo devedor do ano anterior. Esses juros serão deduzidos do valor do Fluxo de Caixa e então será calculado o valor da amortização, que representa o quanto o projeto está repondo do capital que foi investido nele, a cada ano. Esse raciocínio pode ser melhor visualizado por meio da Figura 27.6.

Figura 27.6 Detalhamento do cálculo do VPL do projeto A com uma TMA de 10% a.a.

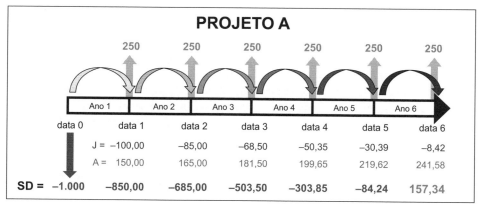

SD: Saldo Devedor.

Para melhor explicação desse raciocínio, será considerada a existência de dois personagens, sendo o investidor chamado "Dono do Dinheiro", e como projeto haverá o "Caminhão", conforme personagens da Figura 27.7.

Figura 27.7   Personagens do exemplo.

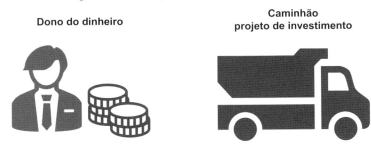

Além disso, será considerado que a partir do momento em que o Dono do dinheiro aplica o recurso no Caminhão (projeto de investimento), o Caminhão ficará devendo ao Dono do dinheiro, e deverá pagar-lhe o recurso investido, bem como os juros sobre o capital, que representam, nesse caso, o custo de oportunidade do Dono do dinheiro.

Assim, conforme pode ser observado na Figura 27.6, durante o ano 1, período que vai entre a data zero (quando houve o investimento inicial) e a data 1 (quando houve o pagamento do primeiro Fluxo de Caixa), o Caminhão devia ao Dono do dinheiro o total de R$ 1.000,00. Sendo assim, considerando que a TMA é de 10% a.a., ou seja, que o Dono do dinheiro está cobrando do Caminhão a taxa de 10% ao ano de juros, ao final desse período, o Caminhão deverá pagar R$ 100,00 de juros, que representam 10% de R$ 1.000,00. Como o Caminhão gerou um Fluxo de Caixa de R$ 250,00 no final do primeiro ano, descontando desse valor R$ 100,00, que é o valor dos juros que foi pago ao Dono do dinheiro, é possível afirmar que sobraram R$ 150,00, que é o valor da amortização, ou seja, que representa o quanto o Caminhão diminuiu sua dívida para com o Dono do dinheiro. Portanto, na data 1, a dívida do Caminhão (Saldo Devedor – SD) passou a ser de R$ 850,00.

Resumindo, durante o primeiro ano (entre datas 0 e 1), o Caminhão devia R$ 1.000,00 para o Dono do dinheiro. Sobre esse valor, ele precisa pagar os juros de 10% (TMA é de 10% a.a.) ao final do primeiro ano (data 1), que são de R$ 100,00. Como o Caminhão gerou um Fluxo de Caixa de R$ 250,00, e como tinha que pagar R$ 100,00 de juros, sobraram R$ 150,00 para amortizar sua dívida com o Dono do dinheiro. Como resultado, na data 1 (final do primeiro ano e início do segundo ano), a dívida do Caminhão com o Dono do dinheiro será de R$ 850,00.

Usando esse mesmo raciocínio para o ano 2, que representa o período que vai da data 1 até a data 2, é possível calcular o valor dos juros que o Caminhão terá que pagar ao Dono do dinheiro, que, nesse caso, será 10% de R$ 850,00, ou seja, R$ 85,00. Na data 2, a amortização será de R$ 165,00, que é o resultado do Fluxo de Caixa de R$ 250,00 menos os juros (R$ 85,00). Sendo assim, o valor da dívida do Caminhão na data 2 será reduzido para R$ 685,00, que é resultado de R$ 850,00 menos R$ 165,00.

Para o ano 3, que representa o período entre a data 2 e a data 3, o valor da dívida do Caminhão será de R$ 685,00, sendo os juros iguais a R$ 68,50 (10% de R$ 685,00). Sendo assim, na data 3, como o Caminhão também gerou um Fluxo de Caixa de R$ 250,00, haverá uma amortização de R$ 181,50 (R$ 250,00 – R$ 68,50) e a dívida do

Caminhão será reduzida para R$ 503,50, resultado da dívida da data 2 menos a amortização de R$ 181,50 que houve na data 3.

Para o ano 4, que representa o período entre a data 3 e a data 4, o valor da dívida do Caminhão será de R$ 503,50, sendo os juros iguais a R$ 50,35 (10% de R$ 503,50). Sendo assim, na data 4, como o Caminhão também gerou um Fluxo de Caixa de R$ 250,00, haverá uma amortização de R$ 199,65 (R$ 250,00 − R$ 50,35) e a dívida do Caminhão será reduzida para R$ 303,85, resultado da dívida da data 3 menos a amortização de R$ 199,65 que houve na data 4.

Para o ano 5, que representa o período entre a data 4 e a data 5, o valor da dívida do Caminhão será de R$ 303,85, sendo os juros iguais a R$ 30,38 (10% de R$ 303,85). Sendo assim, na data 5, como o Caminhão também gerou um Fluxo de Caixa de R$ 250,00, haverá uma amortização de R$ 219,62 (R$ 250,00 − R$ 30,38) e a dívida do Caminhão será reduzida para R$ 84,23, resultado da dívida da data 4 (R$ 303,85) menos a amortização de R$ 219,62 que houve na data 5.

Para o ano 6, que representa o período entre a data 5 e a data 6, o valor da dívida do Caminhão será de R$ 84,23, sendo os juros iguais a R$ 8,42 (10% de R$ 84,23). Sendo assim, na data 6, como o Caminhão também gerou um Fluxo de Caixa de R$ 250,00, haverá uma amortização de R$ 241,58 (R$ 250,00 − R$ 8,42). Portanto, como a dívida do Caminhão era de R$ 84,23, e como houve uma amortização de R$ 241,58, pode-se dizer que o Caminhão não está devendo mais nada ao Dono do dinheiro, e que ainda dispõe de R$ 157,35. Ou seja, o Caminhão pagou ao Dono do dinheiro todos os juros sobre suas dívidas, devolveu por meio das amortizações o valor de R$ 1.000,00 investido nele, e, ainda, no final, ficou com o total de R$ 157,35 "no bolso".

Quando comparado esse valor com o VPL do projeto, é possível verificar que se o valor de R$ 157,35 que está na data 6 for atualizado para a data 0, ou seja, for calculado o seu VP considerando a taxa de juros de 10% ao ano (TMA do projeto), conforme pode ser visualizado na Figura 27.8, será encontrado exatamente o valor do VPL, que é de R$ 88,81. Sendo assim, é possível afirmar que o VPL desse projeto é a sobra de recursos que ocorre lá no final atualizado para a data 0, ou seja, o VPL representa o "valor presente da sobra".

Figura 27.8 Representação do Valor Presente da sobra de dinheiro do caminhão.

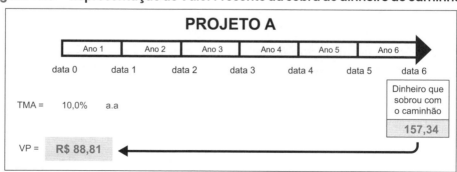

TMA: Taxa Mínima de Atratividade; **VP:** Valor Presente.

Além disso, é possível afirmar que a rentabilidade desse projeto será maior que os 10% anuais cobrados dele por meio da TMA, pois o Caminhão pagou ao Dono do dinheiro todos os juros devidos e ao final ainda sobrou dinheiro. Se esses mesmos cálculos forem feitos, mas considerando uma TMA de 15% ao ano, será verificado que ao final do sexto ano (data 6) o valor disponível para amortização (R$ 201,14) não é suficiente para pagar todo o saldo devedor da data 5 (−R$ 325,76), sobrando, dessa maneira, uma dívida do Caminhão para com o Dono do dinheiro de −R$ 124,63 lá na data 6, final do sexto ano, conforme pode ser observado na Figura 27.9.

Figura 27.9 **Detalhamento do cálculo do Valor Presente Líquido do projeto A com uma Taxa Mínima de Atratividade de 15% a.a.**

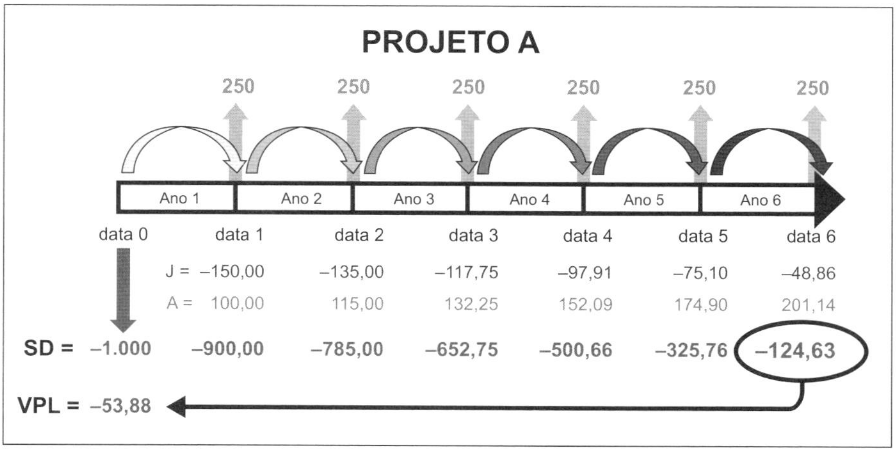

SD: Saldo Devedor; **VPL:** Valor Presente Líquido.

Nesse caso, considerando os Fluxos de Caixa do projeto A e uma TMA de 15% a.a., o Caminhão não conseguiu pagar os juros ao Dono do dinheiro e ainda devolver os R$ 1.000,00 investidos nele. Quando é calculado o VP desse SD de −R$ 124,63, encontra-se o valor de −R$ 53,88, que representa exatamente o VPL do projeto A com a TMA de 15% a.a. Sendo assim, é possível afirmar que o projeto A (Caminhão) não consegue proporcionar uma rentabilidade de 15% a.a. para o Dono do dinheiro, pois não foi possível pagar os juros e ainda devolver os R$ 1.000,00 investidos.

Surge, então, outro questionamento: "Qual é a rentabilidade que o projeto A proporciona ao investidor, nesse exemplo, representado pelo Dono do dinheiro?". A partir das informações apresentadas até o momento, é possível constatar que a rentabilidade é maior que 10% a.a., pois considerando essa TMA houve sobra de dinheiro com o Caminhão, que refletiu no VPL positivo. Também é possível afirmar que a rentabilidade do projeto é inferior a 15% a.a., pois, nesse caso, houve sobra de dívida do Caminhão para com o Dono do dinheiro, que foi refletida no VPL negativo.

Utilizando esse raciocínio, é possível afirmar que a rentabilidade do projeto será calculada de modo exato quando o VPL for igual a zero, pois significará que não houve sobra de dinheiro e nem de dívida no final do período do projeto, sendo, nesse caso, final do sexto ano (data 6).

Somente para deixar novos exemplos, se a TMA do projeto A for de 12% a.a., é possível ainda perceber um VPL positivo de R$ 27,85, porém menor, sendo ele reflexo da sobra de dinheiro que houve com o Caminhão no final do sexto ano (R$ 54,97), conforme pode ser observado na Figura 27.10.

Figura 27.10 Detalhamento do cálculo do Valor Presente Líquido do projeto A com uma Taxa Mínima de Atratividade de 12% a.a.

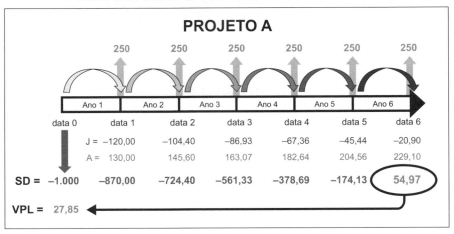

SD: Saldo Devedor; **VPL:** Valor Presente Líquido.

Esse resultado apresentado na Figura 27.10 evidencia que a rentabilidade do projeto ainda é maior que 12% a.a. Já se a TMA for de 13% a.a., conforme pode ser observado na Figura 27.11, haverá saldo devedor no final do sexto ano de apenas −R$ 1,28, que gera um VPL de −R$ 0,61.

Figura 27.11 Detalhamento do cálculo do Valor Presente Líquido do projeto A com uma Taxa Mínima de Atratividade de 13% a.a.

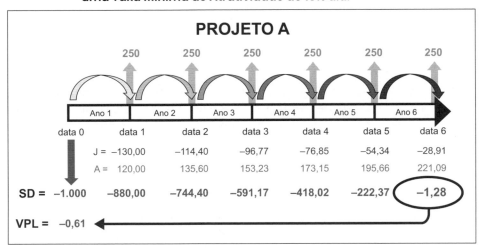

SD: Saldo Devedor; **VPL:** Valor Presente Líquido.

Apesar de os resultados apresentados na Figura 27.11 serem pequenos, ainda é possível afirmar que a rentabilidade do projeto ainda é menor que 13% a.a. Após considerar a TMA de 12,978% a.a. no projeto A, conforme pode ser observado na Figura 27.12, foi percebido que ao final do sexto ano do projeto (data 6) não sobrou dívida, nem saldo devedor.

Figura 27.12 Detalhamento do cálculo do Valor Presente Líquido do projeto A com uma Taxa Mínima de Atratividade de 12,978% a.a.

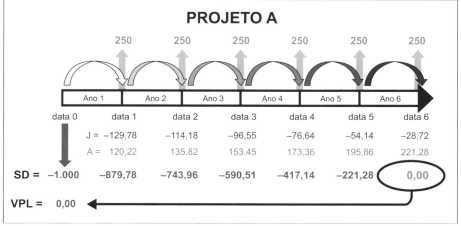

SD: Saldo Devedor; **VPL:** Valor Presente Líquido.

Esse resultado evidencia que a rentabilidade exata desse projeto A é de 12,978% a.a. Essa rentabilidade representa a TIR do projeto, tema que será abordado na sequência.

27.3 Taxa Interna de Retorno

A TIR representa a taxa de crescimento anualizada dos Fluxos de Caixa futuros gerados pelo investimento, de modo que o VPL desses Fluxos de Caixa seja igual a zero. Em outras palavras, a TIR é a taxa de desconto que faz com que o custo inicial do investimento seja igual ao valor presente dos Fluxos de Caixa esperados, ou seja, é exatamente o retorno (em porcentagem) que o projeto está proporcionando ao investidor.

Se a TIR for maior do que a TMA, o investimento pode ser considerado atrativo, uma vez que está gerando retornos que superam a taxa mínima esperada. No exemplo do projeto A, se a TMA for inferior a 12,978% a.a., o projeto proporcionará VPL positivo e, consequentemente, será atrativo para o investidor.

Por outro lado, se a TIR for menor do que a TMA, o investimento pode não ser vantajoso. No exemplo do projeto A, se a TMA foi maior que 12,978% a.a., o VPL do projeto será negativo. Esse resultado evidencia que a rentabilidade que o projeto está proporcionando é inferior ao retorno mínimo esperado pelo investidor.

A TIR é a taxa de juros que equivale à real taxa de retorno do projeto analisado. A TIR é a taxa de juros que iguala o VP das saídas com o VP das entradas de caixa, ou seja, taxa de juros que proporciona o VPL igual a zero.

246 | **CAPÍTULO 27** Ferramentas para Análise de Viabilidade Econômico-Financeira de Projetos de Investimentos

Além disso, a análise da TIR deve ser feita como complemento ao VPL, pois em algumas situações, principalmente quando o valor do investimento inicial dos projetos em análise for diferente entre os projetos, o VPL pode ser insuficiente para a análise.

Após determinar a TIR, ela deve ser comparada com a TMA. Para essa comparação, devem considerar os projetos a partir da seguinte análise:

- **TIR > TMA:** o projeto tem condições de agregar valor à organização.
- **TIR = TMA:** o projeto gera como resultado exatamente um retorno igual ao custo de oportunidade do projeto. Nessa condição, o projeto não gera nem destrói valor da organização.
- **TIR < TMA:** o projeto irá destruir valor da organização.

A partir da utilização dessas ferramentas de análise de investimento, o gestor poderá embasar sua decisão de implementação ou não do projeto em análise. Voltando aos projetos apresentados, por meio do Quadro 27.5 é possível verificar o VPL de cada um com a TMA de 10% e ainda a TIR que eles proporcionam.

Quadro 27.5 Valor Presente Líquido e Taxa Interna de Retorno dos projetos A, B, C e D.

DATA	Projeto A	Projeto B	Projeto C	Projeto D
0	–1.000,00	–1.000,00	–1.000,00	–1.000,00
1	250,00	500,00	200,00	100,00
2	250,00	400,00	200,00	200,00
3	250,00	300,00	200,00	300,00
4	250,00	200,00	400,00	500,00
5	250,00	100,00	500,00	700,00
6	250,00	10,00	230,00	900,00
VPL	88,82	214,86	210,87	765,77
TIR	12,978%	20,463%	16,085%	25,969%

Conforme pode ser analisado no Quadro 27.5, o projeto que apresenta melhor resultado é o projeto D, que tem um VPL de R$ 765,77, quando a TMA for de 10% a.a., e uma TIR de 25,969% a.a. Ou seja, para selecionar um projeto de investimento, a empresa deve escolher o projeto que apresenta o maior VPL e a maior TIR. Nesse caso, como o valor do investimento inicial é igual nos quatro projetos, os resultados do VPL e da TIR mostram o mesmo projeto como viável.

Portanto, conforme pode ser observado no Quadro 27.6, se o valor do investimento inicial do projeto D fosse de R$ 1.500,00, esse projeto continuaria proporcionando o melhor VPL, mas a TIR não seria o melhor resultado.

Quadro 27.6 Valor Presente Líquido e Taxa Interna de Retorno dos projetos A, B, C e D.

DATA	Projeto A	Projeto B	Projeto C	Projeto D
0	-1.000,00	-1.000,00	-1.000,00	-1.500,00
1	250,00	500,00	200,00	100,00
2	250,00	400,00	200,00	200,00
3	250,00	300,00	200,00	300,00
4	250,00	200,00	400,00	500,00
5	250,00	100,00	500,00	700,00
6	250,00	10,00	230,00	900,00
VPL	88,82	214,86	210,87	265,77
TIR	12,978%	20,463%	16,085%	14,244%

Em casos como esses apresentados no Quadro 27.6, o projeto mais vantajoso para a empresa tende a ser o projeto B, pois apresenta a maior TIR. No entanto, nesse caso, para que essa afirmativa seja verdadeira, é necessário destacar que se o investidor dispuser de R$ 1.500,00 e optar pelo projeto B, que tem uma TIR igual a 20,463% a.a. referente ao investimento de R$ 1.000,00, presume-se que ele (investidor) disporá de uma opção para investir os outros R$ 500,00 com uma remuneração mínima de 10,183% a.a. Com essa remuneração mínima, o retorno médio dos R$ 1.500,00 será de 14,244% a.a., igual ao retorno apresentado pelo projeto D.

Caso o investidor disponha dos R$ 1.500,00 e não tenha a opção de investir os R$ 500,00 restantes com rentabilidade mínima igual a 10,183% a.a., é mais indicado que ele opte pelo projeto D, que, nesse caso, proporcionará uma rentabilidade maior aos R$ 1.500,00 a serem investidos. Finalizo informando que o raciocínio utilizado para essa explicação é referente à TIR modificada, um assunto que não será abordado com detalhes neste livro.

27.4 Cálculos do Valor Presente Líquido e da Taxa Interna de Retorno com a utilização do Microsoft Excel

Neste tópico, será apresentado e explicado como calcular o VPL, a TIR e o VP utilizando o Excel. Com o objetivo de deixar a explicação mais intuitiva, serão utilizados os mesmos projetos exemplificados nos tópicos anteriores.

Inicialmente, para que seja possível calcular o VPL e a TIR, é necessário que as informações do Fluxo de Caixa do projeto estejam dispostas em uma planilha, conforme consta na Figura 27.13, na qual estão apresentados a TMA, o valor do investimento inicial e os Fluxos de Caixa dos projetos A, B, C e D.

Figura 27.13 Fluxos de Caixa dos projetos A, B, C e D.

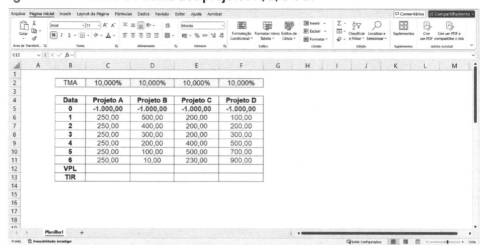

O primeiro cálculo a ser explicado será do VPL para o projeto A.

27.4.1 Cálculo do Valor Presente Líquido do projeto A

Para calcular o VPL, deve-se clicar na célula na qual se espera que o resultado seja apresentado – neste caso, está sendo utilizada a célula C12. Posteriormente, deve-se selecionar a opção "Fórmulas" do Excel, depois "Financeiras" e o VPL, conforme consta na Figura 27.14.

Figura 27.14 Seleção da fórmula do Valor Presente Líquido do projeto A.

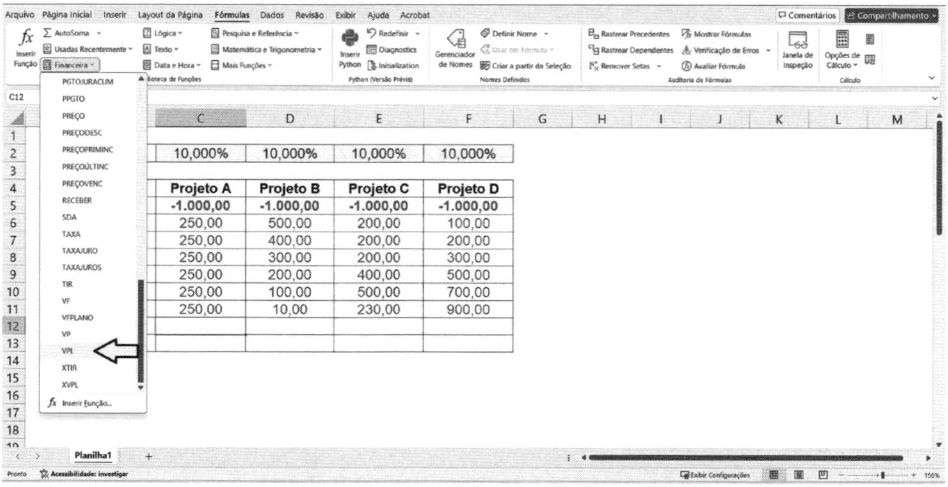

Ao selecionar a fórmula do VPL, abrirá uma “caixa” indicando que devem ser selecionados a taxa (TMA) e os valores a serem considerados para calcular o VPL. Nessas opções, conforme consta na Figura 27.15, deve-se clicar na setinha ao lado de cada opção e selecionar as células referentes às informações.

Figura 27.15 Preenchimento das informações para cálculo do Valor Presente Líquido do projeto A.

TMA	10,000%
Data	**Projeto A**
0	**-1.000,00**
1	250,00
2	250,00
3	250,00
4	250,00
5	250,00
6	250,00
VPL	C11)
TIR	

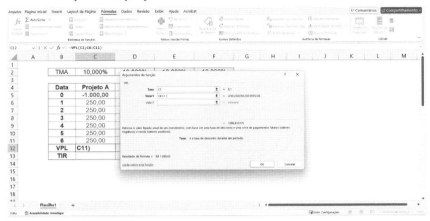

Nesse exemplo, a taxa referente ao projeto A está na célula C2, e as informações dos Fluxos de Caixa do projeto A estão entre as células C6 e C11. Clicando no botão OK, o Excel terá calculado o VP dos Fluxos de Caixa, conforme consta na Figura 27.16.

Figura 27.16 Cálculo do Valor Presente Líquido do projeto A (parte 1).

TMA	10,000%	10,000%	10,000%	10,000%
Data	**Projeto A**	**Projeto B**	**Projeto C**	**Projeto D**
0	**-1.000,00**	**-1.000,00**	**-1.000,00**	**-1.000,00**
1	250,00	500,00	200,00	100,00
2	250,00	400,00	200,00	200,00
3	250,00	300,00	200,00	300,00
4	250,00	200,00	400,00	500,00
5	250,00	100,00	500,00	700,00
6	250,00	10,00	230,00	900,00
VPL	**R$ 1.088,82**			
TIR				

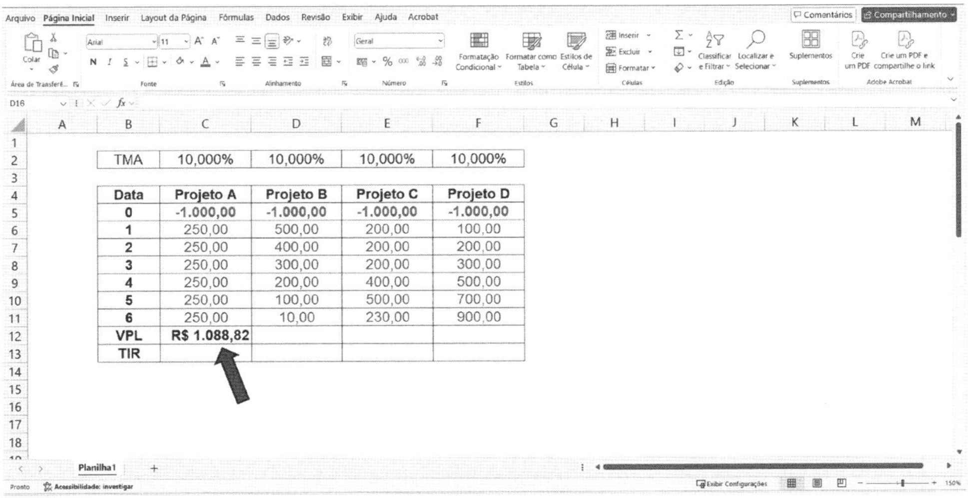

Na célula C12 consta o valor de R$ 1.088,82. Esse valor ainda não é o VPL, e sim o valor presente dos Fluxos de Caixa. Desse valor é necessário diminuir o valor do investimento inicial, que, nesse caso, é de R$ 1.000,00. Para fazer esse cálculo, deve-se

250 | CAPÍTULO 27 Ferramentas para Análise de Viabilidade Econômico-Financeira
de Projetos de Investimentos

selecionar a célula C12, ir à fórmula do Excel, conforme indicado pela seta da Figura 27.17, clicar depois do último parêntese e acrescentar "+C5". Fazendo isso, o Excel irá somar o valor de –R$ 1.000,00 do investimento inicial. Observe que foi dito que era para diminuir o valor do investimento inicial, mas na fórmula colocou-se +, para somar. Isso ocorreu porque o valor do investimento inicial que está na célula C5 já está negativo. Para melhor visualização desse passo a passo, observe a Figura 27.17.

Figura 27.17   Cálculo do Valor Presente Líquido do projeto A (parte 2).

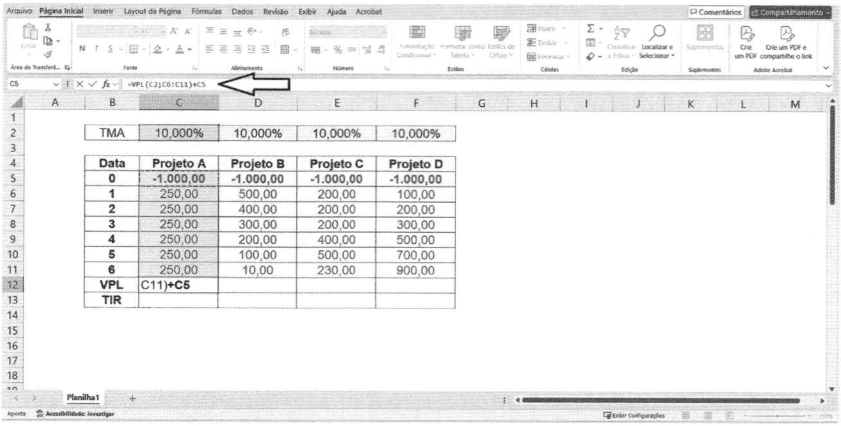

Após acrescentar na fórmula o "+C5", basta clicar Enter no teclado e o Excel terá calculado o VPL do projeto A, conforme consta na Figura 27.18.

Figura 27.18   Resultado do Valor Presente Líquido do projeto A.

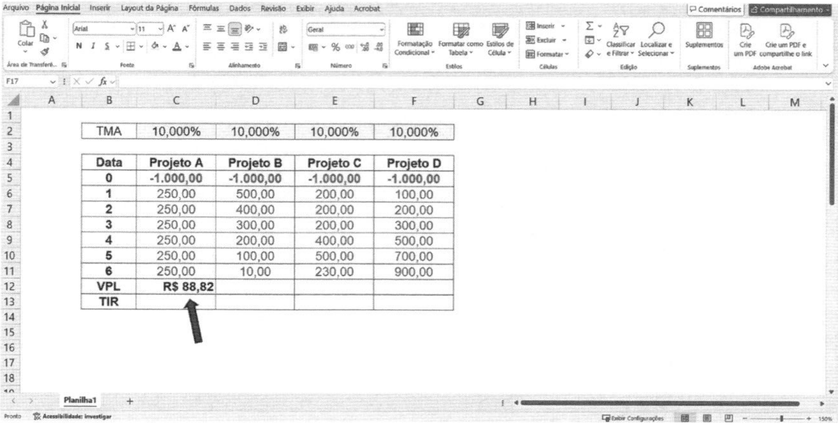

Após calcular o VPL, o próximo passo é calcular a TIR.

27.4.2 Cálculo da Taxa Interna de Retorno do projeto A

Para isso, deve-se clicar na célula na qual se espera que o resultado seja apresentado – neste caso, a escolhida foi a célula C13 – e posteriormente selecionar no Excel a opção "Fórmulas", depois clicar em "Financeira" e escolher a opção TIR, conforme consta na Figura 27.19.

Figura 27.19 Escolha da fórmula da TIR no Excel.

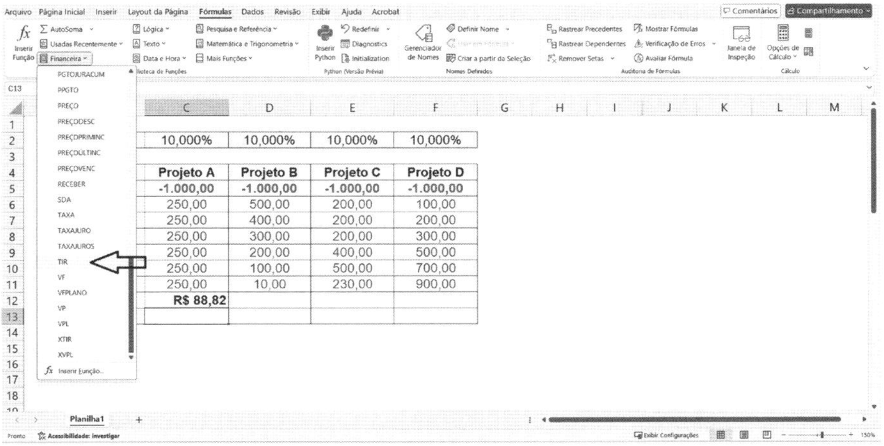

Ao selecionar a opção "TIR", aparecerá na tela uma "caixa" indicando quais valores devem ser selecionados. Após clicar na seta do lado direto do espaço destinado ao preenchimento dos valores, você poderá selecionar as células em que contêm as informações financeiras do projeto A, sendo na data 0 o valor do investimento inicial e entre as datas 1 e 6 os Fluxos de Caixa desse projeto no qual o período é de 6 anos. Nesse exemplo, as células a serem selecionadas estão entre C5 e C11, conforme pode ser observado na Figura 27.20.

Figura 27.20 Preenchimento das informações para cálculo da Taxa Interna de Retorno do projeto A.

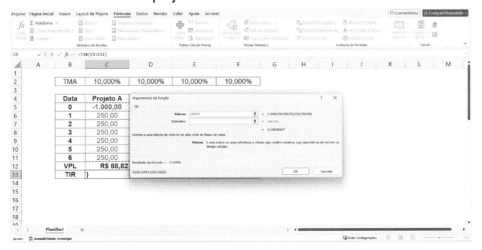

252 | **CAPÍTULO 27** Ferramentas para Análise de Viabilidade Econômico-Financeira
de Projetos de Investimentos

Após selecionar as células entre C5 e C11, basta clicar na tecla Enter do teclado e o Excel terá calculado a TIR do projeto A, que é de 12,978% a.a., conforme pode ser observado na Figura 27.21.

Figura 27.21 Resultado da Taxa Interna de Retorno do projeto A.

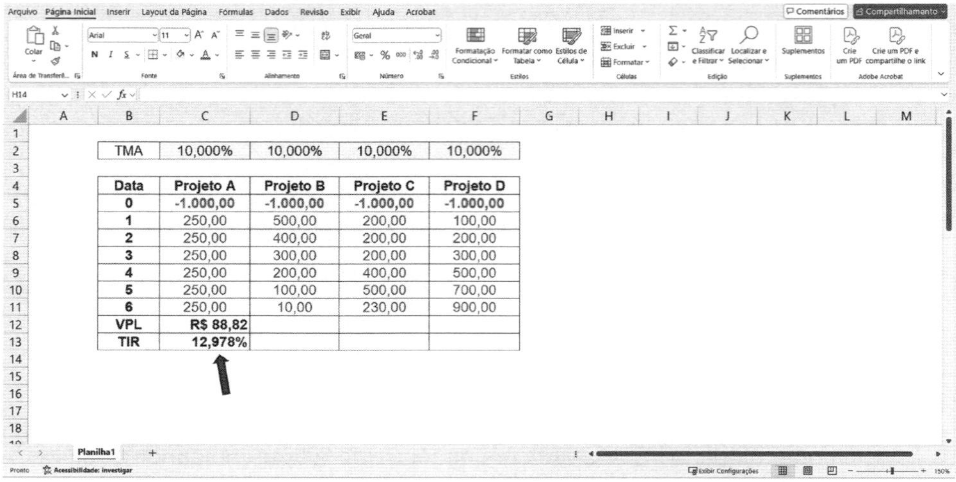

Repetindo esses passos para os projetos B, C e D, calculei o VPL e a TIR, conforme resultado apresentado na Figura 27.22.

Figura 27.22 Resultado do Valor Presente Líquido e da Taxa Interna de Retorno dos projetos A, B, C e D.

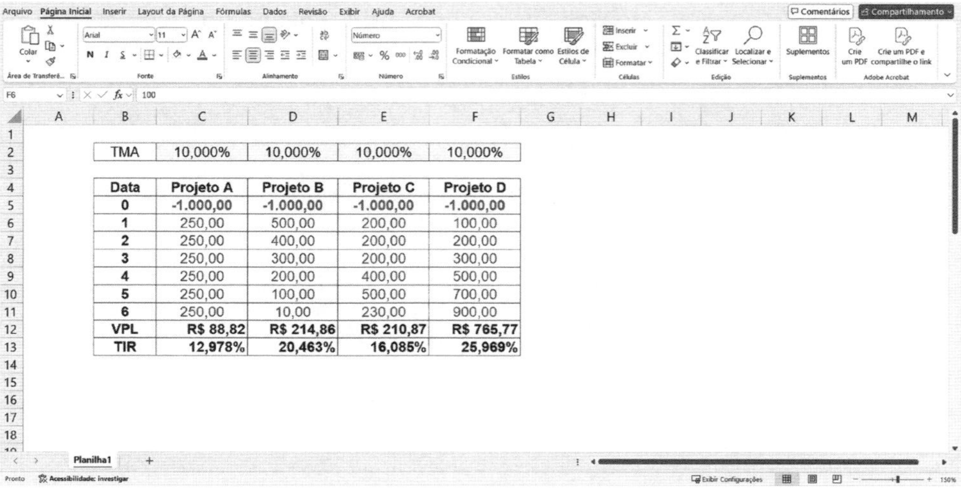

Para que possa analisar a viabilidade econômico-financeira de um projeto de investimento, você poderá utilizar as planilhas eletrônicas que disponibilizei como material complementar do livro e que podem ser acessadas pelo QR Code a seguir.

Acesse as planilhas eletrônicas para analisar a viabilidade econômico-financeira de projetos de investimento.

uqr.to/1wdh0

A seguir, será apresentado o caminho para calcular um VP a partir de um VF, utilizando o Excel.

27.4.3 Cálculo de Valor Presente

Na sequência, será apresentado e explicado o caminho para calcular o VP referente a um VF, utilizando o Excel. Esse cálculo foi empregado para calcular o VP do dinheiro que sobrou no Caminhão, no exemplo da análise do projeto A, utilizando a TMA de 10% a.a., representado na Figura 27.6. Naquele exemplo, o valor futuro era de R$ 157,34 e representava o dinheiro que tinha sobrado para o Caminhão (projeto A). Esse valor deve ser descapitalizado por 6 anos, pois ele está na data 6 e precisamos trazê-lo para a data 0, em que o VPL é calculado. Essas informações estão mais visíveis na Figura 27.23.

Figura 27.23 Representação gráfica das informações para o cálculo do valor presente.

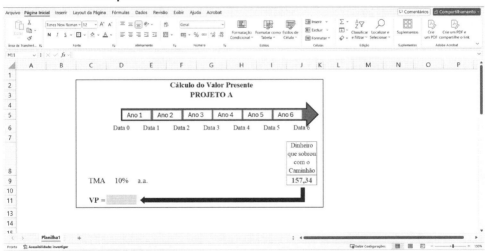

Para calcular o VP referente ao VF de R$ 157,34, utilizando o Excel, deve-se clicar na célula na qual se espera que o resultado apareça e depois selecionar a opção "Fórmulas", "Financeira" e depois escolher a opção VP, conforme consta na Figura 27.24.

Figura 27.24 Caminho para calcular o Valor Presente utilizando o Excel.

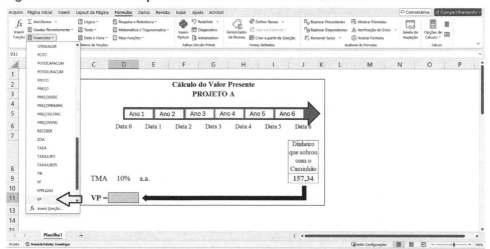

Clicando na opção VP, abrirá na tela uma "caixa", conforme representado na Figura 27.25.

Figura 27.25 Caixa com informações a serem preenchidas para o cálculo do Valor Presente.

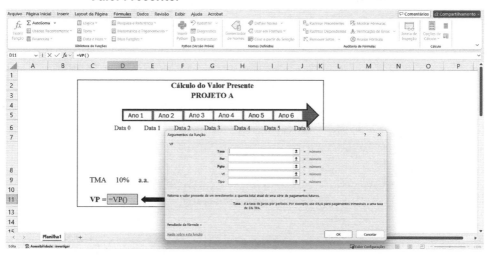

Nessa "caixa", a primeira informação a ser preenchida é a taxa. Basta clicar na seta à direta do campo para preenchimento da taxa e depois selecionar a célula em que está a TMA, que, nesse exemplo, é a célula D9, conforme pode ser visto na Figura 27.26.

Figura 27.26   Preenchimento da taxa de juros.

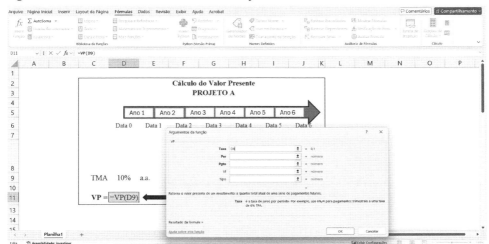

O próximo passo é preencher a informação referente ao período. No exemplo utilizado para esse cálculo, o período é de 6 anos, pois o VF de R$ 157,34 está na data 6 e precisa ser levado para a data 0. Ou seja, há seis intervalos de 1 ano entre essas datas. No Excel, basta digitar o número 6 no espaço, conforme pode ser visto na Figura 27.27.

Figura 27.27   Preenchimento da informação do período (Per).

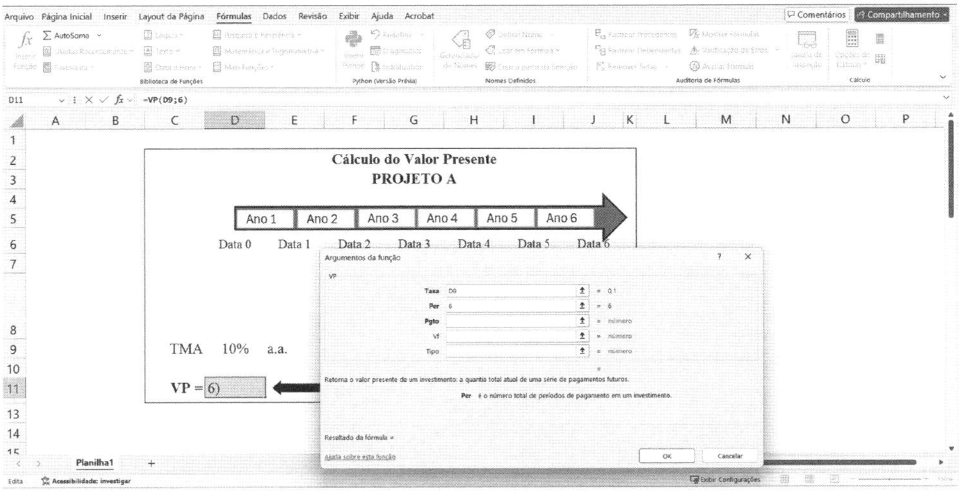

Na sequência, deve-se preencher a informação referente ao VF. Nesse caso, deve-se selecionar a célula J9, que contém o valor de R$ 157,34, valor futuro do exemplo. Na Figura 27.28 consta esse preenchimento.

Figura 27.28 Preenchimento da informação "Valor Futuro".

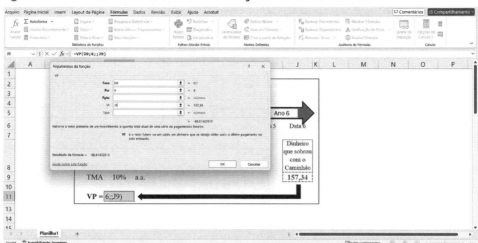

Por último, deve-se preencher a opção "Tipo", que representa a relação existente entre o período de intervalo a que se refere a taxa de juros (TMA) e o período de intervalo entre as datas do Fluxo de Caixa. No caso em tela, deve-se preencher digitando o número 1, pois tanto a taxa de juros quanto o intervalo entre os Fluxos de Caixa do projeto estão em períodos anuais. Sendo assim, na Figura 27.29 é possível verificar todos os campos preenchidos, exceto o campo de Pgto, que seria utilizado caso o exemplo contemplasse uma série de pagamentos.

Figura 27.29 Caixa para cálculo do Valor Presente com as informações preenchidas.

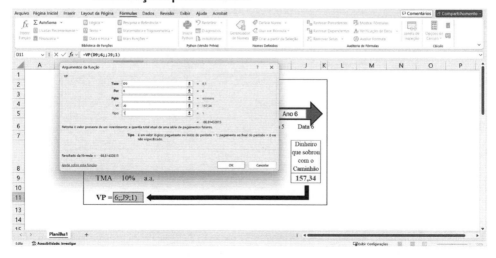

Clicando no botão OK, o Excel calculará o VP, que será de R$ 88,81. No entanto, o resultado aparece negativo, conforme pode ser observado na Figura 27.30.

Figura 27.30 Resultado do Valor Presente calculado pelo Excel.

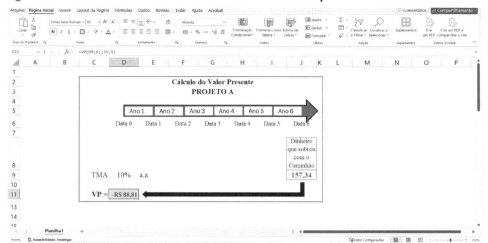

Para explicar esse resultado negativo, irei utilizar a Equação 33, fórmula básica de juros compostos que poderia ser utilizada para esse cálculo.

Equação 33

$$VF = VP(1+i)^n$$

Trabalhando com essa fórmula, obtém-se uma segunda representação:

Equação 34

$$VP = \frac{VF}{(1+i)^n}$$

Assim, considerando que o VF é igual a R$ 157,34, que a taxa (i) é igual a 10% a.a. e que o período (n) é igual a 6, utilizando-se a Equação 34 chega-se ao resultado de VP igual a R$ 88,81. No entanto, o Excel considera a fórmula com a seguinte representação:

$$VP - \frac{VF}{(1+i)^n} = 0$$

Como no preenchimento das informações o VF preenchido estava positivo, o VP resultado teria que ser negativo. Essa inversão de resultados faz parte do modo de cálculo utilizado pelo Excel.

Por esse motivo, sabendo que o resultado deveria ser positivo, deve-se multiplicá-lo por −1 (menos 1) para que assim o resultado apresentado seja positivo. Para inserir essa multiplicação no Excel, deve-se selecionar a célula D9 em que aparece o resultado do VP. Ao selecionar essa célula, na fórmula do Excel, local indicado pela seta na Figura 27.31, depois do último parêntese, deve-se inserir a expressão "*-1".

Figura 27.31 Inversão do resultado do Valor Presente calculado.

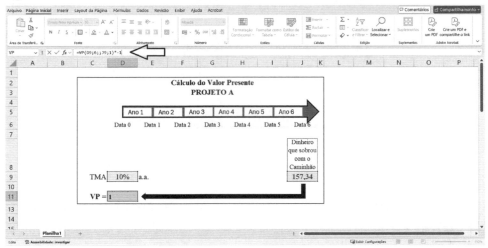

Após preencher com a expressão "*-1", basta clicar na tecla Enter do teclado e o Excel terá alterado o sinal do VP, passando para R$ 88,81, conforme pode ser observado na Figura 27.32.

Figura 27.32 Resultado do Valor Presente com sinal positivo.

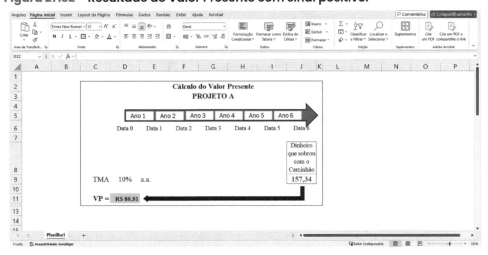

Na sequência, para fechamento do conteúdo deste Módulo, serão apresentadas as análises de sensibilidade e de cenários.

27.5 Análise de sensibilidade

Uma possibilidade de colocar em teste a viabilidade econômico-financeira de um projeto de investimento é analisá-lo considerando a probabilidade de haver variação nas projeções. Para isso, o melhor caminho é verificar quais são as informações projetadas que mais interferem no resultado de um projeto, ou seja, testar a sensibilidade do projeto às informações projetadas, que, nesse caso, podem ser consideradas como *input* para os cálculos.

Diversas variáveis são projetadas para elaboração de um projeto de investimento, como valor do investimento inicial, valor de venda dos produtos e/ou serviços e quantidade de produtos/serviços vendidos, que juntos geram as receitas do projeto, além do custo de produção e/ou de prestação dos serviços.

Para implementação do teste de sensibilidade, deve-se variar, para mais ou para menos, separadamente, cada uma das variáveis, e então verificar quanto essas variações estão influenciando o resultado do VPL e da TIR do projeto. Ao fazer esse teste, no exemplo apresentado a seguir, irei considerar um aumento e depois uma redução nos investimentos, nas receitas e, posteriormente, nos gastos dos projetos a serem analisados.

Para implementação desses testes, como exemplo, serão utilizados os projetos A e D, que foram analisados anteriormente e que estão representados por meio das Figuras 27.33 e 27.34.

Figura 27.33 Fluxo de Caixa do projeto fictício A.

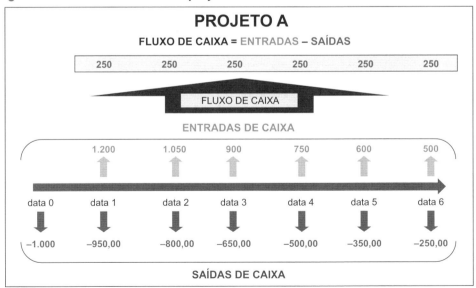

Figura 27.34 Fluxo de Caixa do projeto fictício D.

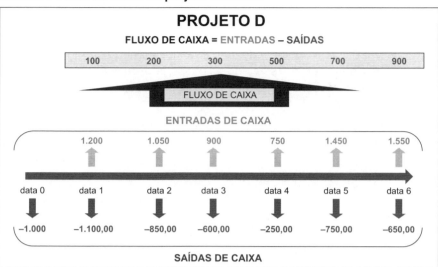

A partir desses Fluxos de Caixa, na sequência, serão apresentados os resultados da análise de sensibilidade, começando pelos resultados referentes às variações no projeto A, iniciando pelas variações no investimento inicial, na sequência nas receitas e, por fim, nos gastos. Os resultados serão apresentados seguindo a ordem decrescente das variações (+20%, +10%, sem variação, –10% e –20%) em cada uma das variáveis no projeto A, conforme constam nas Figuras 27.35 a 27.39.

Figura 27.35 Resultado do Valor Presente Líquido e da Taxa Interna de Retorno do projeto A com variação de +20% no investimento inicial.

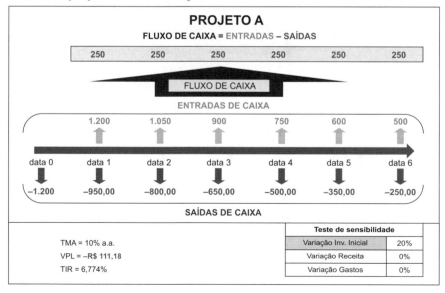

TIR: Taxa Interna de Retorno; **TMA:** Taxa Mínima de Atratividade; **VPL:** Valor Presente Líquido.

Figura 27.36 Resultado do Valor Presente Líquido e da Taxa Interna de Retorno do projeto A com variação de +10% no investimento inicial.

PROJETO A
FLUXO DE CAIXA = ENTRADAS – SAÍDAS

| | 250 | 250 | 250 | 250 | 250 | 250 |

FLUXO DE CAIXA

ENTRADAS DE CAIXA

	1.200	1.050	900	750	600	500
data 0	data 1	data 2	data 3	data 4	data 5	data 6
−1.100	−950,00	−800,00	−650,00	−500,00	−350,00	−250,00

SAÍDAS DE CAIXA

TMA = 10% a.a.
VPL = –R$ 11,18
TIR = 9,652%

Teste de sensibilidade	
Variação Inv. Inicial	10%
Variação Receita	0%
Variação Gastos	0%

TIR: Taxa Interna de Retorno; **TMA:** Taxa Mínima de Atratividade; **VPL:** Valor Presente Líquido.

Figura 27.37 Resultado do Valor Presente Líquido e da Taxa Interna de Retorno do projeto A sem nenhuma variação no investimento inicial.

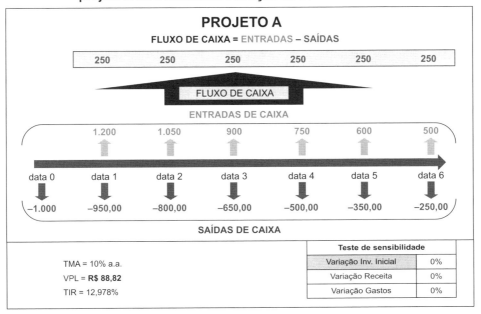

PROJETO A
FLUXO DE CAIXA = ENTRADAS – SAÍDAS

| | 250 | 250 | 250 | 250 | 250 | 250 |

FLUXO DE CAIXA

ENTRADAS DE CAIXA

	1.200	1.050	900	750	600	500
data 0	data 1	data 2	data 3	data 4	data 5	data 6
−1.000	−950,00	−800,00	−650,00	−500,00	−350,00	−250,00

SAÍDAS DE CAIXA

TMA = 10% a.a.
VPL = **R$ 88,82**
TIR = 12,978%

Teste de sensibilidade	
Variação Inv. Inicial	0%
Variação Receita	0%
Variação Gastos	0%

TIR: Taxa Interna de Retorno; **TMA:** Taxa Mínima de Atratividade; **VPL:** Valor Presente Líquido.

Figura 27.38 Resultado do Valor Presente Líquido e da Taxa Interna de Retorno do projeto A com variação de -10% no investimento inicial.

TIR: Taxa Interna de Retorno; **TMA:** Taxa Mínima de Atratividade; **VPL:** Valor Presente Líquido.

Figura 27.39 Resultado do Valor Presente Líquido e da Taxa Interna de Retorno do projeto A com variação de -20% no investimento inicial.

TIR: Taxa Interna de Retorno; **TMA:** Taxa Mínima de Atratividade; **VPL:** Valor Presente Líquido.

Em vez de analisar os resultados das variações de cada uma das variáveis, separadamente, optei por apresentá-los em conjunto, ao final, por meio do Quadro 27.7.

Nas Figuras 27.40 a 27.44 serão apresentados os resultados do VPL e da TIR do projeto A referentes às variações na Receita.

Figura 27.40 Resultado do Valor Presente Líquido e da Taxa Interna de Retorno do projeto A com variação de +20% na Receita.

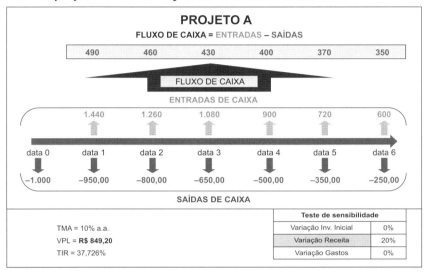

TIR: Taxa Interna de Retorno; **TMA:** Taxa Mínima de Atratividade; **VPL:** Valor Presente Líquido.

Figura 27.41 Resultado do Valor Presente Líquido e da Taxa Interna de Retorno do projeto A com variação de +10% na Receita.

TIR: Taxa Interna de Retorno; **TMA:** Taxa Mínima de Atratividade; **VPL:** Valor Presente Líquido.

Figura 27.42 Resultado do Valor Presente Líquido e da Taxa Interna de Retorno do projeto A sem nenhuma variação na Receita.

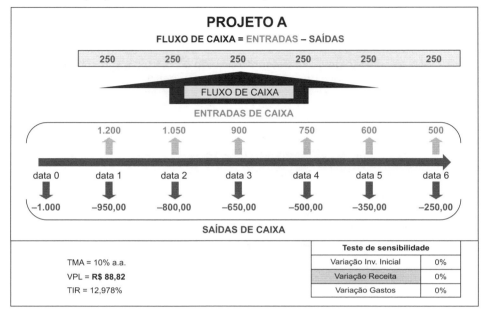

TIR: Taxa Interna de Retorno; TMA: Taxa Mínima de Atratividade; VPL: Valor Presente Líquido.

Figura 27.43 Resultado do Valor Presente Líquido e da Taxa Interna de Retorno do projeto A com variação de -10% na Receita.

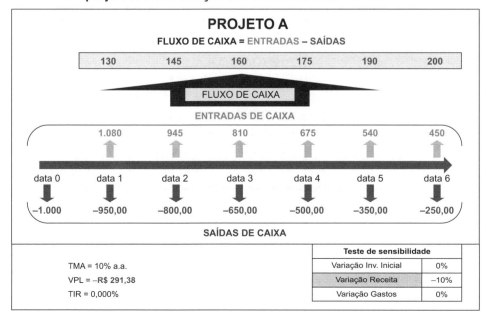

TIR: Taxa Interna de Retorno; TMA: Taxa Mínima de Atratividade; VPL: Valor Presente Líquido.

Figura 27.44 Resultado do Valor Presente Líquido e da Taxa Interna de Retorno do projeto A com variação de -20% na Receita.

PROJETO A

FLUXO DE CAIXA = ENTRADAS – SAÍDAS

| 10 | 40 | 70 | 100 | 130 | 150 |

FLUXO DE CAIXA

ENTRADAS DE CAIXA

| 960 | 840 | 720 | 600 | 480 | 400 |

| data 0 | data 1 | data 2 | data 3 | data 4 | data 5 | data 6 |
| –1.000 | –950,00 | –800,00 | –650,00 | –500,00 | –350,00 | –250,00 |

SAÍDAS DE CAIXA

TMA = 10% a.a.
VPL = –R$ 671,57
TIR = –13,897%

Teste de sensibilidade	
Variação Inv. Inicial	0%
Variação Receita	–20%
Variação Gastos	0%

TIR: Taxa Interna de Retorno; **TMA:** Taxa Mínima de Atratividade; **VPL:** Valor Presente Líquido.

Já nas Figuras 27.45 a 27.49 serão apresentados os resultados do VPL e da TIR do projeto A referente às variações nos Gastos.

Figura 27.45 Resultado do Valor Presente Líquido e da Taxa Interna de Retorno do projeto A com variação de +20% nos Gastos.

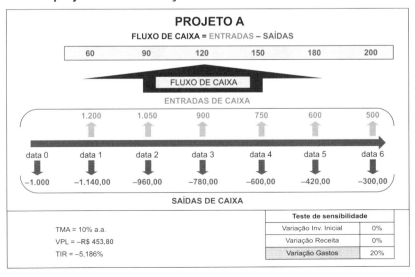

TIR: Taxa Interna de Retorno; **TMA:** Taxa Mínima de Atratividade; **VPL:** Valor Presente Líquido.

Figura 27.46 Resultado do Valor Presente Líquido e da Taxa Interna de Retorno do projeto A com variação de +10% nos Gastos.

TIR: Taxa Interna de Retorno; **TMA:** Taxa Mínima de Atratividade; **VPL:** Valor Presente Líquido.

Figura 27.47 Resultado do Valor Presente Líquido e da Taxa Interna de Retorno do projeto A sem nenhuma variação nos Gastos.

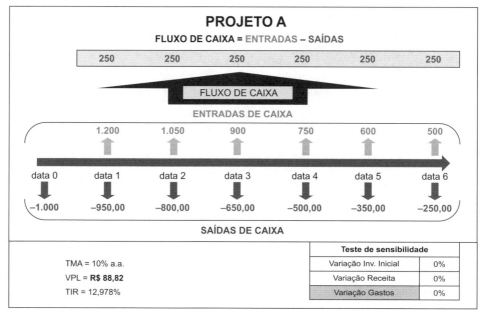

TIR: Taxa Interna de Retorno; **TMA:** Taxa Mínima de Atratividade; **VPL:** Valor Presente Líquido.

Figura 27.48 **Resultado do Valor Presente Líquido e da Taxa Interna de Retorno do projeto A com variação de -10% nos Gastos.**

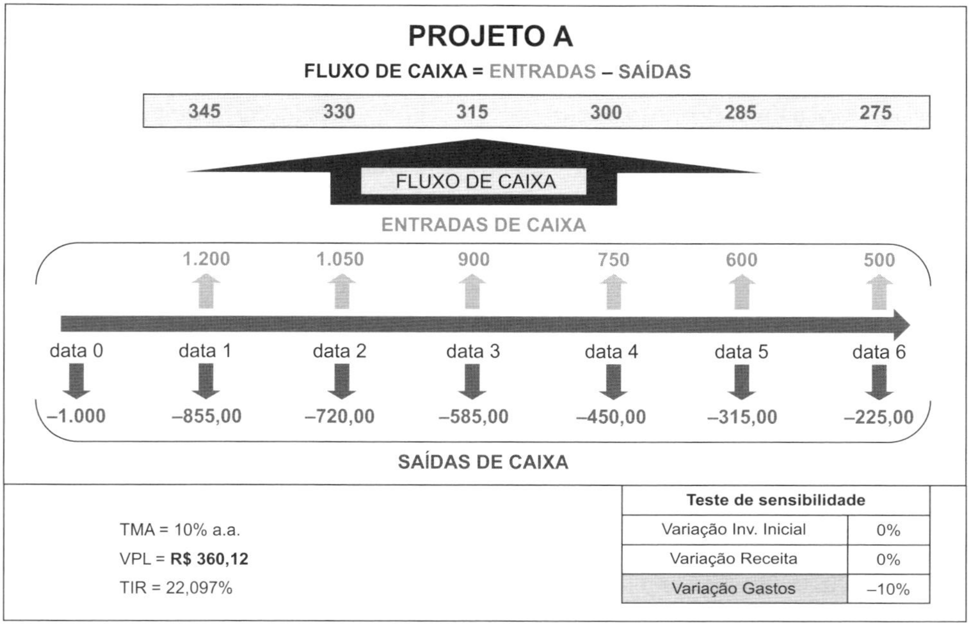

PROJETO A
FLUXO DE CAIXA = ENTRADAS – SAÍDAS
345 330 315 300 285 275
FLUXO DE CAIXA
ENTRADAS DE CAIXA
1.200 1.050 900 750 600 500
data 0 data 1 data 2 data 3 data 4 data 5 data 6
–1.000 –855,00 –720,00 –585,00 –450,00 –315,00 –225,00
SAÍDAS DE CAIXA
TMA = 10% a.a.
VPL = R$ 360,12
TIR = 22,097%
Teste de sensibilidade
Variação Inv. Inicial 0%
Variação Receita 0%
Variação Gastos –10%

TIR: Taxa Interna de Retorno; **TMA:** Taxa Mínima de Atratividade; **VPL:** Valor Presente Líquido.

Figura 27.49 **Resultado do Valor Presente Líquido e da Taxa Interna de Retorno do projeto A com variação de -20% nos Gastos.**

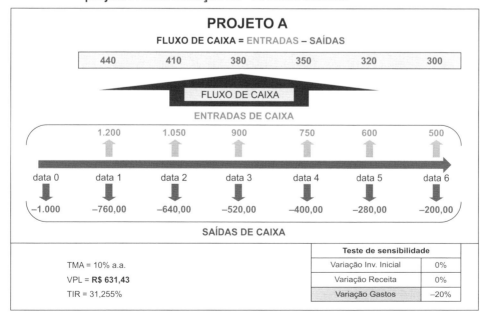

PROJETO A
FLUXO DE CAIXA = ENTRADAS – SAÍDAS
440 410 380 350 320 300
FLUXO DE CAIXA
ENTRADAS DE CAIXA
1.200 1.050 900 750 600 500
data 0 data 1 data 2 data 3 data 4 data 5 data 6
–1.000 –760,00 –640,00 –520,00 –400,00 –280,00 –200,00
SAÍDAS DE CAIXA
TMA = 10% a.a.
VPL = R$ 631,43
TIR = 31,255%
Teste de sensibilidade
Variação Inv. Inicial 0%
Variação Receita 0%
Variação Gastos –20%

TIR: Taxa Interna de Retorno; **TMA:** Taxa Mínima de Atratividade; **VPL:** Valor Presente Líquido.

268 | **CAPÍTULO 27** Ferramentas para Análise de Viabilidade Econômico-Financeira
de Projetos de Investimentos

Os resultados das variações aplicadas ao investimento inicial, às receitas e aos gastos do projeto A estão resumidos no Quadro 27.7.

Quadro 27.7 Resumo dos resultados da análise de sensibilidade do projeto A.

Variação Investimento Inicial		
Variação	**VPL**	**TIR**
20%	−R$ 111,18	6,774%
10%	−R$ 11,18	9,652%
0%	R$ 88,82	12,978%
−10%	R$ 188,82	16,885%
−20%	R$ 288,82	21,569%
Variação	**R$ 400,00**	**14,795%**

Variação Receita		
Variação	**VPL**	**TIR**
20%	R$ 849,20	37,726%
10%	R$ 469,01	25,481%
0%	R$ 88,82	12,978%
−10%	−R$ 291,38	0,000%
−20%	−R$ 671,57	−13,897%
Variação	**R$ 1.520,77**	**51,623%**

Variação Gastos		
Variação	**VPL**	**TIR**
20%	−R$ 453,80	−5,186%
10%	−R$ 182,49	3,889%
0%	R$ 88,82	12,978%
−10%	R$ 360,12	22,097%
−20%	R$ 631,43	31,255%
Variação	**R$ 1.085,23**	**36,441%**

TIR: Taxa Interna de Retorno; **VPL:** Valor Presente Líquido.

Conforme pode ser observado no Quadro 27.7 com os resultados resumidos da análise de sensibilidade do projeto A, uma variação de +20% e +10% no investimento inicial proporcionou um VPL negativo, igual a −R$ 111,18 e −R$ 11,18, e uma TIR de 6,774 e 9,652%, respectivamente. Já os resultados a partir da variação de −10% e −20% do investimento inicial foram positivos, sendo o VPL de R$ 188,82 e R$ 288,82 e a TIR de 16,885 e 21,569%, respectivamente. Sendo assim, é possível afirmar que um aumento de apenas 10% no investimento inicial já é suficiente para deixar o projeto A inviável. Por fim, analisando a amplitude dos resultados do VPL e da TIR a partir da variação de +20% e de −20% no valor do investimento inicial, obtiveram-se os resultados R$ 400,00 e 14,795%, respectivamente.

Já analisando a variação da receita, constata-se que a redução de −20% na receita proporciona um VPL negativo −R$ 671,57, enquanto a TIR foi de −13,897%. Por outro lado, um aumento de +20% na receita proporciona um VPL de R$ 849,20 e uma TIR de 37,726%. Assim, a amplitude da variação do VPL e da TIR a partir dessas variações na receita foi de R$ 1.520,77 e de 51,623%, respectivamente.

Finalmente, analisando a variação dos gastos, é possível observar, por meio do Quadro 27.7, que um aumento de 20% nos gastos gerou um VPL de −R$ 453,80 e uma TIR de −5,186%. Enquanto isso, uma redução de 20% nos gastos proporcionou um VPL de R$ 631,43 e uma TIR de 31,255%. A amplitude da variação do VPL e da TIR a partir dessas variações na receita foi de R$ 1.085,23 e de 36,441%, respectivamente.

Com esses resultados, é possível afirmar que o projeto A é mais sensível às variações ocorridas na Receita, pois a amplitude da variação do VPL e da TIR, quando aplicadas as variações de +20% e de −20% na Receita, foi maior nesse caso. A segunda variável em que o projeto A apresenta maior sensibilidade é a variação dos gastos, e, finalmente, a variação no investimento inicial. Sendo assim, ao analisar esse projeto, os gestores precisam estar mais atentos e verificar com mais detalhes a confiabilidade da projeção das receitas, pois uma pequena redução das receitas já é suficiente para tornar o projeto A inviável.

Na sequência, será apresentada a análise de sensibilidade aplicada ao projeto D. A interpretação e a análise dos resultados devem seguir a mesma lógica apresentada ao projeto A. As variações também estão seguindo a variação de +20%, +10%, nenhuma variação, −10% e −20% nos investimentos iniciais, nas receitas e nos gastos. Por meio das Figuras 27.50 a 27.54, é possível verificar os resultados apresentados pelas variações aplicadas ao investimento inicial do projeto D.

Figura 27.50 **Resultado do Valor Presente Líquido e da Taxa Interna de Retorno do projeto D com variação de +20% no investimento inicial.**

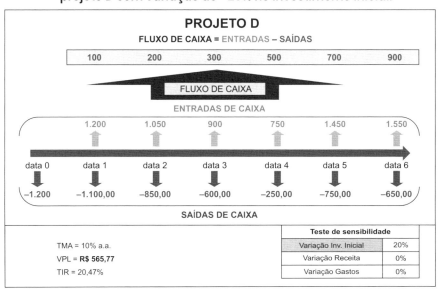

TIR: Taxa Interna de Retorno; **TMA:** Taxa Mínima de Atratividade; **VPL:** Valor Presente Líquido.

Figura 27.51 Resultado do Valor Presente Líquido e da Taxa Interna de Retorno do projeto D com variação de +10% no investimento inicial.

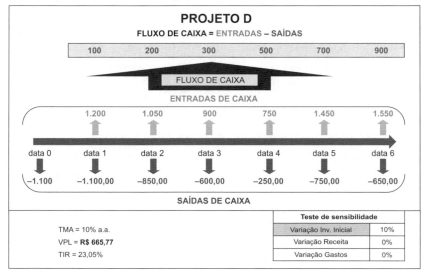

TIR: Taxa Interna de Retorno; **TMA:** Taxa Mínima de Atratividade; **VPL:** Valor Presente Líquido.

Figura 27.52 Resultado do Valor Presente Líquido e da Taxa Interna de Retorno do projeto D sem nenhuma variação no investimento inicial.

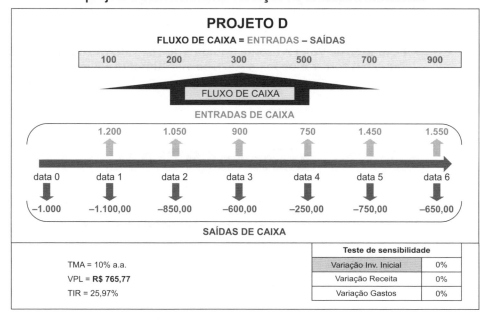

TIR: Taxa Interna de Retorno; **TMA:** Taxa Mínima de Atratividade; **VPL:** Valor Presente Líquido.

Figura 27.53 Resultado do Valor Presente Líquido e da Taxa Interna de Retorno do projeto D com variação de -10% no investimento inicial.

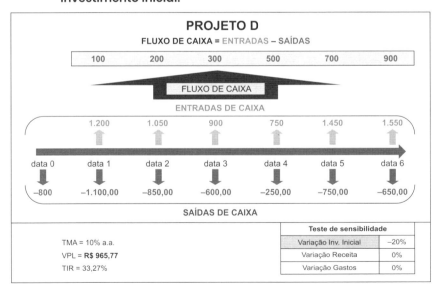

TIR: Taxa Interna de Retorno; **TMA:** Taxa Mínima de Atratividade; **VPL:** Valor Presente Líquido.

Figura 27.54 Resultado do VPL e da TIR do projeto D com variação de -20% no investimento inicial.

TIR: Taxa Interna de Retorno; **TMA:** Taxa Mínima de Atratividade; **VPL:** Valor Presente Líquido.

Assim como ocorreu na análise do projeto A, optei por analisar os resultados das variações no investimento inicial, nas receitas e nos gastos, ao final da exposição dos resultados, por meio do Quadro 27.8.

Nas Figuras 27.55 a 27.59 serão apresentados os resultados do VPL e da TIR do projeto D, a partir das variações na Receita.

Figura 27.55 Resultado do Valor Presente Líquido e da Taxa Interna de Retorno do projeto D com variação de +20% na Receita.

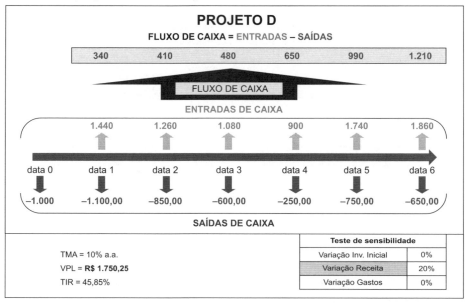

TIR: Taxa Interna de Retorno; **TMA:** Taxa Mínima de Atratividade; **VPL:** Valor Presente Líquido.

Figura 27.56 Resultado do Valor Presente Líquido e da Taxa Interna de Retorno do projeto D com variação de +10% na Receita.

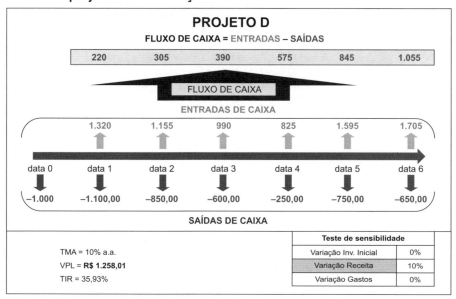

TIR: Taxa Interna de Retorno; **TMA:** Taxa Mínima de Atratividade; **VPL:** Valor Presente Líquido.

Figura 27.57 Resultado do Valor Presente Líquido e da Taxa Interna de Retorno do projeto D sem nenhuma variação na Receita.

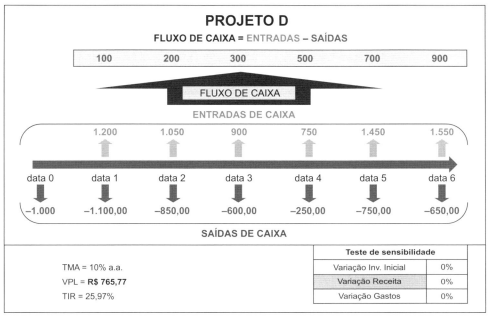

TIR: Taxa Interna de Retorno; TMA: Taxa Mínima de Atratividade; VPL: Valor Presente Líquido.

Figura 27.58 Resultado do Valor Presente Líquido e da Taxa Interna de Retorno do projeto D com variação de -10% na Receita.

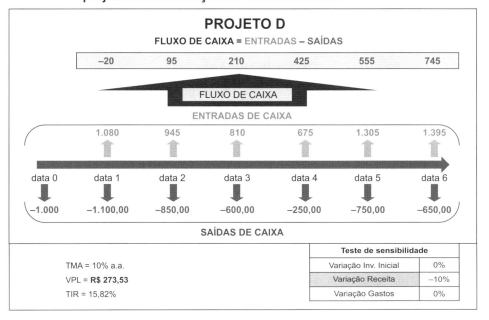

TIR: Taxa Interna de Retorno; TMA: Taxa Mínima de Atratividade; VPL: Valor Presente Líquido.

Figura 27.59 Resultado do Valor Presente Líquido e da Taxa Interna de Retorno do projeto D com variação de -20% na Receita.

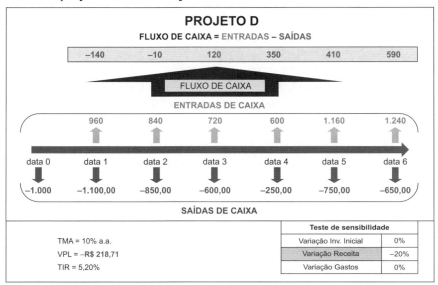

TIR: Taxa Interna de Retorno; **TMA:** Taxa Mínima de Atratividade; **VPL:** Valor Presente Líquido.

Já nas Figuras 27.60 a 27.64 serão apresentados os resultados do VPL e da TIR a partir das variações nos Gastos.

Figura 27.60 Resultado do Valor Presente Líquido e da Taxa Interna de Retorno do projeto D com variação de +20% nos Gastos.

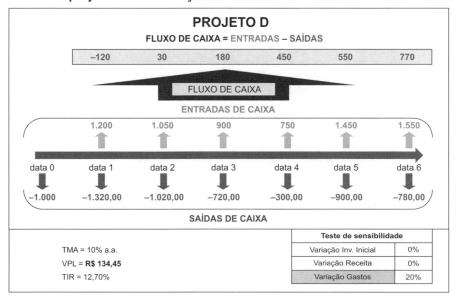

TIR: Taxa Interna de Retorno; **TMA:** Taxa Mínima de Atratividade; **VPL:** Valor Presente Líquido.

Figura 27.61 **Resultado do Valor Presente Líquido e da Taxa Interna de Retorno do projeto D com variação de +10% nos Gastos.**

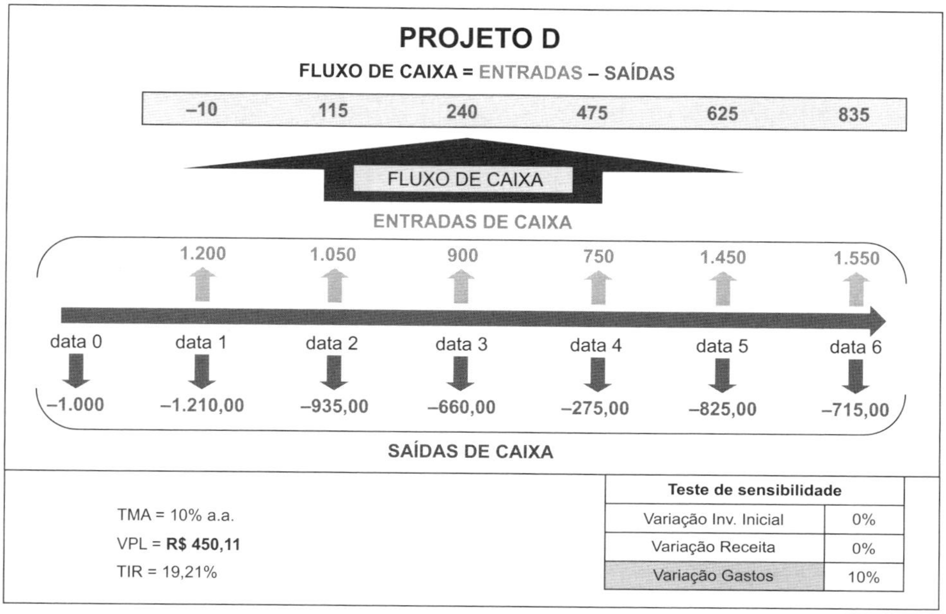

PROJETO D
FLUXO DE CAIXA = ENTRADAS – SAÍDAS
–10
115
240
475
625
835
FLUXO DE CAIXA
ENTRADAS DE CAIXA
1.200
1.050
900
750
1.450
1.550
data 0
data 1
data 2
data 3
data 4
data 5
data 6
–1.000
–1.210,00
–935,00
–660,00
–275,00
–825,00
–715,00
SAÍDAS DE CAIXA
TMA = 10% a.a.
VPL = R$ 450,11
TIR = 19,21%
Teste de sensibilidade
Variação Inv. Inicial
0%
Variação Receita
0%
Variação Gastos
10%

TIR: Taxa Interna de Retorno; **TMA:** Taxa Mínima de Atratividade; **VPL:** Valor Presente Líquido.

Figura 27.62 **Resultado do Valor Presente Líquido e da Taxa Interna de Retorno do projeto D sem nenhuma variação nos Gastos.**

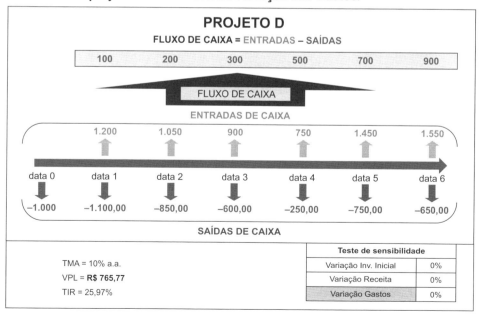

PROJETO D
FLUXO DE CAIXA = ENTRADAS – SAÍDAS
100
200
300
500
700
900
FLUXO DE CAIXA
ENTRADAS DE CAIXA
1.200
1.050
900
750
1.450
1.550
data 0
data 1
data 2
data 3
data 4
data 5
data 6
–1.000
–1.100,00
–850,00
–600,00
–250,00
–750,00
–650,00
SAÍDAS DE CAIXA
TMA = 10% a.a.
VPL = R$ 765,77
TIR = 25,97%
Teste de sensibilidade
Variação Inv. Inicial
0%
Variação Receita
0%
Variação Gastos
0%

TIR: Taxa Interna de Retorno; **TMA:** Taxa Mínima de Atratividade; **VPL:** Valor Presente Líquido.

Figura 27.63 Resultado do Valor Presente Líquido e da Taxa Interna de Retorno do projeto D com variação de −10% nos Gastos.

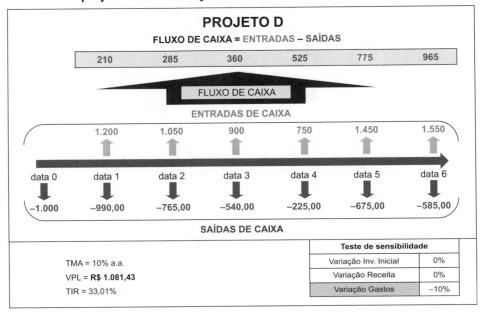

TIR: Taxa Interna de Retorno; **TMA:** Taxa Mínima de Atratividade; **VPL:** Valor Presente Líquido.

Figura 27.64 Resultado do Valor Presente Líquido e da Taxa Interna de Retorno do projeto D com variação de −20% nos Gastos.

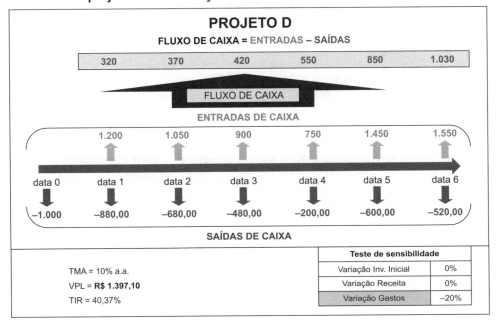

TIR: Taxa Interna de Retorno; **TMA:** Taxa Mínima de Atratividade; **VPL:** Valor Presente Líquido.

Os resultados das variações aplicadas ao investimento inicial, às receitas e aos gastos do projeto D estão resumidos no Quadro 27.8.

Quadro 27.8 Resumo dos resultados da análise de sensibilidade do projeto D.

Variação Investimento Inicial		
Variação	VPL	TIR
20%	R$ 565,77	20,470%
10%	R$ 665,77	23,050%
0%	R$ 765,77	25,970%
-10%	R$ 865,77	29,330%
-20%	R$ 965,77	33,270%
Variação	**R$ 400,00**	**12,800%**

Variação Receita		
Variação	VPL	TIR
20%	R$ 1.750,25	45,850%
10%	R$ 1.258,01	35,930%
0%	R$ 765,77	25,970%
-10%	R$ 273,53	15,820%
-20%	-R$ 218,71	5,200%
Variação	**R$ 1.968,96**	**40,650%**

Variação Gastos		
Variação	VPL	TIR
20%	R$ 134,45	12,700%
10%	R$ 450,11	19,210%
0%	R$ 765,77	25,970%
-10%	R$ 1.081,43	33,010%
-20%	R$ 1.397,10	40,370%
Variação	**R$ 1.262,65**	**27,670%**

TIR: Taxa Interna de Retorno; **VPL:** Valor Presente Líquido.

Conforme pode ser observado no Quadro 27.8, referente aos resultados da análise de sensibilidade do projeto D, todas as variações aplicadas ao investimento inicial (+20%, +10%, 0, −10% e −20%) apresentaram como resultado VPL positivo, que variou de R$ 565,77 (+20%) a R$ 965,77 (−20%). Essa variação proporcionou a TIR variando de 20,470% (+20%) a 33,270% (−20%). Com isso, a amplitude da variação do VPL foi de R$ 400,00 e a da TIR foi de 12,800% entre os resultados da análise de sensibilidade de +20% e de −20% no valor do investimento inicial.

278 | **CAPÍTULO 27** Ferramentas para Análise de Viabilidade Econômico-Financeira
de Projetos de Investimentos

Já analisando a variação da receita, constata-se que a redução de −20% na receita proporciona um VPL negativo −R$ 218,71, enquanto a TIR foi de 5,200%. Por outro lado, um aumento de +20% na receita proporciona um VPL de R$ 1.750,25 e uma TIR de 45,850%. Assim, a amplitude da variação do VPL e da TIR a partir dessas variações na receita foi de R$ 1.968,96 e de 40,650%, respectivamente.

Finalmente, analisando a variação dos gastos, é possível observar, por meio do Quadro 27.8, que um aumento de 20% nos gastos gerou um VPL de R$ 1.397,10 e uma TIR de 40,370%. Enquanto isso, uma redução de 20% nos gastos proporcionou um VPL de R$ 134,45 e uma TIR de 12,700%. Assim, a amplitude da variação do VPL e da TIR a partir dessas variações na receita foi de R$ 1.262,65 e de 27,670%, respectivamente.

Com esses resultados, é possível afirmar que o projeto D é mais sensível às variações ocorridas na receita, pois a variação do VPL e da TIR, quando aplicadas as variações de +20% e de −20% na receita, foi maior nesse caso. A segunda variável em que o projeto A apresenta maior sensibilidade é a variação nos gastos, e, finalmente, a variação no investimento inicial. Sendo assim, ao analisar esse projeto, os gestores também precisam estar mais atentos e verificar com mais detalhes a confiabilidade da projeção das receitas, pois uma pequena variação das receitas proporciona maior variação no resultado do projeto D.

Ao comparar os projetos A e D, é possível verificar que o projeto D, além de proporcionar resultados maiores que o projeto A, também tem menos influência pelas variações no investimento inicial, nas receitas e nos gastos. Das análises realizadas, somente a redução da Receita em −20% proporcionou VPL negativo. Todas as demais variações aplicadas ao investimento inicial e aos gastos proporcionaram VPL positivos.

Na sequência será apresentada a análise de cenários, que é complementar à análise de sensibilidade.

27.6 Análise de cenários

O último conteúdo a ser apresentado neste capítulo é a análise de cenários. Essa análise complementa a análise de sensibilidade, pois, a partir da identificação da variável ou das variáveis que têm maior potencial de influenciar os resultados de um projeto, é possível criar cenários a partir das projeções realizadas.

O número de cenários e os critérios para elaborá-los podem ser variados, mas de maneira simples e objetiva, a partir do projeto elaborado, sugere-se trabalhar com um cenário inferior e outro mais arrojado. Assim, serão utilizados três cenários: pessimista, intermediário e otimista.

Com a elaboração desses cenários, deve-se, a partir da variável ou das variáveis de maior sensibilidade do projeto em análise, considerar uma situação inferior à projetada. Por exemplo, assumindo que a variável sensível do projeto seja a receita, considerar uma variação negativa na receita reduzindo os resultados do projeto, sendo esse o cenário pessimista. Posteriormente, considerar uma variação positiva na receita e denominá-ia "cenário otimista". O cenário intermediário, geralmente, é o projetado.

Para exemplificar essa análise, também serão utilizados os projetos A e D. Antes de elaborar os cenários, cabe lembrar que, para ambos os projetos, entre as variáveis analisadas na sensibilidade, foi identificado que a receita é a variável mais sensível. Sendo assim, para a elaboração dos cenários, considerará a variação nessa variável.

Para o cenário pessimista será considerada uma redução de 15% na receita; o cenário intermediário não terá variação, considerando os valores projetados; e para o cenário otimista será considerada uma variação positiva de 15% na receita. Optei por trabalhar com a variação de 15%, por se tratar de um valor intermediário entre os 10 e 20% utilizados na análise de sensibilidade. Esse percentual pode ser selecionado a partir da confiabilidade que se tem nos valores projetados. Se a projeção for feita a partir de dados históricos e de mais confiabilidade, é possível trabalhar com percentual menor. Portanto, se os dados projetados forem menos confiáveis, é indicado trabalhar com percentuais de variação mais elevados. Os resultados do VPL e da TIR do projeto A para os cenários pessimista, intermediário e otimista podem ser visualizados por meio das Figuras 27.65 a 27.67.

Figura 27.65 Resultado do projeto A para o cenário pessimista (-15% na receita).

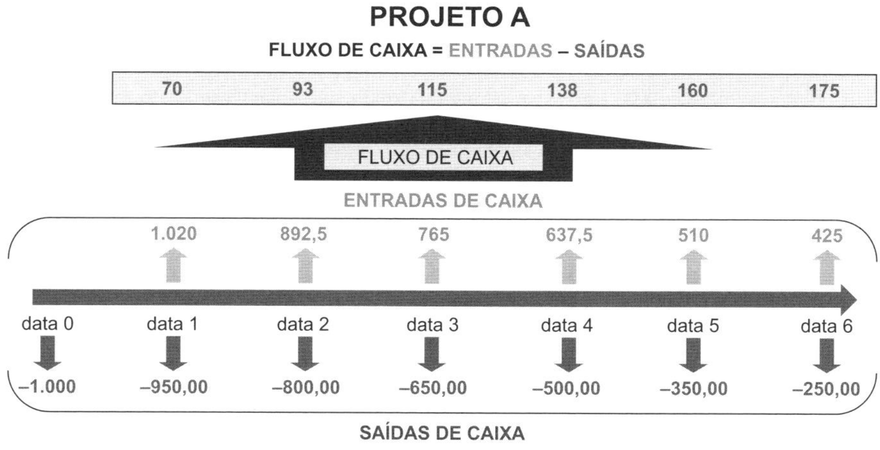

Teste de sensibilidade	
Variação Inv. Inicial	0%
Variação Receita	–15%
Variação Gastos	0%

TIR: Taxa Interna de Retorno; **TMA:** Taxa Mínima de Atratividade; **VPL:** Valor Presente Líquido.

Figura 27.66 Resultado do projeto A para o cenário intermediário (sem variação na receita).

TIR: Taxa Interna de Retorno; **TMA:** Taxa Mínima de Atratividade; **VPL:** Valor Presente Líquido.

Figura 27.67 Resultado do projeto A para o cenário otimista (+15% na receita).

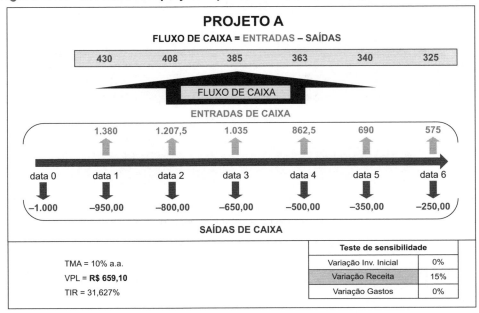

TIR: Taxa Interna de Retorno; **TMA:** Taxa Mínima de Atratividade; **VPL:** Valor Presente Líquido.

Analisando o projeto A por meio dos resultados apresentados nos cenários pessimista, intermediário e otimista, que foram resumidos no Quadro 27.9, é possível dizer que o projeto A tende a ser inviável, pois o resultado do VPL no cenário pessimista é negativo (−R$ 481,47), enquanto a TIR é de −6,790%. O resultado desse projeto, mesmo no cenário intermediário, não é tão expressivo.

Quadro 27.9 Resultados do Valor Presente Líquido e da Taxa Interna de Retorno dos cenários analisados do projeto A.

CENÁRIO	Variação Receita VPL	TIR
Otimista	R$ 659,10	31,627%
Intermediário	R$ 88,82	12,978%
Pessimista	−R$ 481,47	−6,790%
Variação	**R$ 1.140,57**	**38,417%**

TIR: Taxa Interna de Retorno; VPL: Valor Presente Líquido.

Na sequência estão apresentados, por meio das Figuras 27.68 a 27.70, os resultados do projeto D para os cenários pessimista, intermediário e otimista.

Figura 27.68 Resultado do projeto D para o cenário pessimista (−15% na receita).

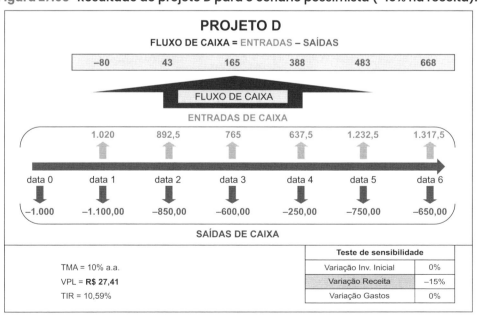

TIR: Taxa Interna de Retorno; TMA: Taxa Mínima de Atratividade; VPL: Valor Presente Líquido.

Figura 27.69 Resultado do projeto D para o cenário intermediário (sem variação).

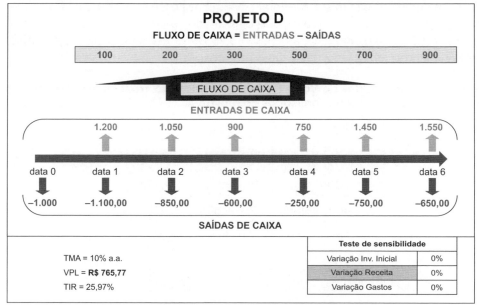

TIR: Taxa Interna de Retorno; TMA: Taxa Mínima de Atratividade; VPL: Valor Presente Líquido.

Figura 27.70 Resultado do projeto D para o cenário otimista (+15% na receita).

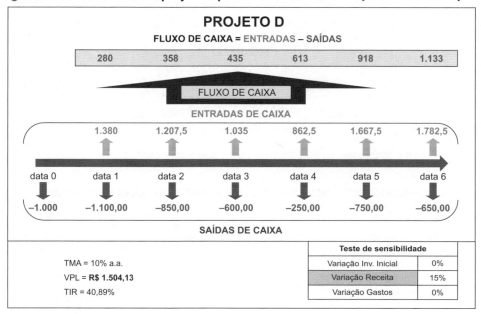

TIR: Taxa Interna de Retorno; TMA: Taxa Mínima de Atratividade; VPL: Valor Presente Líquido.

Analisando o projeto D por meio dos resultados apresentados nos cenários pessimista, intermediário e otimista, que foram resumidos no Quadro 27.10, é possível dizer que o projeto D é viável, pois o resultado do VPL se mostrou positivo em todos os cenários analisados. Mesmo no cenário pessimista, apesar de ser pouco representativo, o resultado do projeto ainda se mostrou positivo (R$ 27,41) e a TIR igual a 10,59%.

Quadro 27.10 **Resultados do Valor Presente Líquido e da Taxa Interna de Retorno dos cenários analisados do projeto D.**

Variação Receita		
CENÁRIO	**VPL**	**TIR**
Otimista	R$ 1.504,13	40,490%
Intermediário	R$ 765,77	25,970%
Pessimista	R$ 27,41	10,590%

Variação	**R$ 1.476,72**	**29,900%**

TIR: Taxa Interna de Retorno; **VPL:** Valor Presente Líquido.

Para finalizar, é importante ser destacado que para a análise de cenários é usual considerar a probabilidade de acontecer cada um dos cenários utilizados. Com essa probabilidade estimada, é possível calcular o VPL esperado para o projeto. Para esse cálculo, basta multiplicar o VPL de cada cenário pela respectiva probabilidade e depois somar os resultados. Fazendo esse cálculo, na prática, será calculada a média ponderada do VPL, sendo os pesos, as probabilidades.

ATIVIDADE MÃO NA MASSA — Análise de Investimentos

A partir do conteúdo que já fora apresentado neste livro, resolva os exercícios de fixação a seguir. Após resolver os exercícios, você poderá acessar as videoaulas em que eu corrijo cada exercício, explicando-os. Essas videoaulas estarão disponíveis a partir do QR Code disponível logo após a lista de exercícios.

Lista de exercícios

Para resolver esses exercícios sobre viabilidade econômico-financeira de um projeto de investimento, você poderá utilizar as planilhas eletrônicas que disponibilizei como material complementar do livro e que podem ser acessadas pelo QR Code a seguir.

CAPÍTULO 27 Ferramentas para Análise de Viabilidade Econômico-Financeira de Projetos de Investimentos

Acesse as planilhas eletrônicas para analisar a viabilidade econômico-financeira de projetos de investimento.

uqr.to/1wdh4

Exercício 1

A empresa Café Gostoso, que é uma grande produtora de café na região de Viçosa, está planejando adquirir uma nova máquina para colheita do café. Essa máquina irá reduzir um total de 15.000 horas/homem de trabalho por ano. Assumindo que a hora trabalhada pelo pessoal que faz a colheita do café seja de R$ 15,00; que o valor do investimento a ser realizado na máquina é de R$ 200.000,00 e que esta tem uma vida útil de 5 anos; que no final desse período a máquina pode ser vendida por 10% do valor de compra; que o custo anual de manutenção da máquina é de R$ 120.000,00, incluindo o salário do operador, bem como gasto de combustível, além de outros; e que a empresa tem a TMA de 12% a.a., calcule o VPL e a TIR do projeto e comente sobre a viabilidade financeira da compra dessa máquina por parte da empresa.

Exercício 2

Uma empresa está avaliando a compra de um carro para execução de serviços administrativos por um período de 24 meses. O custo de oportunidade da empresa é de 1,5% a.m. Após uma cotação nas locadoras da cidade, verificou-se que o valor do aluguel mensal líquido do IR é de R$ 999,00. O valor da compra do veículo novo e das demais despesas do veículo é apresentado no quadro a seguir.

Custo de aquisição do veículo	R$ 29.900,00
Valor de revenda no final do 2º ano	R$ 20.000,00

Licenciamento/Seguros		
	Licenciamento	Seguro do veículo
Data da compra	R$ 1.200,00	R$ 1.900,00
Em 12 meses	R$ 930,00	R$ 1.450,00
Em 24 meses	R$ 730,00	R$ 0,00

Despesa de manutenção – Média mensal	
1º ano	R$ 200,00
2º ano	R$ 250,00

Calcule a viabilidade econômico-financeira da compra desse veículo. Para isso, calcule o VPL e a TIR.

Exercício 3

A transportadora Caminhões Brasil está avaliando a compra de um caminhão por R$ 235.000,00. O veículo será usado durante 5 anos e ao final do período será revendido por R$ 29.000,00. A empresa estima um custo anual de manutenção, combustível etc. de R$ 96.000,00, no primeiro ano, crescendo esse gasto aproximadamente 10% ao ano. Segundo a avaliação da empresa, são esperados benefícios de caixa gerados pelo caminhão de R$ 240.000,00, R$ 220.000,00, R$ 192.000,00, R$ 160.000,00 e R$ 144.000,00, respectivamente, nos próximos 5 anos. Para um custo de capital de 10% a.a., demonstre se é economicamente interessante a compra do caminhão. Para isso, calcule o VPL e a TIR.

Exercício 4

A fábrica de móveis Móveis Bonitos estuda a possibilidade de comprar uma máquina por R$ 250.000,00 para reduzir seus gastos com mão de obra. Atualmente, a empresa gasta R$ 113.000,00 por ano com mão de obra. Se a máquina for instalada, os custos de mão de obra baixarão para R$ 30.000,00 anuais. Os custos de energia e manutenção são estimados em R$ 20.000,00 por ano. A compra da máquina ocasionará um aumento de Imposto de Renda de R$ 10.000,00 anuais pela diminuição dos custos dedutíveis. Se a TMA da empresa for de 12% a.a. e a máquina tiver uma vida útil de 5 anos e valor residual nulo, calcule a viabilidade econômica da compra da máquina. Para isso, calcule o VPL e a TIR.

Exercício 5

Uma empresa estuda a possibilidade de fabricar, durante os próximos 5 anos, um dos produtos que utiliza como matéria-prima em seu processo de fabricação. Uma análise mostrou que, para fabricar 10 mil peças por ano, seria necessário um investimento inicial de R$ 170.000,00, com geração de custos totais de R$ 95.000,00/ano. Se a fabricação for terceirizada, o preço de compra será de R$ 15,20/unidade. Considerando que a empresa tem um custo de oportunidade de 10% a.a., analise a viabilidade financeira desse processo de fabricação. Para isso, calcule o VPL e a TIR

Exercício 6

A empresa Café Gostoso está planejando adquirir uma nova máquina para colheita do café. Com a aquisição dessa máquina, haverá a redução de 1.300 horas/homem de trabalho por mês na empresa. Assumindo que o valor do investimento na máquina seja de R$ 252.000,00 e que esta tem uma vida útil de 5 anos; que no final desse período a máquina terá um valor residual de R$ 55.000,00; que o custo mensal da máquina será de R$ 1.200,00 para pagamento do salário do operador, além do gasto de R$ 2.000,00 de combustível e manutenção; e que a empresa tem a TMA de

15% a.a., calcule o valor da hora/homem que poderá ser entendido como valor de "corte" para a decisão da compra dela. Ou seja, considerando um valor da hora trabalhada acima desse valor, passa a valer a pena a compra da máquina, e um valor menor do que ele faz com que esse investimento deixe de ser interessante.

Exercício 7

Uma empresa do ramo de transporte está avaliando a viabilidade de comprar um veículo para alugar para o *Campus* de Viçosa da Universidade Federal de Viçosa (UFV). Após vários estudos, a empresa chegou aos seguintes gastos que ela terá com o referido veículo:

Custo de aquisição do veículo		R$ 52.000,00
Valor de revenda no final do 2º ano		R$ 13.400,00
Licenciamento/Seguros		
	Licenciamento	Seguro do veículo
Data da compra	R$ 2.500,00	R$ 1.300,00
Final do 12º mês	R$ 1.800,00	R$ 1.300,00
Final do 24º mês	R$ 1.200,00	–

Além desses gastos, a empresa estimou um gasto mensal de R$ 250,00 com manutenção do veículo a partir do final do 5º mês até a data de sua revenda. Considerando que a empresa tem um custo de oportunidade de capital de 2% a.m., calcule o valor mensal mínimo do aluguel do veículo que essa empresa pode utilizar na negociação com a Universidade. Ou seja, calcule o valor mensal do aluguel no qual o investimento seja indiferente para a empresa. Considere apenas o resultado econômico-financeiro em sua análise.

Exercício 8

Um projeto de investimento comercial apresenta as seguintes estimativas de investimentos, entradas e saídas de caixa: para a implementação no negócio, haverá investimento inicial de R$ 78.000,00; deste valor, 50% serão utilizados para compra de máquinas, às quais tem um valor residual de 25% e uma vida útil estimada de 5 anos. Ou seja, do total do dinheiro investido em máquinas, 25% será recuperado no final de 5 anos. Do total do investimento inicial, 40% serão utilizados para a compra de estoques, que serão recuperados em 5 anos, acrescidos dos 8%. Ou seja, o valor que for investido em estoques será valorizado em 8% no período de 5 anos do projeto. Os outros 10% do investimento serão utilizados para reformas e manutenções, e não têm valor residual. As entradas de caixa, que são resultado das vendas, estão estimadas em R$ 5.200,00 por mês, líquidas de impostos. As saídas de caixa, que são referentes aos custos dos produtos vendidos, estão estimadas em R$ 3.850,00 por mês. Considerando uma TMA de 10% ao semestre, comente sobre a viabilidade econômico-financeira do projeto.

Exercício 9

Um posto de combustível está avaliando a compra de um caminhão para substituir o transporte terceirizado de combustível praticado atualmente. O caminhão será comprado por um valor de R$ 450.000,00 e estima-se a sua venda em 4 anos por R$ 250.000,00 (valor residual). Para manutenção do veículo, foi estimado um gasto de R$ 3.000,00 a cada dois bimestres. O gasto com salário do motorista será de R$ 10.000,00 mensais e o custo de documentação e licenciamento será de R$ 5.000,00 no último mês de cada ano. Considerando que o custo de combustível de cada viagem é de R$ 1.500,00, que é prevista a realização de 15 viagens mensais e que a TMA é de 1,25% a.m., calcule o valor do frete que torna indiferente esse investimento.

Exercício 10

Analise os investimentos apresentados a seguir e indique a Roberto aquele que você considera o mais apropriado para investir o dinheiro dele. Considere que Roberto tem uma quantia de R$ 100.000,00 disponível para efetuar um investimento e que a TMA desse investidor é de 2% a.m.

Opção A: Investir todo o valor disponível na compra de um caminhão que poderá ser alugado para uma transportadora nas seguintes condições: em média, o caminhão irá rodar 500 quilômetros por dia em cada um dos 30 dias do mês. Ou seja, o referido caminhão irá rodar em média 15.000 quilômetros por mês. Para cada quilômetro rodado, a transportadora remunera em R$ 0,85, descontado o combustível, que será pago pela transportadora. No entanto, a manutenção mensal de R$ 3.000,00 e o pagamento do motorista no valor de R$ 4.000,00 deverão ser pagos pelo proprietário do caminhão. Considere também que ao final de 5 anos o caminhão será vendido por R$ 18.000,00.

Opção B: Investir todo o valor disponível na compra de uma lanchonete que funciona no *Campus* de Viçosa, da UFV. Do total dos R$ 100.000,00 investidos na lanchonete, 70% serão utilizados para a compra de estoques, os quais serão valorizados em 40% em 5 anos. O restante do investimento será utilizado para pagamento do ponto e para compra de bens de consumo que terão valor residual nulo no final dos 5 anos analisados. A lanchonete terá um faturamento médio mensal de R$ 10.348,56, e os gastos mensais para reposição das mercadorias vendidas, com funcionários, com energia elétrica e com água serão de R$ 5.300,00.

Acesse as videoaulas de correção da "Atividade mão na massa – Análise de investimentos".
Correção dos Exercícios 1 a 10.

uqr.to/1wdh5

CAPÍTULO 28
Metodologias Ágeis de Planejamento e Execução

Trabalhar o planejamento das empresas, conforme já comentei, geralmente é trabalhoso e o resultado não é imediato. Com isso, muitos gestores acabam deixando de focar nessa atividade que é tão importante para o futuro dos negócios. Essa falta de planejamento é comum tanto em empresas já consolidadas quanto em empresas que estão iniciando suas atividades, assim como em empresas de segmentos tradicionais e em empresas de base tecnológica.

Para as empresas que atuam em segmentos tradicionais, elaborar o planejamento estratégico, o orçamento empresarial e analisar a viabilidade econômico-financeira de projetos geralmente fazem sentido e contribuem sobremaneira para a sustentabilidade das empresas.

Portanto, para as empresas que trabalham com base tecnológica, como as *startups*, e para aquelas que trabalham em negócios inovadores, como há mudanças constantes no negócio, trabalhar com processos de planejamento mais complexos geralmente é inviável e ineficiente.

Sendo assim, irei dedicar este último capítulo do livro para apresentar e detalhar duas metodologias ágeis de planejamento e execução que podem ser utilizadas pelas empresas, mesmo por aquelas que atuam em negócios com grandes mudanças, pois têm abordagem prática e de fácil adaptação. Porém, mesmo para aquelas empresas que atuam em segmentos tradicionais, se os gestores entenderem que o detalhamento apresentado por essas metodologias é útil ao negócio, pode ser interessante, principalmente para auxiliar com as primeiras atividades do planejamento.

As ferramentas que serão apresentadas são o Modelo Canvas e a metodologia *startup* enxuta.

O Modelo Canvas foi desenvolvido por Alexander Osterwalder e tem como objetivo apresentar a empresa em um quadro que é dividido em nove blocos. Ao utilizarem esse quadro, as empresas conseguem visualizar, de maneira clara e concisa, o funcionamento de seu modelo de negócios, identificando oportunidades de melhoria e inovação.

Já a metodologia *startup* enxuta, proposta por Eric Ries, foca na agilidade e na aprendizagem rápida para validar hipóteses fundamentais do negócio. Baseada em princípios do Lean Manufacturing (manufatura enxuta), essa abordagem sugere a construção de produtos mínimos viáveis (MVPs) para serem testados no mercado. Por meio dessa metodologia, a empresa, sem gastar muito, consegue iniciar a venda do seu produto/serviço, medir o resultado e a aceitação dos clientes, aprender com isso, promover adaptações e, assim, melhorar de modo constante, seu modelo de negócio.

Na sequência, o Modelo Canvas será apresentado com mais detalhes.

28.1 Modelo Canvas

O Modelo Canvas é uma ferramenta de planejamento estratégico que oferece uma abordagem visual e simplificada para compreender, descrever, desafiar e inovar modelos de negócios. Por meio de nove blocos, que podem ser agrupados em quatro áreas – Cliente ("Para quem?"), Oferta ("O quê?"), Infraestrutura ("Como?") e Viabilidade Financeira ("Quanto?") –, é possível visualizar o modelo de negócio da empresa como um todo, em uma única página, conforme pode ser observado no Quadro 28.1.

Quadro 28.1 Business Model Canvas.

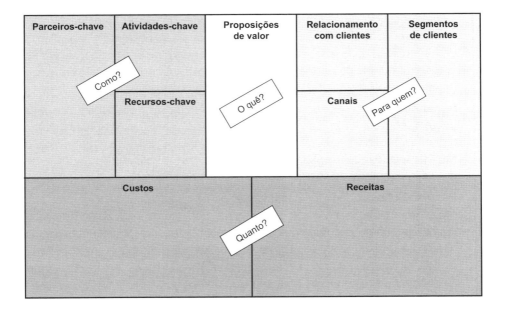

Conforme pode ser observado no Quadro 28.1, os blocos "Segmentos de clientes", "Canais" e "Relacionamento com clientes" respondem "Para quem?"; as "Proposições de valor" respondem "O quê?"; os "Recursos-chave", as "Atividades-chave" e os "Parceiros chave" respondem "Como?"; e as "Receitas" e os "Custos" respondem "Quanto?".

Para melhor entendimento do modelo de negócio da empresa, o preenchimento dos blocos deve seguir uma ordem, conforme apresentado a seguir.

1. **Segmentos de clientes:** esse bloco deve ser preenchido com os diferentes grupos de pessoas ou organizações que a empresa busca atender. Para o preenchimento, deve-se ir do geral para o específico. Ou seja, devem-se considerar os aspectos mais gerais dos possíveis clientes, por exemplo, a localização geográfica, a faixa etária, a faixa de renda, entre outros. Posteriormente, deve-se delimitar o perfil dos clientes ao ponto de definir uma persona, que seria o perfil de uma pessoa que se aproxima dos clientes potenciais do negócio.

2. **Proposições de valor:** esse bloco representa os produtos e/ou serviços que a empresa oferece aos clientes, destacando os principais benefícios que são

proporcionados. Deve-se destacar nesse bloco quais são os motivos que levam os clientes a optarem pela empresa. Exemplos de benefícios: preço, qualidade, velocidade de entrega, entre outros.

3. **Canais:** nesse bloco, devem ser indicados os meios pelos quais a empresa alcança e entrega sua proposta de valor aos clientes. São considerados canais diretos as lojas físicas e *online* e a equipe de vendas, principalmente. Já como canais indiretos estão os revendedores, atacadistas, *marketplace online*, entre outros. Atualmente, as possibilidades de canais são múltiplas e estão acessíveis a praticamente todas as empresas e segmentos.

4. **Relacionamento com clientes:** nesse bloco, deve ser detalhado como a empresa interage e se relaciona com seus clientes ao longo do tempo. Trabalhar o relacionamento com os clientes é cada vez mais importante e necessário, pois por meio dele a empresa pode receber *feedback* dos clientes e, se necessário, ajustar seus produtos e/ou serviços. Além disso, é importante destacar que o custo de conquistar novos clientes é maior que o custo de manter um cliente atual.

5. **Receitas:** nesse bloco, devem ser descritas as fontes de receita da empresa, ou seja, como a empresa ganha dinheiro. Geralmente, as empresas ganham dinheiro vendendo seus produtos e/ou serviços. No entanto, atualmente, outras formas de receita estão sendo utilizadas, como assinaturas, clubes, entre outras, a depender do segmento e do modelo de negócio.

6. **Recursos-chave:** identifica os principais ativos que são necessários para a empresa executar suas atividades e entregar a proposta de valor aos clientes. Diferentemente do que ocorria no passado, atualmente, com as diferentes possibilidades de contratação de espaços e de serviços, nem sempre a empresa precisa dispor de todos os recursos necessários para atender seus clientes. Por exemplo: a depender do tamanho da empresa e/ou do segmento de atuação, atualmente é possível que a empresa exerça suas atividades sem dispor de escritório físico. Seus funcionários podem trabalhar de maneira remota e, se houver necessidade, é possível alugar espaços físicos apenas em situações específicas, como no caso de treinamentos presenciais ou de reuniões com clientes. Além disso, por meio de parcerias, as empresas podem terceirizar etapas de seu processo de fabricação, ou, até mesmo, locar espaços de outras empresas para executarem suas atividades em horários específicos. Resumindo, há uma infinidade de possibilidades no que se refere aos recursos-chave da empresa.

7. **Atividades-chave:** nesse bloco, devem ser listadas as principais ações e processos que a empresa precisa realizar para entregar sua proposta de valor aos clientes. Geralmente, as atividades-chave estão relacionadas com as etapas necessárias à fabricação e/ou à prestação de serviços, administrativas e relacionadas às vendas. A depender da empresa, atividades como pesquisa e desenvolvimento, entre outras, também podem ser necessárias.

8. **Parcerias-chave:** nesse bloco, devem ser descritas as colaborações e as alianças estratégicas que a empresa forma para fortalecer seu modelo de negócios. São comuns parcerias com fornecedores, atacadistas, plataformas, clientes,

instituições de ensino, entre outras. Essas parcerias devem ser firmadas sempre com o objetivo de melhorar o atendimento aos clientes.

9. **Custos:** nesse bloco, devem ser listados todos os custos associados à operação do negócio, incluindo fixos e variáveis. Trabalhar os custos, conforme abordado no Módulo 3, é primordial para que a empresa consiga analisar os resultados que o negócio, ou a empresa, está proporcionando. Somente por meio desse controle a empresa terá condições de analisar se deve terceirizar ou interiorizar uma atividade, buscar parceiros para auxiliar nas etapas de atendimento aos clientes e até mesmo decidir se deve ou não descontinuar um produto e/ou serviço.

A partir do adequado preenchimento desses blocos apresentados pelo Modelo Canvas, os gestores e empreendedores conseguirão visualizar, analisar e comunicar o modelo de negócio de modo eficaz dentro de uma organização, facilitando a compreensão e o aprimoramento contínuo do negócio.

Além disso, o Modelo Canvas pode oferecer diversas vantagens para a gestão de uma empresa, como visão holística do negócio, simplicidade e clareza, incentivo à inovação e à experimentação, identificação de oportunidades e desafios, alinhamento estratégico, agilidade e resiliência, foco no cliente, gestão eficiente de recursos e compartilhamento e colaboração.

Uma análise detalhada do Modelo Canvas e da interconexão entre seus componentes é crucial para o sucesso do planejamento estratégico de uma empresa. Essa abordagem proporciona uma compreensão mais profunda do modelo de negócios e contribui para o processo de tomada de decisão.

Para finalizar, é importante destacar que, apesar de o Modelo Canvas ser valioso em muitos contextos, é importante reconhecer suas limitações e considerar a complementação com outras ferramentas e métodos, a depender das necessidades específicas e das complexidades do ambiente empresarial em questão.

Para preencher o Modelo Canvas de sua empresa, você poderá utilizar a planilha eletrônica que disponibilizei como material complementar do livro e que pode ser acessada pelo QR Code a seguir.

Acesse a planilha eletrônica para preencher o Modelo Canvas de sua empresa.

uqr.to/1wdia

Na sequência, será apresentada e detalhada a metodologia *startup* enxuta.

28.2 Metodologia *startup* enxuta

Conforme já destaquei neste livro, a transformação pela qual a sociedade está passando exige que as empresas estejam sempre alertas, analisando o mercado, os clientes e se adaptando. Somente por meio dessa constante adaptação, que deve estar orientada à satisfação dos clientes, a empresa conseguirá se manter sustentável no longo prazo. Para que essas adaptações possam acontecer, é necessário que haja uma maneira de pensar e agir que estimule ajustes dos produtos e/ou serviços, ou até mesmo do modelo de negócio, a partir dos *feedbacks* recebidos. É exatamente nesse pensar e agir que a metodologia *startup* enxuta se encaixa.

A metodologia *startup* enxuta foi apresentada no livro *A Startup Enxuta* (*The Lean Startup*), escrito por Eric Ries. Essa obra é fundamentada na aplicação de princípios do *Lean Manufacturing* (manufatura enxuta) ao desenvolvimento de *startups* e novos empreendimentos. Ries propõe uma abordagem ágil e adaptativa, visando mitigar os riscos inerentes ao processo de inovação, que deve ser uma constante nas empresas.

No entanto, apesar de a metodologia ter sua origem nas *startups* e "para novos negócios", trata-se de uma maneira de pensar e de agir que pode atender a todos os negócios, independentemente do segmento, do estágio de maturidade e do tamanho. Afinal de contas, nesse mundo contemporâneo, todas as empresas precisam inovar constantemente para se manterem sustentáveis no longo prazo. Por esse motivo, optei por incluir tal tema neste livro. Apresentarei o conteúdo do livro de maneira resumida, enfatizando apenas os conceitos que sejam relevantes a todas as empresas.

Entre os diversos conceitos apresentados pela metodologia *startup* enxuta, o principal é o conceito de MVP (Produto Mínimo Viável). Por meio de um MVP, sem necessidade de grandes investimentos, a empresa pode colocar à venda, no mercado, pequenos lotes de seu produto e/ou serviço, e, de maneira rápida, receber *feedback* dos clientes. A partir do *feedback*, novos ajustes podem ser realizados e, novamente, a venda do produto e/ou serviço no mercado. Esse processo é chamado, no livro de, "ciclo de *feedback* construir-medir-aprender".

A partir dessa dinâmica com o MVP, surgiram outros conceitos que são importantes para melhor entendimento da metodologia:

- **Feedback contínuo:** a metodologia enfatiza a obtenção de *feedback* constante dos clientes, usando-o como base para iterações e melhorias contínuas. Ou seja, a partir das iterações com os clientes, a empresa deve analisar os *feedbacks* e se adaptar às demandas do mercado, com o foco sempre em atender às expectativas dos clientes. Agindo dessa maneira, o olhar da empresa passa a ser para o cliente, e não para o produto e/ou serviço. Há casos de empresas que focam tanto em seu produto e/ou serviço, que depois de gastarem muita energia, tempo e recursos financeiros, percebem que, para atender aos clientes, o produto/serviço precisa ser adaptado. Com essa proposta de *feedback* contínuo, o tempo de resposta diminui e, consequentemente, a energia desperdiçada também.

- **Validação acelerada:** com o ciclo de *feedback* construir-medir-aprender, as empresas buscam validar suas hipóteses mais críticas de maneira rápida e eficiente. Esse processo acelera a aprendizagem e reduz o tempo entre concepção e validação de ideias, gerando, assim, economia de energia.

- **Pivô:** esse termo se refere à mudança de direção em resposta aos aprendizados obtidos. Uma empresa deve "pivotar" quando percebe que o produto e/ou serviço, ou até mesmo seu modelo de negócio, não atende às expectativas dos clientes. Nesse caso, as alterações precisam ser bruscas. Para empresas que trabalham em segmentos tradicionais, talvez o modelo de negócio possa ser o fator mais crítico. Como exemplo, irei lembrar o que a Netflix fez com as antigas locadoras de filmes. O produto continua sendo o filme, mas o modelo de negócio mudou radicalmente.

Resumindo, a metodologia *startup* enxuta enfatiza a necessidade de haver, nas empresas, uma mentalidade adaptativa, centrada nas expectativas dos clientes. Ou seja, por meio do MVP, a empresa deve obter informações, analisar os *feedbacks* e adaptar, no que for necessário. Esse processo deve ser rápido e contínuo, gerando aprendizado nas organizações que buscam inovação e agilidade em seu planejamento empresarial.

Assim, para finalizar este livro, quero deixar a mensagem de que para crescermos, tanto profissional quanto pessoalmente, devemos aprender com todos, o tempo todo. Acredito que somente com educação e conhecimento é possível alcançarmos nossos objetivos. Isso também vale para as empresas. Criem nelas a cultura pelo aprendizado contínuo.

Bibliografia

ASSAF NETO, A. **Curso de administração financeira**. São Paulo: Atlas, 2009.

BRASIL. Lei Complementar nº 155, de 27 de outubro de 2016. Altera a Lei Complementar nº 123, de 14 de dezembro de 2006, para reorganizar e simplificar a metodologia de apuração do imposto devido por optantes pelo Simples Nacional; altera as Leis nºs 9.613, de 3 de março de 1998, 12.512, de 14 de outubro de 2011, e 7.998, de 11 de janeiro de 1990; e revoga dispositivo da Lei nº 8.212, de 24 de julho de 1991. **Diário Oficial da União**, Brasília, 29 dez. 2016.

CPC – COMITÊ DE PRONUNCIAMENTOS CONTÁBEIS. **Pronunciamento Técnico CPC 26 (R1)**: Apresentação das Demonstrações Contábeis. Disponível em: https://s3.sa-east-1.amazonaws.com/static.cpc.aatb.com.br/Documentos/312_CPC_26_R1_rev%2020.pdf. Acesso em: 30 set. 2023.

MATIAS, A. B. (coord.). **Finanças corporativas de curto prazo**: a gestão do valor do Capital de Giro. 2. ed. São Paulo: Atlas, 2014.

RIES, E. **A startup enxuta**. Tradução: Alves Calado. Rio de Janeiro: Sextante, 2019.

Índice alfabético

5 C's de Crédito, 93

Abordagem
  a partir dos recursos financeiros, 56
  dos prazos médios, 47
Adaptação do orçamento empresarial, 212
Alavancagem financeira, 161
Alíquotas progressivas por anexo do Simples Nacional, 117
Alocação
  da energia elétrica, 105
  da mão de obra, 105
  do aluguel, 105
  dos custos fixos, 104
Aluguéis, 16, 105
Análise
  da empresa para o processo de tomada de decisão, 143
  da liquidez, 156
  da lucratividade ou margens, 153
  da previsibilidade por meio do Fluxo de Caixa, 25
  da rentabilidade, 166
  de cenários, 278
  de composição do Balanço Patrimonial, 143, 150, 151
  de investimentos, 283
  de lucratividade, 143, 155
  de sensibilidade, 257
  de tendência do Balanço Patrimonial, 143, 145, 146

e do Demonstrativo de Resultado (DR), 143, 145
de viabilidade econômico-financeira de projetos de investimentos, 228
do Demonstrativo de Fluxo de Caixa
  a partir das atividades, 143
  indireto, 175
do endividamento, 160
horizontal de demonstrativos contábeis, 145
SWOT, 183-185
Anexo do Simples Nacional, 117, 119
Antecipação de vendas no cartão de crédito, 18
Aporte financeiro, 18
Apresentação
  do Balanço Patrimonial, 130
  do Demonstrativo
    de Resultado, 133
    do Fluxo de Caixa, 136
Atividade(s)
  de financiamento, 137, 138
  de investimento, 137, 138
  operacionais, 15, 138
Ativo(s)
  Circulante (AC), 49, 56, 60, 130, 147, 152
    Financeiro (ACF), 56
    Operacional (ACO), 49, 56
  da Empresa, 15, 130
  Não Circulante, 130, 152
  Total, 152
Avaliação e ajuste, 187

B

Balanço Patrimonial, 65, 67, 71, 131, 132, 147
  análise de composição do, 150, 151
  apresentação do, 130
  com destaque às contas
    circulantes operacionais, 35
    de Ativo Não Circulante, 36
    de Passivo e Patrimônio Líquido, 37
  modelo de, 34
  orçamento do, 195
Benchmark, 236
Business Model Canvas, 289

C

Caixa negativo, 13
Cálculo
  da Taxa Interna de Retorno, 250
  de Valor Presente, 253
    Líquido, 248
  dos tributos no regime do Simples Nacional, 115
Capacidade, 93, 228
  produtiva, 228
Capital, 93
  de Giro, 48, 92, 94, 96
    comportamento(s)
    e financiamento do, 53
    fixo e sazonal do, 53
    dimensionamento do, 56, 64
    fixo, ou permanente, 55
    Líquido (CGL), 56, 60, 61
      positivo, 61
    sazonal, 54, 55
    visualização dos recursos do, 57, 58
  de terceiros sobre o capital próprio, 164
  social, 130
Cartões de débito e de crédito, 14
Ciclo
  de caixa, 50
  econômico, 50
  financeiro, 50
  operacional, 48-50
    relacionado à necessidade de recurso acumulada, 49
Comércio varejista, 21
Comparação
  entre o orçado e o realizado, 217
  entre o orçamento
    inicial e o realizado (orçamento estático), 218
    ajustado e orçamento realizado (orçamento flexível), 222
Competição por preço, 100
Comportamento(s)
  e financiamento do Capital de Giro, 53
  fixo e sazonal do Capital de Giro, 53
Composição
  do Balanço Patrimonial, 143, 150, 151
  do endividamento, 162, 164
Conciliação do caixa, 22

Consumo de caixa, 28
Contas
  a Pagar, 49, 95, 96
  a Receber, 22, 45, 49, 92, 94, 95
  circulantes operacionais, 35
  de Ativo, 36, 136
    Não Circulante, 36
  de Passivo, 37, 136
    e Patrimônio Líquido, 37
  do Capital de Giro, 45
Controladoria, 28
Controle
  de compras, 6
  de estoques, 5
  de Fluxo de Caixa, 5
Controle/monitoramento constante, 187
Curva ABC, 77, 78
  a partir do faturamento, 79
  a partir do valor de cada item em estoque, 82
Custeio
  por absorção, 104
  variável, 105
Custo(s), 47, 106, 291
  de capital, 33, 38-41
    de terceiros, 39
    próprio, 40
  de madeira, 207
  de mão de obra direta, 203, 208
  de produção, 193
  /despesas fixas, 106
  do não pagamento, 18
  e despesas operacionais, 133
  fixos, 100, 103, 104
    alocação dos, 104
    identificação e mensuração dos, 103
  Médio Ponderado de Capital (WACC), 39, 42
  variáveis, 100
    identificação e mensuração dos, 106
  zero, 49

DAS (Documento de Arrecadação do Simples Nacional), 115
Decisão(ões)

de aplicação de recursos, 29
de financiamento, 36, 37
de investimento, 35
embasadas em informações, 29
empresariais, 123, 124
métricas e as, 127
financeiras operacionais, 34
Demonstração(ões)
contábeis, 129
de Resultado do Exercício (DRE), 133
Demonstrativo(s)
contábeis, 123
de Fluxo de Caixa (DFC), 136, 138
a partir das atividades, 143
do resultado, 66, 133, 135
Despesas
administrativas, 194, 204
de vendas, 194, 203
variáveis, 106
Dilema de risco e retorno, 54

E

Empréstimos, 14, 18, 38
Endividamento, 143
composição do, 162
financeiro, 160
operacional, 160
Energia elétrica, 16, 105
Entrada(s)
de caixa, 10, 14, 20, 136
financeiras, 15
oriundas da atividade operacional, 15
programadas, 21
realizadas, 21
Equity, 101
Escassez de caixa, 17, 29
Estoque(s), 45, 49, 73
de matéria-prima, 47
de produto
acabado, 48
em processo, 47, 48
de segurança, 76

F

Fatores cíclicos da economia, 46
Faturamento, 14-16, 78
Feedback contínuo, 292
Fluxo de Caixa, 9, 10, 17, 29, 31
  análise da previsibilidade por meio do, 25
  benefícios da utilização do, 26
  da empresa, 92
  das atividades
    de financiamento, 137
    de investimento, 137
    operacionais, 136
  eficaz, 3
  elaboração e análise do, 19
  empresarial, 3
  montagem do, 230
  na tesouraria, 28
  objetivos do, 12
  planejamento do, 19, 20
Formulário
  para controle
    de compras, 6
    de estoques, 5
    de Fluxo de Caixa, 5
  para registro das vendas, 7

G

Gastos, 7, 126, 127
Geração de caixa, 23, 27, 28
Gestão
  de Contas
    a Pagar, 24, 26, 27, 95, 96
    a Receber, 26, 27, 91, 94, 95
  de estoques, 73
  do Capital de Giro, 35, 43, 44, 47, 67
    aplicação da, 44
    visão geral sobre, 44
  do crédito, 93
  do Fluxo de Caixa, 9, 10
  financeira, 3, 9, 26, 29, 31, 33
  para resultados, 42

Giro, 101
  do Estoque (GE), 74, 126
  função de, 101

I

Identificação e mensuração dos custos
  fixos, 103
  variáveis, 106
Implementação, 187
  de registros e controles, 9
Impostos, 127
  a pagar, 136
Indicadores
  de endividamento, 143
  de liquidez, 143, 159
  de rentabilidade, 143, 170
Indicadores-chave (KPIs), 144
Investimento(s), 228
  em ativos permanentes, 59
  na empresa, 30

L

Lançamentos
  programados, 25
  provisionados, 25
Lean manufacturing (manufatura enxuta), 288, 292
Liquidez, 143
  Corrente, 156
  Imediata, 157
  indicadores de, 159
  Seca, 156, 157
Lote econômico de compra, 88
Lucratividade, 143, 153, 155
Lucro(s), 108
  acumulados, 130
  bruto, 133, 153, 154
  contábil, 99
  econômico, 99
  líquido, 134, 148, 153, 154, 172, 173
  operacional, 133, 153, 154

302 | ÍNDICE ALFABÉTICO

pelo passivo total, 166
presumido, 115
real, 115

M

Manufatura enxuta, 288, 292
Mão de obra, 105, 199
  direta, 199
Margem, 101, 143, 153
  de contribuição, 108-110
Metodologia(s)
  ágeis de planejamento e execução, 288
  startup enxuta, 288, 292
Métricas, 128
Modelo
  Canvas, 288-291
  de Avaliação de Ativos Financeiros (CAPM), 40
MVP (Produto Mínimo Viável), 292

N

Necessidade de Capital de Giro (NCG), 56, 73, 91, 126

O

Orçamento(s)
  base zero, 190
  das despesas
    administrativas, 194, 204, 209
    de vendas, 194, 203, 208
  de caixa, 196
  de capital, 195
  de custo de produção, 193, 199
  de vendas, 192, 198
  do Demonstrativo do Resultado, 194, 204, 209, 210
  dos tributos recolhidos pelo regime do Simples Nacional, 193, 206
  empresarial, 189, 191, 197, 200, 225
  estático, 190, 218
  flexível, 189, 212, 222
  operacionais, 191
  tipos de, 189

variável ou adaptável, 189

Organização

dos recursos financeiros, 4

por meio de registros, 4

e adequação

das entradas de caixa, 20

das saídas de caixa, 23

P

Pagamentos a fornecedores, 16

de mercadoria e/ou serviços, 24

Participação de capital de terceiros, 161

sobre capital próprio, 161, 164

Passivo, 56, 60, 130, 152, 166

Circulante (PC), 56, 60, 130

Financeiro (PCF), 56

Operacional (PCO), 56

Não Circulante, 130

Total, 166

Patrimônio Líquido, 130

Payback, 234-237

Descontado, 238

Planejamento, 29, 31

do Fluxo de Caixa, 19, 20

e mensuração dos resultados futuros, 181

estratégico, 182

operacional, 183

orçamentário, 189

tático, 183

Plano

de ações, 30, 186

de contas financeiro, 16

Política

de negócios, 46

de venda do fornecedor, 74

Ponto de equilíbrio

contábil, 108, 109, 111

econômico, 108, 109, 111

Prazos Médios, 47

de Estocagem (PME), 47, 74

de Pagamento (PMP), 47

de Recebimento (PMR), 47

Precificação, 111
  para o resultado das empresas, 97, 98
Preço
  de transferência, 9
  de venda
    médio, 100
    praticado pelo mercado, 100
  dos produtos ou serviços, 100
Prejuízos acumulados, 130
Prêmio pelo risco de mercado, 40
Previsibilidade, 19, 25
  do saldo de caixa da empresa, 19
Processo
  de elaboração do planejamento, 30
  de tomada de decisão, 27, 143
Produtos mínimos viáveis (MVPs), 288
Projeção
  das entradas de caixa ou receitas, 230
  das saídas de caixa ou gastos, 230
Provisões, 21, 31
  de entradas de caixa, 21, 31

R

Receita(s), 6, 290
  de vendas ou faturamento, 133
Recursos
  da empresa, 8
  de terceiros, 38
  dos sócios, 8
  financeiros, 4
  próprios, 37
Remuneração dos sócios da empresa, 17, 24
Rentabilidade, 143, 166, 170
  indicadores de, 170
Representatividade
  em estoque, 85
  financeira no estoque, 81
  no faturamento, 85
Resultado
  financeiro, 133
  sobre o Ativo Total (ROA), 41
Retorno

sobre o Ativo (ROA), 166
sobre o Investimento (ROI), 167
sobre o Patrimônio Líquido (ROE), 167
Risco
  alto, 55
  de crédito, 93
  mínimo, 54

S

Saídas de caixa, 10, 15, 16, 23, 24, 136
  financeiras, 23, 24
  operacionais, 23
  organização e adequação das, 23
  oriundas de atividades operacionais da empresa, 16
  recorrentes (fixas), 23
Saldo
  de caixa, 13, 17, 31
  de Tesouraria (ST), 56, 58, 59
  negativo, 59
  positivo, 59
Sazonalidade de negócios, 45, 74
Setor
  de Compras, 27
  de Vendas, 28
Simples Nacional, 115-117, 120
  anexo do, 117
  faixas de faturamento do, 116
  tributos pelo regime do, 193, 206

T

Taxa
  Interna de Retorno, 245-247
  Livre de Risco, 40
Tendência
  do Balanço Patrimonial e do Demonstrativo de Resultado (DR), 143
  dos valores, 145
Tesouraria, 28, 29
Tomada de decisão, 143

V

Valor(es),
  de mercado, 101
  do investimento, 230
  Econômico Agregado (EVA), 99, 129, 143, 172
  futuro, 236
  Presente Líquido, 239, 246, 247, 249, 250
  programados, 21
Vendas de bens ou ativos da empresa, 15